Brigitte Hutt

Das Frauen-
Computerbuch:
Hardware

IWT Verlag GmbH

Die Deutsche Bibliothek – CIP-Einheitsaufnahme

Hutt, Brigitte:
Das Frauen-Computerbuch: Hardware : [was Frauen schon immer
über ihren Computer wissen wollten] / Brigitte Hutt. – 1. Aufl. –
Vaterstetten bei München: IWT-Verl., 1994
ISBN 3-88322-466-9

ISBN 3-88322-466-9
1. Auflage 1994

Herstellung: Freiburger Graphische Betriebe, Freiburg
Umschlaggestaltung: CommunAction, München
Satz und Layout: C. Neumann, München

Inhalt

Einführung

Computerbücher für Frauen?

Funktioniert der Computer anders, wenn Frauen ihn bedienen? Müssen Frauen andere Tasten drücken, damit der PC läuft?

Nein, natürlich nicht. Das, was im Zusammenhang mit dem Computer erlernt werden muß, ist natürlich immer das Gleiche.

Ein Unterschied besteht aber vor allem in der Art und Weise, wie Frauen sich technisches Wissen aneignen und anwenden.

Frauen betrachten einen Computer ernsthaft, etwas ehrfurchtsvoll und ängstlich. Wenn etwas anderes passiert als erwartet, halten sie sich selbst für inkompetent: „Ich kann halt nicht damit umgehen". Männer haben keinerlei solcher Hemmungen. Ihr Umgang mit dem Computer ist eher spielerisch – sie probieren so lange, bis es funktioniert. Und wenn es nicht funktioniert, dann liegt das an der „blöden Kiste", nicht an ihnen selbst.

Diese Unsicherheit und Angst möchten wir unseren Leserinnen gerne nehmen. Spaß am Ausprobieren und Interesse am selbständigen Erobern der PC-Welt möchten wir Ihnen nahebringen. Damit Sie eine Selbständigkeit in technischen Dingen, eine Unabhängigkeit von wohlmeinenden Helfern erreichen.

Der Einstieg in den Umgang mit einem Computer ist für alle Menschen sehr verwirrend: eine vollständig neue und fremde Welt technischer Geräte und Spielereien, eine babylonische Sprachverwirrung bei den Fachausdrücken und in den unverständlichen Handbüchern. Für Frauen ist dieser Einstieg allerdings besonders schwer, weil sie zudem oft von den „netten" Kollegen, Freunden, Partnern oder Söhnen als die „dümmeren Menschen" hingestellt werden.

Begonnen hat das ganze Malheur mit der unterschiedlichen Erziehung von Jungen und Mädchen. Es wurden und werden an sie oft – bewußt und unbewußt – andere Erwartungen gestellt: Mädchen ordnen wir den sozial-integrativen, sprachlich-kommunikativen und ästhetischen Bereichen, Jungen hingegen eher den handwerklichen, technischen und naturwissenschaftlichen Bereichen zu. Bewußte und unbewußte

Eingriffe des erziehenden Umfelds haben zur Folge, daß Kinder sich stärker in den angeblich für ihr jeweiliges Geschlecht passenden Bereichen entwickeln. Die vielen Diskussionen um Koedukation – also der gemeinsame Unterricht von Jungen und Mädchen – zeigen, daß der so entstandene Unterschied offenbar doch sehr groß ist. Mädchen verhalten sich z.b. im technisch orientierten Unterricht ganz unterschiedlich, je nachdem ob sie unter sich oder mit Jungen zusammen unterrichtet werden. Nur Mädchen aus reinen Mädchenschulen gehen ähnlich selbstbewußt mit dem Computer um wie Jungen. Dazu kommen die äußeren Bedingungen: etwa 70 % der Jungen *besitzen* zu Hause einen eigenen Rechner, aber nur etwa 40 % der Mädchen können zu Hause einen Rechner *benutzen* – und der gehört oftmals nicht einmal ihnen, sondern dem Vater oder Bruder.

Dennoch: Es besteht kein Grund, die Technik-Kompetenz weiterhin nur den Männern zu überlassen!

Die Frauen-Computerbücher wollen Ihnen dabei helfen, auch diese Kompetenz zu erlangen. Sie sind keine Fachbücher zweiter Klasse, sondern Bücher, die abgestimmt sind auf die besonderen Bedürfnisse ihrer Leserinnen. Diese Bücher sind geschrieben für Frauen, die den Einstieg in die Computerwelt finden möchten oder müssen. Sie sprechen die Leserin direkt an, nicht nur einen anonymen Benutzer oder Anwender. Verfaßt wurden sie ebenfalls von Frauen – die sich natürlich bestens auf die Leserinnen einstellen können, schließlich mußten sie sich selbst ja einmal allein durch den EDV-Dschungel schlagen. Sie nehmen Frauen ernst in ihrer Angst vor der Technik, sie erklären ohne Überheblichkeit, ohne ausgrenzendes Vokabular oder unverständliches Fachchinesisch zu benutzen. Zur Veranschaulichung verwenden Sie viele Beispiele, die der weiblichen Erfahrungswelt entnommen sind; außerdem erklären an den Stellen, an denen bildliche Darstellungen sinnvoller und anschaulicher als Worte sind, viele Abbildungen den Sachverhalt. Die Autorinnen erklären nach und nach, Schritt für Schritt, mit Rückbezüge und durch Wiederholung von schon Erklärtem, wie ein Computer, ein Programm oder ein Betriebssystem funktioniert. Nicht nur in theoretischen Exkursen, sondern vor allem sehr praxisnah. Auf diese Weise versuchen sie, eine umfassende Sicht des Computers und seiner Programme zu vermitteln, ein Grundverständnis, das zu einem technischen Selbstbewußtsein verhilft.

Dieses Selbstbewußtsein hatten Frauen früher übrigens ganz selbstverständlich. Denn die Geschichte des Computers ist stark geprägt von engagierten Frauen – was allerdings oft verschwiegen wird.

Erst im 20. Jahrhundert nämlich wurden mit dem Wort Computer große Rechenmaschinen bezeichnet. Aber schon seit dem 18. Jahrhundert gab es in England

„computer", womit weiblich Arbeitskräfte gemeint waren, die unter Anleitung von Mathematikern Logarithmentafeln für die Seefahrt erstellten. Später übernahmen solche Frauen die Berechnungen für astrologische, in unserem Jahrhundert dann für militärische Zwecke. Als einer der ersten elektronischen Computer, ENIAC, in den USA entwickelt wurde, programmierten ihn sechs dieser ehemaligen Rechnerinnen, die sogenannten ENIAC-Girls. Später hieß es dann, die Frauen seien nur beschäftigt worden, da man das wirklich Anspruchsvolle des Programmierens weit unterschätzt habe...

Dabei war die erste im heutigen Sinne programmierende Person auch eine Frau: Ada Gräfin von Lovelace, eine Tochter des englischen Dichters Lord Byron. Sie hat vor 150 Jahren die von einem englischen Mathematiker erfundene „Analytische Maschine", eine Art Vorstufe des Computers, in ihren Funktionsweisen und Möglichkeiten beschrieben. Zur Erklärung entwickelte sie ganze Folgen von Befehlen, die ersten Computer-Programme, die schon die Grundkonzepte der heutigen Programmierpraxis enthielten. Seitdem gilt sie als die erste Programmiererin der Welt; das US-amerikanische Verteidigungsministerium hat sogar eine Programmiersprache nach ihr benannt: ADA.

Sehr erfolgreich war auch die Programmiererin Grace M. Hopper, die u.a. den ersten Compiler entwickelte (ein Übersetzungsprogramm, mit dem Befehle in Maschinensprache übertragen werden), was eine enorme Erleichterung für die Programmierung bedeutete. Grace Hopper wirkte aber vor allem federführend an der Entwicklung der Programmiersprache COBOL mit. Wie sehr damals jedoch Männer die technische Welt anführten, zeigt eine der vielen Auszeichnungen von Grace Hopper: 1969 wurde sie zum „Computer Science Man (!) of the Year" ernannt.

Wir wünschen Ihnen genügend Mut, viel Spaß und viel Erfolg für Ihren Eintritt in die Welt der Computer.

Elke Hansel
Herausgeberin der Reihe

1 Warum dieses Buch?

1.1 Eine Brücke über die Abgründe der Technik

Immer mehr Technik, immer kompliziertere Geräte nehmen einen immer wichtigeren Platz in unserem Alltag ein: Maschinen in der Arbeitswelt, Maschinen im Haushalt und natürlich auch Maschinen zur Fortbewegung. Mit jeder dieser Maschinen kaufen wir uns (hoffentlich) ein Stück Arbeitserleichterung, aber immer auch ein Stück Abhängigkeit: Abhängigkeit von der Funktionsfähigkeit und – falls das Ding einmal ausfällt – Abhängigkeit von Spezialisten, die Zeit, Geld und eventuell auch (unsere!) Nerven kosten.

Situationen, die wir alle kennen:

- Wenn das Auto nicht mehr fährt, geht es uns gleich besser, wenn wir erkennen, **was** ihm fehlt (falls es sich etwa nur um Benzin handelt, lösen wir das Problem auch noch gleich selbst).

- Wenn die elektrische Schreibmaschine nicht mehr arbeitet, prüfen wir ganz selbstverständlich, ob ihre „elementaren Bedürfnisse" erfüllt sind: Strom angeschlossen, (frisches) Farbband eingelegt usw.

Diese und ähnliche **Diagnosen** setzen aber voraus, daß wir einiges wissen über die jeweiligen „Grundbedürfnisse" unserer technischen Helfer. Je weiter dieses Grundwissen geht, desto selbständiger kommen wir mit Fehlfunktionen zurecht: lockere Kabel erkennen, an der richtigen Stelle wieder befestigen, eventuell Ersatzteile selbst einbauen – das setzt voraus, daß wir das Innenleben des Autos, der Schreibmaschine oder des entsprechenden technischen Geräts bis zu einem gewissen Grad durchschauen können.

Und nun ist da seit einigen Jahren diese neue Vielzweckmaschine **Computer**: speziell als **PC** – Personal Computer oder Arbeitsplatzrechner – hat sie nicht nur in unsere Büros und Verkaufsräume, sondern auch in unsere Wohnungen Einzug gehalten. Manche Branchen, aber auch Familien, wurden und werden quasi überrollt von dieser Entwicklung: es bleibt gerade die Zeit, den normalen Umgang mit der Maschine, also ihre *Anwendung*, einigermaßen zu lernen. Aufgrund ihrer Vielfältigkeit bleibt auch das schon ein Stückwissen. (Täuschen Sie sich nicht: die wenigsten selbsternannten PC-Profis nutzen ihr Spielzeug wirklich aus!) Wenn dann noch eine *Fehlfunktion* hinzukommt – wo sollen wir ansetzen, um die Ursache zu finden? Zwar wissen wir, daß sie nur mit Stromanschluß funktioniert, aber viele von uns haben noch nicht die Zeit gehabt, etwas über das Innenleben dieser Maschine zu lernen. Und fängt jemand damit an, wird er oder sie schnell merken, daß sich da ganze Welten auftun – wo und wie finden wir darin den Weg, den wir brauchen, um *unserem* PC im Fehlerfall wenigstens ansatzweise zu Leibe zu rücken?

Ironischerweise kaufen wir in aller Regel gleich eine ganz besondere Fehlfunktion zusammen mit dem brandneuen PC: In atemberaubender Geschwindigkeit wird er „zu klein", „zu schwach", „zu langsam" für die steigenden Bedürfnisse seines Einsatzes. Da heißt es dann, seinen **Ausbau**, seine **Aufrüstungsmöglichkeiten** zu prüfen.

Aufrüstung klingt sehr militärisch, ist aber das gebräuchliche Wort für den Einbau von schnelleren, moderneren Bauteilen im Computer: er wird „gerüstet" für den Ansturm an Aufgaben, die er zu bewältigen hat.

Wohl der PC-Besitzerin, die (ehe sie ein komplett neues Gerät kauft) beurteilen kann, was mit erträglichem – finanziellem und technischen – Aufwand aus dem „alten" (das heißt meistens nur „älter als ein Jahr"!) noch zu machen ist. Und wohl all denen, die diesen Ausbau dann noch selbst in die Hand nehmen können.

Daher können wir die Ziele für dieses Buch ungefähr so zusammenfassen:

1. das Verhalten eines PCs verstehen, um die Ursachen eines **Fehlverhaltens** einordnen zu können,

2. **Vorsichtsmaßnahmen** und **Techniken** im Umgang mit einem PC kennenlernen, insbesondere beim Blick in sein „Innenleben",

3. kleinere Störungen und Probleme selbst beheben können,

4. **Ausbaumöglichkeiten** erkennen (aber auch deren Grenzen),

5. *sinnvolle* **Zusammensetzung** eines PCs erkennen – auch im Hinblick auf einen Neukauf,

• und das alles, ohne Programmiererin oder Elektronikerin zu sein.

1.2 Warum dieses Buch in dieser Reihe?

Ab jetzt wende ich mich direkt an **Sie**, liebe Benutzerin:

Kennen Sie das vielleicht auch, dieses Gefühl einer Niederlage, wenn wir bei jeder technischen Störung einen Mann (Ehemann, Kollegen, Sohn, Nachbarn) fragen müssen? Und kennen nicht viele dieses mitleidige Lächeln, mit dem das „Laß mich mal machen" dann eingeleitet wird? Ganz zu schweigen von der Lawine von Fachbegriffen, die dann, wenn wir Fragen stellen, auf uns niedergeht... (Ich bin mir dessen bewußt, daß es auch Männer gibt, die offen zugeben „Ich habe keine Ahnung" – aber die sind in der PC-Welt eine seltene Kostbarkeit!)

Nun, warum sich dem aussetzen? Was ich gelernt habe, kann ich selbst tun, und was ich lernen **will**, das kann ich auch behalten und anwenden. Machen Sie sich unabhängig! Selbst wenn Sie keine Probleme haben, jemanden um Hilfe zu bitten: wieviel schneller gehen Problemlösungen, die Sie selbst in die Hand nehmen! Lernen Sie hier die Fachbegriffe, die technischen Grundlagen des PCs; aber nur so weit es auch Sinn macht, als Anwenderin, als Nicht-Technikerin der Technik zu Leibe zu rücken, ohne Schaden zu verursachen. Und lernen Sie in *Ihrem* Tempo. Sie werden sehen, daß eine Menge Dinge ohne große technische Vorkenntnisse zu verstehen und anzugehen sind. Oftmals liegt eine Störung nur in einem Wackelkontakt begründet, und alles, was Sie wissen müssen, ist die Bedeutung der diversen Kabel- und Steckverbindungen. In puncto Aufrüstung können Sie lernen, daß im PC das meiste mit Stecken und Schrauben zu erreichen ist und viele Steckverbindungen durch ihre Bauweise gar nicht falsch ausgeführt werden können.

Liegt ein kniffligeres Problem vor, so fühlen Sie sich bestimmt auch wohler, wenn Sie mit ihrem Techniker ganz gezielt über das reden können, was Sie brauchen bzw. was Sie bereits herausgefunden haben.

Dieses Buch soll also Ihnen, der PC-Anwenderin, helfen, Ihr Gerät nicht nur zu benutzen, sondern auch zu beherrschen. Kein Adrenalin-Stoß mehr, wenn es plötzlich rappelt oder der Bildschirm heute dunkel bleibt, sondern ein gezielter Griff zum richtigen Werkzeug.

1.3 Voraussetzungen und „rote Lesefäden"

Um größtmöglichen Nutzen aus diesem Buch zu ziehen, sollten Sie bereits PC-Anwenderin sein, den Unterschied zwischen Hardware und Software kennen, mit dem Betriebssystem DOS vertraut sein (eine kurze Zusammenfassung der wichtigsten PC-Grundbegriffe folgt im nächsten Abschnitt) und – vor allem – keine Berührungsängste mit der Technik haben, nur ein gesundes Gefühl für „Vorsicht ist besser als Nachsicht".

Wenn diese Voraussetzungen erfüllt sind, können Sie Ihren persönlichen roten Faden durch dieses Buch suchen. Die folgende Übersicht soll Ihnen dabei helfen:

- Wenn Sie umfassende Informationen über PC-Bauteile und -Erweiterungen haben möchten, dann sollten Sie einfach das Buch von vorn bis hinten lesen.

- Wenn Sie bereits grob über die Teile eines PCs Bescheid wissen und jetzt ganz gezielte Informationen brauchen, z.b.

  - Mein PC zieht um – wie rette ich die Verkabelung?

    → Lesen Sie Kapitel 2.

  - Mein Arbeitsspeicher wird zu klein – kann ich ihn erweitern?

  - Wie komme ich zu einem mathematischen Co-Prozessor?

    → Lesen Sie Kapitel 3.

  - Ich brauche eine neues oder zusätzliches Disketten- oder Festplattenlaufwerk:

    → Lesen Sie Kapitel 4 und 5.

  - Ich möchte neue oder andere Ein- und Ausgabegeräte – Bildschirm, Drucker, Maus:

    → Lesen Sie Kapitel 4 und 6.

  - Ich möchte einen PC *kaufen*:

    → Lesen Sie Kapitel 8 und dann, je nach Wunsch, 2, 3, 4, 5, 6.

  - Neue Aufgaben kommen auf mich zu: mein PC braucht ein Bandlaufwerk, ein CD-Laufwerk, ein Modem, einen Scanner, er wird vernetzt:

    → Lesen Sie Kapitel 4 und 7.

In jedem Kapitel werden wir die wichtigsten Aussagen jeweils kurz in einer Art Merksatz zusammenfassen. Solche „Merksätze" sind stets mit einem → am Rand gekennzeichnet.

1.4   Theorie und Historie

Nun gibt es leider nicht *den* PC, sondern inzwischen mindestens vier Generationen, die alle ihre Eigenarten haben und nicht beliebig vermischbar sind. Jede PC-Generation hat ihre eigenen Schwächen und Grenzen. Wir müssen in der Beschreibung der PC-Einzelteile darauf zu sprechen kommen. Vor allem beim Thema „Ausbau" müssen Sie die Grenzen *Ihres* Geräts erkennen können, und die stehen im Prinzip schon mit der Generationskennzeichnung fest.

Natürlich gibt es soundsoviele Hersteller von PCs. Man kann es gar nicht oft genug sagen: Die Unterschiede der Hersteller bestehen höchstens in der Qualität der Verarbeitung der Einzelteile und im Service für den Kunden, *nicht* in der Funktion der PCs. Ein 386er von IBM oder einer anderen Firma mit berühmtem Namen, ein 386er „08/15" und ein 386er „no name" sind – wenn ihre Ausstattung die gleiche ist, und nur das müssen Sie prüfen (und können Sie auch!) – **gleichartige Geräte**. Der *Namensaufkleber* sollte Ihre Kaufentscheidung am wenigsten beeinflussen. Die Garantieleistungen des Herstellers dagegen, oder ob ein Hersteller oder Händler Ihnen anbietet, bei Problemen ins Haus zu kommen, ist eine Frage, die Sie vor einem PC-Kauf klären sollten.

Die wichtigsten Bauteile des PCs, also das, was im vorigen Absatz mit „Ausstattung" bezeichnet wurde, haben ihre Spezialbezeichnungen, meistens Abkürzungen, die wir hier – soweit nötig – auflisten und erklären werden (Verzeihen Sie mir den „386er" im vorigen Abschnitt: der Begriff wird in Kapitel 3 ausführlich erläutert). Wann immer Sie Ersatz- oder Zusatzteile brauchen, wann immer Sie mit Ihrem Fachhändler reden müssen, sollten Sie die korrekten Bezeichnungen kennen und verstehen. Aufgrund der Vielfalt der Hardwarehersteller, die am PC-Markt Anteil haben, gibt es auch noch feinere Unterscheidungen (Hersteller-Kürzel, Seriennummern etc.), die den Rahmen dieses Buches sprengen würden. Wir verweisen dazu an späteren Stellen noch genauer auf die PC-Handbücher, Datenblätter und Spezialliteratur.

Aber wir werden die Theorie und die elektrotechnischen Details nicht weiter strapazieren als nötig. „Nötig" heißt hier: soweit für bestimmte Maßnahmen eine Begründung sinnvoll oder zum Beurteilen einer Störung Vorwissen erforderlich ist, werden wir etwas Theorie liefern.

1.5   Was Ihnen geläufig sein sollte

Gundsätzlich unterscheiden wir beim Computer

Hardware   also alle **Geräte**, alles, „was ich anfassen kann", und

Software   also die **Programme**, die die Geräte erst zum Laufen bringen.

Anwendungsprogramme dienen einem ganz bestimmten *Einsatz* eines Computers, z.b. zur **Textverarbeitung**, zur **Karteiverwaltung** etc. Auf jedem Computer läuft aber zunächst das Programm **Betriebssystem**, das nur dazu dient, die in den Geräten bzw. Bauteilen umlaufenden Signale zu verwalten und alle weiteren Programme sowie die von den Anwendern erarbeiteten Dokumente, verpackt in **Dateien**, geordnet abzulegen.

Ein Personal Computer ist ein spezieller Vertreter der großen Gattung Computer, der nur *eine* Person (zu gleicher Zeit) bedient. Eine sinnvolle Bezeichnung dafür ist auch **Arbeitsplatzrechner**. Auf der Grundlage eines Entwurfs der Firma **IBM** entwickelte sich die Familie der **IBM-Kompatiblen**, die, gleich von welchem Hersteller, in gleicher Weise arbeiten und benutzt werden. **Kompatibel** bedeutet **verträglich**, und der wichtigste Aspekt bei der Verträglichkeit der PCs untereinander ist, daß auf ihnen die gleichen Anwendungsprogramme laufen, im Einsatz nur begrenzt durch die Möglichkeiten der jeweiligen PC-*Generation* (wir sprachen schon davon und werden das noch genauer tun). Für diese Computerfamilie steht stellvertretend die Abkürzung **PC**.

Als **Dauerspeicher** werden auf PCs in der Regel eine *eingebaute* Magnetplatte, die **Festplatte**, und (mindestens) ein Laufwerk für eine *auswechselbare* Magnetplatte, eine sogenannte **Diskette** benutzt. **Eingabe** durch die Anwenderin erfolgt über **Tastatur** und **Maus**, **Ausgabe** per **Bildschirm** und **Drucker**. Diese Geräte werden im allgemeinen gemeinsam mit dem PC erworben und heißen auch **Standardperipherie:**

Peripherie   Geräte am *Rand* des Computers, Sammelbegriff für Geräte zur Ein-
und Ausgabe

Standard   übliche Ausstattung oder ohne Aufwand anschließbar

Das gebräuchlichste Betriebssystem eines IBM-kompatiblen PCs ist **DOS** von der Firma Microsoft und seine nachgebauten „Vettern" (MS-DOS, DR DOS, IBM PC-DOS). DOS bedeutet „Disk Operating System", also Plattenbetriebssystem. Es ist in seiner Grundstruktur recht unbeholfen und veraltet und spiegelt noch ziemlich genau die – heute absolut unzureichenden – Grenzen der PCs der ersten Generation wieder. Daher hat sich in den letzten Jahren die Zusammenarbeit von DOS mit

MS-Windows, einem „Betriebssystem-Zusatzprogramm", für die leistungsfähigeren PCs als beliebte Kombination herausgebildet (leider *unterstützt* Windows nicht nur die Leistungsfähigkeit moderner Hardware, sondern es *braucht* sie auch als notwendige Voraussetzung, um überhaupt arbeiten zu können!). Viele Anwendungsprogramme sind speziell auf Windows zugeschnitten (die sogenannten „Windows-Anwendungen"), können also mit dem reinen DOS gar nicht arbeiten. Ihnen ist gemeinsam, daß sie viel Platz und einen guten Bildschirm benötigen: oftmals ein Grund, die vorhandene Hardware aufzurüsten.

2 Hardware-Überblick

2.1 Von außen betrachtet

Der eigentliche Computer sitzt in einem „PC-Arbeitsplatz" etwa wie die Spinne im Netz: im unauffälligsten, schlichtesten Kasten inmitten der miteinander verkabelten Geräte. „Mitte" bezieht sich dabei weniger auf den Platz, an dem dieser Kasten aufgebaut ist, als auf die Tatsache, daß alle **Verbindungskabel** von ihm ausgehen. Er ist die Zentrale des PC-Arbeitsplatzes. Bei einem intensiv genutzten Computer können schon eine ganze Reihe von Kabeln zusammenkommen, und eine der ersten Fragen von PC-Anwenderinnen ist oft: Wie finde ich mich darin zurecht? Was tue ich, wenn einmal die Kabel nicht an ihrem Platz sitzen (z.B. bei einem Umzug)? Hier lernen Sie zunächst einmal, daß die PC-Verkabelung keine Geheimwissenschaft ist.

Die PCs aus der Welt der IBM-Kompatiblen kommen in drei grundsätzlich unterschiedlichen Bauformen ins Haus:

Desktop Tischgerät (von engl. desk: Tisch, top: oben)

Tower Turm (engl. tower: Turm)

Laptop tragbar, stromunabhängig arbeitend (von engl. lap: Schoß, top: oben)

Sie unterscheiden sich in der Form und Größe des Computer-**Gehäuses** und der Art und Anordnung der wichtigsten **Peripheriegeräte**, also Bildschirm und Tastatur. Zur **Peripherie**, also zu den Randgeräten des Computers zählt alles, was die Maschine, die Zentrale selbst zum Arbeiten eigentlich nicht braucht, was aber zur Kommunikation, also zur **Zusammenarbeit zwischen Mensch und Maschine** unerläßlich ist. Computergehäuse, Bildschirm und Tastatur bilden die Minimalausrüstung, um überhaupt arbeiten zu können, und werden allgemein als „der PC" bezeichnet.

2.1.1 Der Desktop-PC

Die verbreitetste Form eines PCs ist das Tischgerät: der eigentliche Computer ist in einer Art Kasten untergebracht, der gut auf dem Arbeitstisch Platz findet. In der Regel stellt man den Bildschirm einfach darauf und die Tastatur davor (Abb. 2.1).

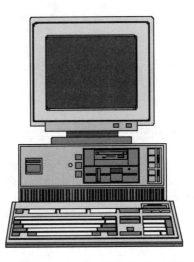

Abb. 2.1: Desktop-PC oder Tisch-PC

Laufwerksöffnungen und Kontrollampen, meistens auch Ein-Aus-Schalter, finden sich an der Vorderfront, Buchsen für alle Anschlußkabel an der Rückseite des Gehäuses.

Der Verkleinerungsfortschritt hat auch vor diesem Gehäuse nicht haltgemacht, und so gibt es z.B. **Kompakt-, Slimline-** (von engl. slim: schmal – besonders flache Gehäuse) und gar **Pizzabox-Gehäuse**, deren Ausmaße wirklich kaum eine Pizzaschachtel übertreffen. Die Verkleinerung findet da ihre Grenze, wo die einzeln ausbaubaren Teile des Computers (siehe Abschnitt 2.3) und die Magnetplattenlaufwerke keinen Platz mehr haben. Grundsätzlich gilt:

→ Wollen Sie Ihre Hardware möglicherweise später erweitern, also **ausbauen**, empfiehlt es sich nicht, das kleinste Gehäuse auszusuchen, da hier der Platz in der Regel schon ziemlich ausgeschöpft ist.

Andererseits kann die Gehäusewahl auch eine Platzfrage sein: Eine „Pizzabox" paßt auch in eine Lücke von der Größe einer Schublade. Aber Achtung: Sorgen Sie für ausreichende Belüftung vor den Luftschlitzen des Gehäuses!

→ An der Gehäuserückseite, gelegentlich auch an den Seiten, befinden sich **Lüftungsschlitze**. Sie müssen in ausreichendem Abstand zur nächsten Wand untergebracht werden! Sonst stellt der PC möglicherweise seinen Betrieb wegen Überhitzung ein.

2.1.2 Der Tower-PC

Ein Turm-Gehäuse verbirgt meistens ein Gerät der leistungsfähigeren Sorte (siehe Kapitel 3: Generationen). Er ist sehr geräumig und daher für großzügige Erweiterungen vorbereitet. Trotzdem kann er platzsparend *unter* dem Tisch aufgestellt werden. Auch hier sind alle Anschlußbuchsen sowie der Lüfter auf der Rückseite zu finden, die Laufwerke – untereinander – auf der Vorderseite, zusammen mit Ein-Aus-Schalter und Kontrollampen (Abb. 2.2).

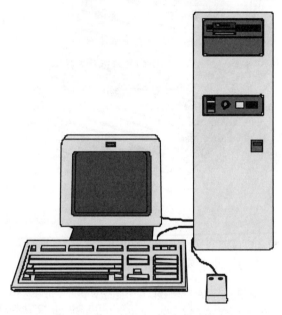

Abb. 2.2: Tower-PC oder Turm-PC

2.1.3 Der Laptop-PC

Tragbare PCs gibt es inzwischen unter mehreren Namen, abhängig von der Größe. Sie sind heutzutage alle so gebaut, daß sie stromnetzunabhängig betrieben werden können, haben also eine eingebaute Batterie. Die Bezeichnung **Laptop** rührt daher, daß der gesamte PC bequem zum Arbeiten auf dem Schoß balanciert werden kann. Das setzt voraus, daß er mit der wichtigsten Peripherie ein **einziges Gerät** bildet: Laptops sind wie kleine **Koffer** gebaut, die zur Benutzung aufgeklappt werden. Die obere Hälfte enthält einen flachen Bildschirm, die untere die Tastatur und dahinter bzw. darunter den eigentlichen PC (Abb. 2.3).

Abb. 2.3: Laptop-PC

Noch kleinere PCs tragen entsprechende Namen:

Notebook   also „Notizbuch-PC" – ein Köfferchen mit etwa DIN-A4-Maßen,

Palmtop   also „auf der Handfläche" – ein Gerät, das wirklich einem Taschenkalender ähnelt und vielleicht schon mit einem Spezialstift bedient werden muß.

Je kleiner das Gerät, desto gewöhnungsbedürftiger sind Bildschirm und Tastatur. Die Tasten sind sehr eng beieinander und – mit Ausnahme der Schreibmaschinentasten – je nach Hersteller sehr unterschiedlich angeordnet. Die Bildschirme arbeiten mit **LCD-Technik** (**L**iquid **C**rystal **D**isplay = Flüssigkristallanzeige), die grundsätzlich nicht ein so scharfes Bild erzeugt und auch nicht so schnell auf Bildwechsel reagieren kann wie eine Bildröhre. Daher eignen sich Laptops eher als Zweitgerät für unterwegs oder für Kundenbesuche, oder einfach für nur gelegentliches Arbeiten. Als Spielzeug kommen sie kaum in Frage, da sie meistens teurer sind als ein Tischgerät mit vergleichbarer Leistung und Ausstattung.

Schalter und Kontrollampen sind beim Laptop zwischen Tastatur und Bildschirm oder an den Seiten des Gehäuses untergebracht. Auch die Anschlüsse sind auf Rückfront und Seiten verteilt, ebenso findet man das (einzige) Diskettenlaufwerk meistens seitlich. Bei sehr kleinen Notebooks ist das Diskettenlaufwerk oftmals in einem separaten Kästchen untergebracht, das mit einem Kabel am PC befestigt wird. Bei guten Laptops sind die Anschlüsse hinter Schutzklappen verborgen, um sie vor Umwelteinflüssen zu schützen, da diese Geräte ja für dauernden Transport geeignet sein müssen.

Einen Großteil des geringen Platzes in so einem Reise-PC nimmt das **Batterie-** bzw. **Akku**-Paket ein, das für die Stromunabhängigkeit sorgt. Ein **Akku** (von Akkumulator) ist einfach eine **wiederaufladbare Batterie**. Sie versorgt sich selbst mit Strom, sobald der PC – über ein **Netzgerät** – an das normale Stromnetz gehängt wird. Die Betriebsdauer solcher Akku-Pakete reicht von einer bis zu mehreren, selten über vier Stunden. Die Akkus tragen erheblich zu Größe und Gewicht der PCs bei. Da bleibt natürlich für Erweiterungen nicht mehr viel Raum. Aber für das „Zweitgerät für unterwegs" genügt in der Regel die Minimalausstattung.

2.1.4 Anschlüsse

Allen PCs ist gemein, daß die Anschlußbuchsen für die wichtigsten, stets vorhandenen Peripheriegeräte, also für die **Standardperipherie**, normiert und (nahezu) unverwechselbar sind. Die meisten Anschlüsse sind **trapezförmig** (also ein rechteckig mit ungleichen Längsseiten), um „oben" und „unten" eindeutig zu kennzeichnen. Einige Buchsen haben **Löcher**: der zugehörige Stecker muß also **Stifte** haben. Andere Buchsen haben ihrerseits Stifte: der entsprechende Stecker hat dann Löcher. Bei mehreren Stiftbuchsen oder Lochbuchsen unterscheiden sich auch Anzahl und Anordnung der Stifte bzw. Löcher (Abb. 2.4).

Für **Tisch- und Turm-Geräte** gibt es die folgenden Standardanschlüsse:

- Tastaturbuchse (Abb. 2.5)

- Verbindung zum Netzkabel (Abb. 2.6)

- Buchse für Stromkabel zum Bildschirm (Abb. 2.6 – diese Buchse bleibt unbenutzt, wenn der Bildschirm Strom mit einem Netzstecker direkt aus der Steckdose bezieht)

- Mausanschluß (serielle Schnittstelle – siehe Kapitel 6), auch beschriftet mit **COM1** (Abb. 2.7)

- Druckeranschluß (parallele Schnittstelle – siehe Kapitel 6), auch beschriftet mit **LPT1** (Abb. 2.7)

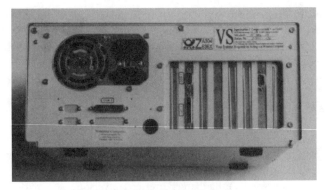

Abb. 2.4: Anschlüsse eines Desktop-PCs

Die **Bedeutung** der einzelnen Anschlüsse und ihrer Bezeichnungen wollen wir hier noch nicht untersuchen. Sie werden feststellen, daß sich ein PC korrekt verkabeln läßt ohne genaueres Wissen um seine Arbeitsweise.

→ Am PC-Gehäuse kann jeder Stecker der Standardperipherie einer Steckbuchse eindeutig zugeordnet werden.

Abb. 2.5: Tastaturbuchse am PC-Gehäuse

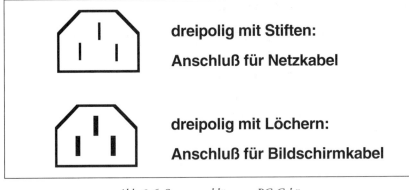

dreipolig mit Stiften:

Anschluß für Netzkabel

dreipolig mit Löchern:

Anschluß für Bildschirmkabel

Abb. 2.6: Stromanschlüsse am PC-Gehäuse

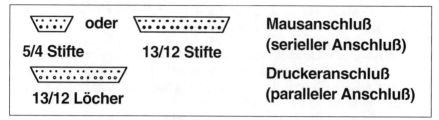

⎰⁚⁚⁚⁚/ **oder**	⎰⁚⁚⁚⁚⁚⁚⁚⁚/	**Mausanschluß**
5/4 Stifte	**13/12 Stifte**	**(serieller Anschluß)**
⎰⁚⁚⁚⁚⁚⁚⁚⁚/		**Druckeranschluß**
13/12 Löcher		**(paralleler Anschluß)**

Abb. 2.7: Mausanschlüsse und Druckeranschluß

Heutzutage finden Sie an fast jedem PC den

- VGA-Anschluß für das Datenkabel zum Bildschirm (Abb. 2.8)

Andere PCs haben eventuell für das Bildschirm-Datenkabel einen EGA oder Hercules-Anschluß, die sich nicht voneinander unterscheiden. *Ein* PC hat aber nur *einen* Datenanschluß für seinen Bildschirm. Ein Blick auf das freie Ende des Bildschirmkabels genügt, um die zugehörige Buchse zu identifizieren. Die Bildschirmtypen (VGA, EGA, Hercules) erläutern wir in Kapitel 6.

VGA-Bildschirm-Anschluß: 3 Reihen Löcher

EGA- oder Herkules-Bildschirm-Anschluß: Löcher

Abb. 2.8: Bildschirm-Datenanschlüsse

Am Rande: Viele PCs haben heute standardmäßig eine **Gameport**-Buchse, also einen **Spieleanschluß**, mit dem ein **Joystick** (engl. joy: Freude, stick: Stab) verbunden werden kann. Das ist der Steuerknüppel, mit dem simulierte Autorennen gefahren oder Flugzeuge gesteuert (natürlich auch grüne Männchen abgeschossen!) werden können. Diese Buchse ist **15polig mit 8/7 Löchern** ausgestattet.

Für **Laptops** sind etwas andere Standards gültig. Bildschirm- und Tastaturanschluß entfallen; oftmals sind aber Buchsen vorgesehen, an denen – eventuell mit Hilfe eines kleinen Zwischenkabels, eines **Adapters** („Anpasser" zwischen einem Kabel und einer Steckbuchse, die von der Form her nicht zusammenpassen) – ein **externer** Bildschirm oder eine externe Tastatur angeschlossen werden können. Da sich diese Buchsen teilweise sehr ähneln, sind sie beschriftet oder mit Symbolen versehen, die „Tastatur" (z.B. ⌨) oder „Bildschirm" versinnbildlichen. Die englischen Beschriftungen sind – eventuell abgekürzt – **Display** (Bildschirm, eigentlich Anzeige) und **Keyboard** (Tastatur). Auch die Mausbuchse ist gelegentlich rund ausgeführt: Hier ist dann eine Maus mit Spezialkabel oder wieder ein Adapter notwendig.

Ferner ist darauf zu achten, daß Laptops eine Buchse für ein **externes Diskettenlaufwerk** aufweisen können. Diese Buchsen müssen 25 Datenleitungen nach außen tragen und weisen – in zwei Reihen angeordnet – entsprechend viele **Löcher** auf. Auf den ersten Blick sind sie also mit dem Druckeranschluß zu verwechseln. Daher sind auch diese Buchsen gekennzeichnet, meistens mit einem Diskettensymbol, etwa ⌼.

Statt des großen, dreipoligen Anschlusses zum Stromnetz haben die Reise-PCs eine **runde** Buchse, an der ein **Netzgerät** anschließbar ist: fünf Stifte mit der Bezeichnung **DC IN**. Betreibt man das Gerät in der Nähe einer Netzsteckdose, so kann es seinen Strom über das Netzgerät direkt von dort beziehen. Das verlängert die Betriebsdauer und schont die Akkus.

Zusammenfassend können wir folgende Regeln zum Verkabeln eines PCs aufstellen:

→ Kabel und Buchse müssen in Form und Maß sowie Zahl und Anordnung der Stifte und Löcher exakt zusammenpassen, jeweils eines von beiden mit Stiften, das andere mit Löchern.

→ Da es natürlich auch weitere PC-Zusatzgeräte gibt, die nicht zum Standard gehören, gilt die Regel: Vor dem **Abbau** eines PCs sicherheitshalber alle Anschlußbuchsen und zugehörigen Kabel mit kleinen Etiketten beschriften.

→ Im Betrieb alle Kabel sichern:

Ein Datenkabel wird **gerade** auf die Buchse gesetzt und fest eingesteckt. Nicht verkanten! Die meisten Kabel können am Gehäuse **befestigt** werden: mit Schlitzschrauben oder Schrauben mit Verlängerung zur bequemen Handbedienung.

Speziell an Druckern gibt es an der Steckbuchse des PC-Verbindungskabels **Drahtklappen**, die in Kerben an den Steckerseiten einrasten.

Kabelsicherungen sollte man unbedingt nutzen, da nicht wenige unerklärliche PC-Probleme schlicht auf **Wackelkontakten** beruhen!

2.1.5 Schalter und Kontrollanzeigen

Die Schalter und Kontrollanzeigen an einer Maschine haben natürlich ihre Bedeutung. Einiges über die Vorgänge *in* der Maschine und auch über eventuelle Störungen erfahre ich allein dadurch, daß ich die Bedeutung der Anzeigen verstehe.

Jeder PC hat einen **Hauptschalter** zum Ein- und Ausschalten, meistens beschriftet mit „**Power**" (engl. Fachbegriff für elektrische Stromversorgung) oder – wenn es ein Kippschalter ist – mit „**0/1**". Bei **ergonomisch** (d.h. auf menschliche Bedürfnisse zugeschnitten) gebauten PCs ist dieser auf der Gehäusevorderfront, gut unterscheidbar von anderen Schaltern oder Knöpfen. Oftmals jedoch finden wir ihn seitlich oder gar rückseitig, und zwar stets in der Nähe des **PC-Netzteils** (Näheres zum Netzteil siehe Abschnitt 2.3). Dieses wiederum erkennen wir von außen am schnellsten an den **Lüftungsschlitzen**, die eine gewisse Größe haben müssen, damit sich der PC im Betrieb nicht überhitzt. Mit diesem Indiz müßten auch die verstecktesten Hauptschalter aufzuspüren sein.

Zum Hauptschalter gehört eine **Kontrollanzeige**, die beweist, daß der PC jetzt Strom erhält. Sie hat meistens die Bezeichnung „Power". Die kleinen bunten Kontrollanzeigelämpchen am PC werden in den Datenblättern und Handbüchern oft einfach nach ihrer Technik als **LED** – Light Emitting Diod: Licht aussendende Diode – bezeichnet.

Ein Schalter oder Knopf mit der Beschriftung **Turbo** schaltet den PC auf langsamere Arbeitsgeschwindigkeit (zur Geschwindigkeit siehe Kapitel 3), was im allgemeinen nur dann von Bedeutung ist, wenn verschiedenartige oder unterschiedlich schnelle Computer in einem **Netz** verbunden werden sollen (zu Netzen siehe Kapitel 7). Im allgemeinen ist der Schalter mit einer Kontrollampe (LED, s.o.) verknüpft, die anzeigt, daß die Maschine jetzt auf voller Geschwindigkeit läuft. Bei modernen PCs ist auch eine Anzeige der aktuellen **Taktfrequenz** vorhanden, die die tatsächliche Arbeitsgeschwindigkeit der PC-Zentrale angibt (Genaues zum Takt finden Sie in Kapitel 3). Auch ohne sich mit der Bedeutung des Begriffs Frequenz auszukennen, können Sie leicht beurteilen, ob bei Betätigung des Turbo-Schalters diese Zahl größer (der PC also schneller) oder kleiner wird.

➜ Scheint Ihr PC heute langsamer als üblich zu sein, sollten Sie die Turbo-Anzeige prüfen oder probehalber umschalten.

➜ Bleiben LED-Anzeigen trotz Umschaltens dunkel, so ist die Lampe oder schlimmstenfalls der Schalter kaputt.

Die Verbindungskabel, die Schalter und Lampe versorgen, lernen wir in den nächsten Abschnitten kennen, da sie im Innern des PCs liegen.

Ein weiterer Knopf oder besser eine **Taste** mit der Aufschrift **Reset** (engl. reset: zurücksetzen, im Sinne von „neu anfangen") ist nicht an allen PCs zu finden. Sie dient dem **Neustart** eines PCs, der sich „aufgehängt" hat, wie die Profis sagen. Das bedeutet ganz einfach: ein PC reagiert – ausgelöst durch irgendeinen Programmfehler, *nicht* durch eine Fehl*bedienung* – nicht mehr auf Tastatur- oder Maussignale, ist also nicht mehr „ansprechbar". Ein Druck auf die Reset-Taste entspricht dem Ab- und wieder Anschalten des PCs, ist nur schonender für ihn, da Stromstöße und mechanischer Verschleiß der Magnetplatten vermieden werden.

Ein Beispiel für ein Schalter- und Anzeigefeld an der Vorderseite eines Tisch-PC-Gehäuses zeigt Abb. 2.9.

Abb. 2.9: Schalter und Anzeigelampen am PC-Gehäuse

Kontrollanzeigen sind außerdem zu finden für **Festplatte** und **Diskettenlaufwerke**, letztere meistens direkt neben dem Laufwerksschlitz angebracht, erstere meistens mit **HDD** (engl. Hard Disk Drive: Festplattenlaufwerk) beschriftet. Leuchtet eine davon auf, bedeutet das, daß die Zentrale des PCs versucht, dieses Laufwerk „anzusprechen". Auch diese Lampen helfen bei Diagnosen:

➜ Unter DOS kann ich bei einem (fremden) PC mit zwei Diskettenlaufwerken herausfinden, welches mit A: und welches mit B: angesprochen wird: Ein Befehl „DIR A:" läßt die Lampe am Laufwerk A: aufleuchten (auch ohne eingeschobene Diskette).

➜ Reagiert ein Anwendungsprogramm über längere Zeit nicht auf Eingabe, so kann ein Programmfehler vorliegen, aber auch einfach ein längerer Speichervorgang (auf die Festplatte) ablaufen. Leuchtet oder flackert die HDD-Lampe, so arbeitet das Programm. Leuchtet sie gar nicht, so hat das Programm sich möglicherweise „aufgehängt", und ein Neustart könnte erforderlich sein.

Natürlich haben auch **Bildschirm** und **Tastatur** LEDs, die anzeigen, daß Strom fließt. Beim Bildschirm ist das Lämpchen oftmals sehr klein und gelegentlich sogar unter einem Randvorsprung versteckt. Bildschirme haben auch einen **eigenen Strom-schalter**, den ich eigentlich nur dann jeweils an- und abschalten muß, wenn der Bildschirm seinen Strom aus der Steckdose bezieht. Führt das Bildschirm-Stromkabel dagegen zum PC-Netzteil, kann der Bildschirm stets angeschaltet bleiben: Wird der PC ausgeschaltet, so erhält der Bildschirm automatisch auch keinen Strom mehr.

Zu beachten ist auch, daß ein Bildschirm eine Reihe von **Reglern** hat: mindestens für **Kontrast** und **Helligkeit**, im allgemeinen auch zur Bild**justierung** und **-fokussierung**, also zur korrekten Anpassung des Bildes an die Bildfläche des Schirmes. Das können je nach Hersteller Dreh-, Schiebe- oder Tippregler sein, und sie können vorn unten, seitlich hinter dem Rand oder auf der Rückseite des Bildschirms zu finden sein. Als Bezeichnungen für diese Regler kommen die folgenden (oder ähnliche) vor

- **HPos**(ition) oder **HLage** (H=Horizontal, also waagerecht) für die Rechts-Links-Regulierung, auch dargestellt als

- **VPos**(ition) oder **VLage** (V=Vertikal, also senkrecht) für die Oben-Unten-Regulierung, auch dargestellt als

- **Size** oder **Größe** für die optimale Anpassung der Bildgröße an die Fläche, auch dargestellt als

- $\bullet$ für **Kontrast** und $\bullet$ für **Helligkeit**.

→ Bei jedem Transport eines Bildschirms können seine Regler versehentlich verstellt sein. Als Ergebnis ist das Bild zu dunkel, zu hell, zu groß, zu klein oder schief. Probieren Sie dann die oben angegebenen Regler der Reihe nach einzeln durch, bis Sie ein gutes Bild erhalten.

Allgemeine Tips zu PC-Kontrollanzeigen:

→ Prüfen Sie bei einem (für Sie) neuen PC zunächst alle **Lampen** im Normalbetrieb: Wenn eine davon *nie* leuchtet (in den hier beschriebenen Situationen), der PC aber normal arbeitet, so ist vermutlich die Lampe defekt (oder nicht richtig angeschlossen). Das bedeutet **keine** Beeinträchtigung der PC-Arbeit, aber dann kann diese Lampe natürlich nicht zu einer Diagnose herangezogen werden. Handelt es sich um ein neues Gerät mit Garantie, so sollten Sie diese in Anspruch nehmen.

➜ Läßt sich ein PC nicht starten, bleibt der Bildschirm dunkel, leuchtet an der Tastatur kein Kontrollämpchen, so prüfen Sie zunächst **alle Kabelverbindungen**, sowohl am Netzstecker als auch am PC-Gehäuse. **Wackelkontakte** sind häufig die Ursache. Prüfen Sie außerdem, ob der **Hauptschalter des Bildschirms** auf „An" steht.

2.2 Sesam öffne dich! Erster Blick ins Innere

Um Betriebsfehler zu finden, insbesondere aber, um die Hardware meines PCs zu erweitern, also Ausbaumöglichkeiten zu prüfen, muß ich das PC-Gehäuse öffnen. Tisch- und Turm-Gehäuse sind ausdrücklich dafür vorgesehen, das ist also kein unzulässiger Eingriff! Auch in der Garantiezeit darf ich meinen PC öffnen, sollte dies dann aber höchstens für Erweiterungen tun, da ja Fehler in dieser Zeit noch kostenlos vom Fachhandel beseitigt werden.

➜ Manche PCs haben einen Aufkleber, der das Öffnen während der Garantiezeit untersagt. Halten Sie dann zunächst mit Ihrem Fachhandel Rücksprache. Wichtig ist, daß Sie dadurch *nie* den gesetzlichen Mindestgarantieanspruch von sechs Monaten verlieren, höchstens eine freiwillige Garantieverlängerung durch den Fachhandel oder Hersteller.

Laptops oder Notebooks sollten Sie nur nach genauestem Studium der zugehörigen Anleitung öffnen (oder das dem Fachhandel überlassen), da hier alle Baugruppen auf engstem Raum untergebracht sind, je nach Hersteller in ganz unterschiedlichen Aufteilungen. Eventuell müssen Sie mehrere Gehäuseteile nacheinander entfernen und Bildschirm und Tastatur komplett abbauen.

➜ Bei Erwerb eines PCs sollten Sie sich unbedingt die **technischen Handbücher** oder **Datenblätter** aushändigen lassen, denn nur mit ihnen besteht die Möglichkeit, *alle* Baugruppen im Gehäuse korrekt zu identifizieren. Ohne technisches Handbuch sollten Sie die Finger von allen Innenteilen lassen, die nicht eindeutig gekennzeichnet sind (Der Fachhandel hat Listen, um Bauteile auch allein über die Seriennummern zu identifizieren).

2.2.1 Vorbereitungen zum Öffnen des PC-Gehäuses

Das Öffnen eines PC-Gehäuses ist nicht gefährlicher, als einen Kuchen zu backen oder ein Auto selbst aufzutanken: hier wie dort muß ich nur ein paar Vorsichtsmaßnahmen für mich wie für mein technisches Gegenüber beherzigen. Beim Backofen muß ich mich mit der Hitze auseinandersetzen, an der Zapfsäule mit der Brennbarkeit von Benzin, beim PC mit dem elektrischen Strom.

Folgende einfache Regeln sollten beachtet werden:

1. Stets zuerst **Netzstecker ziehen!**

   Der Strom aus dem Netz ist das einzige, was *mir* bei der Aktion schaden kann.

2. Den PC auf eine **ebene, glatte Fläche** mit genügend viel Platz stellen, beispielsweise auf einen mittelgroßen Tisch.

3. **Nicht-magnetische Schraubenzieher**, mit Schlitz und mit Kreuz, bereitlegen.

4. Alle **Kabelverbindungen** zur Peripherie, die beim Aufschrauben im Weg sind, **lösen** (eventuell zuvor beschriften). Beachten Sie, daß die meisten Kabel **festgeschraubt** sind! Insbesondere den **Bildschirm ausstecken** und beiseite stellen.

5. **Nie einen Bildschirm öffnen!**

6. **Erden:**

   Wenn ich vorhabe, im Innern des PCs irgendwelche Eingriffe vorzunehmen, muß ich eines wissen: Die Mikrochips, die die elektronischen Schaltungen enthalten, arbeiten mit kleinen Spannungen im Bereich von ±5Volt. Nun sind unsere Umgebung und auch wir selbst immer sogenannten **elektrostatischen Aufladungen** ausgesetzt: durch Gehen auf Kunstfaserboden, Reiben an Kleidung und ähnliches. Damit hält unser Körper möglicherweise ein erheblich höheres **Spannungspotential** als 5 Volt (Potential heißt Spannungs*vorrat*). Berühren wir nun Metalleitungen, die zu den Chips führen, so **entlädt** sich unser Körper. Wir spüren davon nichts – aber die Chips könnten durch die zu hohe Spannung **zerstört** werden.

→ **Wir müssen also das Spannungspotential vorher auf anderem Wege entladen, also uns erden, „in die Erde entladen".**

   Dazu genügt es, vor jedem Griff auf ein PC-Bauteil kurz blankes Metall anzufassen: einen Heizkörper, das PC-Gehäuse, metallene Tischbeine oder ähnliches. Die Methode der Fachleute ist es, ein **Erdungsarmband** anzulegen. Das ist im Fachhandel erhältlich.

2.2.3 Gehäuseschrauben

Um ein PC-Gehäuse zu öffnen, müssen alle Schrauben, die den Deckel am Chassis (Gestell) halten, gelöst werden (aber nicht mehr als diese!). Haben Sie ein technisches Handbuch, so suchen Sie darin zunächst nach der Beschreibung der Gehäuseschrauben. Einige Regeln, wie die richtigen Schrauben zu finden sind, können wir aber ganz allgemein aufstellen, da es eigentlich nur wenige Typen für PC-Gehäuse gibt. Auch Ihr PC hat – wenn es kein Laptop ist – sicherlich eines der folgenden Gehäuse:

- Schiebegehäuse mit Frontblende am Deckel
- Schiebegehäuse ohne Frontblende am Deckel
- Desktop-Klappgehäuse
- Tower mit abnehmbarer Seitenklappe

Schauen Sie sich Ihr Gerät in Ruhe an. Sicherlich finden auch Sie die Schrauben folgendermaßen:

Schiebegehäuse mit Frontblende am Deckel:

Dieser Schiebedeckel umschließt den PC vorn, oben und seitlich. Er wird meistens gehalten von Schrauben in den folgenden Anordnungen:

- Vier Schrauben, die in den vier Ecken der Rückfront zu finden sind. Beim **Tischgerät** kommt meistens noch eine Schraube oben in der Mitte der Rückfront dazu, beim **Tower** ist oft noch auf halber Höhe der Rückfront an jeder Seite eine weitere Schraube. Der PC aus Abb. 2.4 hat an seiner Rückfront sogar nur drei Gehäuseschrauben an der *oberen* Kante.
- Je zwei an den unteren Seitenrändern des Gehäuses.

Gehört die Frontblende zum Deckel, so wird der gesamte Deckel nach **vorn** weggezogen.

Schiebegehäuse mit Frontblende am Chassis:

Hier wird der Deckel meistens nur von je zwei Schrauben rechts und links, am unteren Rand der Deckelseiten, gehalten.

Gehört die Frontblende zum Chassis, so wird der Deckel nach hinten weggezogen oder sogar einfach abgehoben.

Klappgehäuse:

Der Deckel wird an der Rück- oder Vorderseite von Scharnieren gehalten, das freie Ende des Deckels rastet an beiden Seiten auf einem Knopf ein. Meistens sind seitlich am unteren Rand Schrauben zu lösen. Danach können die Knöpfe eingedrückt und der Deckel hochgeklappt werden.

Tower mit Seitenklappe:

An einer Seite des Towers ist deutlich sichtbar eine Platte angebracht, die von Schrauben gehalten wird. Sie ist abnehmbar, wenn alle Schrauben gelöst sind.

In Abb. 2.10 gehört nur die Schraube links oben in der Ecke zum Gehäusedeckel!

Abb. 2.10: Gehäuserückseite eines Tischgeräts mit Gehäuseschraube links oben

Achtung:

➔ An der PC-Rückseite gehören nur die regelmäßig und ganz am Rand angeordneten Schrauben zum Gehäusedeckel. Entfernen Sie zuerst die Seitenschrauben. Läßt sich der Deckel dann noch nicht bewegen, suchen Sie nach weiteren Gehäuseschrauben an der Rückseite. Entfernen Sie immer nur die offensichtlichsten, äußersten, symmetrisch angeordneten und probieren Sie dann, ob sich der Deckel schon bewegt.

➔ In einem (engeren) Rechteck um die Lüftungsschlitze an der Rückseite herum befinden sich die Schrauben, die das **Netzgerät** halten (siehe auch auf Abb. 2.10). Lösen Sie diese bitte nie! Das Netzgerät fällt sonst möglicherweise auf andere Bauteile und beschädigt sie.

→ **Sammeln** Sie alle Schrauben sofort, am besten in eine schon bereitgestellte Schachtel. Nie darf eine Schraube *im* Gerät liegenbleiben, sonst besteht Kurzschlußgefahr.

→ **Laptops** und **Notebooks** haben ganz unterschiedliche Gehäusebefestigungen. Lesen Sie stets zuerst die technische Anleitung zum Öffnen des Geräts, um die Gehäuseschrauben zu identifizieren.

Es ist ganz normal, daß die Gehäusedeckel sich durch Materialspannungen etwas verziehen. Dadurch sind möglicherweise einige Schrauben stark verspannt und lassen sich schwerer lösen. Ebenso später beim *Schließen* des Gehäuses: wundern Sie sich nicht, wenn Sie Mühe haben, ein Schraubloch des Deckels genau über das zugehörige Loch im Chassis zu schieben. Da sind dann Geduld und eventuell eine „dritte Hand" zum Schrauben oder Deckelhalten erforderlich.

2.3 Der Blick in den „Bauch" des PCs

Ist die Deckelhürde genommen, so liegt eine Vielzahl von Baugruppen und Kabeln vor uns, die sich aber recht schnell in ein Schema einordnen lassen. Haben wir dieses Schema, den **grundsätzlichen** PC-Aufbau, erst einmal im Kopf, so lassen sich die einzelnen Bauteile in *jedem* Gerät leicht wiederfinden. Betrachten wir zunächst die typische Bauanordnung in einem **Tisch-PC** (Abb. 2.11). Abweichungen davon ordnen wir danach in das Schema ein.

Abb. 2.11: Blick in einen PC

2.3.1 Das Netzteil

Sofort fällt das **Netzteil** (Abb. 2.12) ins Auge: ein ziemlich großer Kasten, befestigt an der Rückwand, wo auch seine Lüftungsschlitze liegen, versehen mit einer Warnaufschrift der Art

„Vorsicht! Spannung!"

oder (mit derselben Bedeutung)

„Caution! Power!"

Diese Warnung ist nicht unbegründet:

➡ Öffnen Sie **nie** ein Netzteil: Hier finden Sie die volle Leistung des normalen 220Volt-Wechselstromnetzes vor!

Vom Netzteil aus geht ein ganzes Bündel verschiedenfarbig isolierter Kabel zu vielen weiteren Bauteilen im PC. Dabei bedeutet **schwarze** Isolierung stets eine **Masseleitung, rot** eine Leitung, die an positiver Spannung liegt.

Abb. 2.12: Ein PC-Netzteil

Möglicherweise hängen eine oder mehrere Leitungen, die vom Netzteil ausgehen, in der Luft. Das ist kein Anzeichen eines Fehlers, sondern ein Hinweis darauf, daß dieser PC noch weitere Bauteile aufnehmen kann, die dann über diese Kabel mit Strom versorgt werden.

➡ Jedes Bauteil, jedes Teilgerät des PCs braucht **Stromversorgung**.

An der Außenseite des Netzteils finden wir die zwei dreipoligen Steckbuchsen aus «strombuchsen», eine mit Löchern und eine mit Stiften. Das Kabel, das den PC mit Strom aus der Steckdose versorgt, paßt stets auf die Stiftebuchse. Die andere kann mit einem passenden Kabel einen Bildschirm vom Netzteil aus mit Strom versorgen. Viele Bildschirme haben allerdings ein Kabel mit Netzstecker für eine normale Steckdose.

2.3.2 Plattenlaufwerke

Eine weitere Gruppe von Bauteilen zeigt ganz unmittelbar ihre Bedeutung: Die **Diskettenlaufwerke** sind die Kästen, die sich an die Schlitze anschließen, die Sie ja aus ihrer täglichen Anwendung kennen (Abb. 2.13). Ein **3,5-Zoll**- oder 3 ½-**Zoll**-Diskettenlaufwerk ist dabei deutlich kleiner als ein **5,25-Zoll**- oder 5 ¼-**Zoll**-Laufwerk und gelegentlich fast versteckt unter dem großen Bruder. Die Maßeinheit **Zoll** wird in der Regel mit " abgekürzt, es heißt also meistens 3 ½" bzw. 5 ¼".

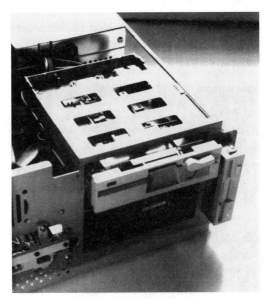

Abb. 2.13: Laufwerke in ihren Laufwerksschächten

→ Jedes **Diskettenlaufwerk** ist in einem Laufwerks**schacht** festgeschraubt und über ein **Strom**versorgungskabel mit dem **Netzteil** verbunden. Über ein **flaches, breites Kabel** wird es mit **Daten** versorgt (Einzelheiten in Kapitel 5).

Ein weiterer, ganz ähnlicher Kasten, nur ohne Schlitz zur Außenseite, ist neben oder unter den Diskettenlaufwerken zu finden. Er enthält die **Festplatte**, die ja mit ihrem

Laufwerk zu einer Einheit verbunden ist (in Abb. 2.13 *unter* dem 5 ¼-Zoll-Diskettenlaufwerk).

→ Ein **Festplattenlaufwerk** ist in einem Laufwerks**schacht** festgeschraubt und über ein **Strom**versorgungskabel mit dem **Netzteil** verbunden. Über ein oder zwei **flache, breite Kabel** wird es mit **Daten** versorgt (Einzelheiten in Kapitel 5).

→ **Öffnen Sie nie ein Festplattenlaufwerk.** Dabei lassen Sie unweigerlich so viel „Umweltschmutz" in die hermetisch abgeschlossene Festplattenwelt, daß alle Daten zerstört würden (Einzelheiten in Kapitel 5).

→ Achten Sie beim **Wiederverschließen** des PCs stets darauf, daß die Kabel glatt und ohne große Spannung verlaufen. Klemmen Sie nie ein Kabel ein.

2.3.3 Platinen

Die restlichen Bauteile im PC, deren Bedeutung sich nicht sofort zeigt, sind die **Platinen**, auch **Leiterplatten**, **Boards** (engl. board: Brett) oder (Steck-)**Karten** genannt. Sie tragen die **Mikrochips**, die Plättchen aus Silizium, deren eingebaute Transistoren, Widerstände und ähnliche elektronische Bausteinchen die eigentliche Arbeit des PCs erledigen. Auf jeder Platine (ein Beispiel sehen Sie in Abb. 2.14) finden wir

Mikrochips: eingebettet in (meist) schwarze Plastikkästchen, aus deren Seiten dünne Metallbeinchen ragen, durch die elektrischer Strom fließen kann. Sie sind auf den Platinen fest**gelötet** oder in **Sockel** gesteckt.

Leiterbahnen: dünne, blanke Linien, die elektrische Leitungen sind. Sie tragen die elektrischen Signale von Chip zu Chip, nur durch den Abstand von der Nachbarleitung isoliert.

einzelne **Widerstände, Dioden, Kondensatoren, Transistoren:**

erkennbar als bunte „Würmchen" oder „Tröpfchen", mit zwei oder drei (beim Transistor) Beinchen auf die Platine gelötet. Sie dienen der Regelung (Verstärkung, Teilung, Stabilisierung) der elektrischen Arbeitsspannung auf der Platine, sie schaffen das geeignete „Betriebsklima" für die Chips.

Anschlüsse für Strom- und Datenkabel (die genaueren Beschreibungen dazu folgen) sowie

Beschriftungen wie R5, C2, JP1 und so weiter, die den Fachleuten helfen, die Platinenschaltungen mit den **Schaltplänen** zu vergleichen.

Abb. 2.14: Teil einer Platine mit Chips, Leiterbahnen und einzelnen elektrischen Widerständen

Die elektrischen „Betriebsklima"-Unterstützungen interessieren nur die Elektroniker. Für uns ist nur wichtig, daß wir keines dieser manchmal ziemlich herausragenden Elemente **abknicken** dürfen, da ja dadurch eine Leitungsverbindung zerstört würde. Die wichtigsten Platinen, Chips und Anschlüsse werden wir im nächsten Kapitel kennenlernen, so daß Sie dann in der Lage sind, sie in Ihrem PC zu identifizieren.

Mit zwei weiteren Bausteinchen, die auf vielen Platinen zu finden sind, werden wir uns beschäftigen müssen:

Jumper: (engl: Springer), zu deutsch **Steckbrücken** genannt (Abb. 2.15): zwei als **Stifte** aus der Platine ragende Leitungsenden, auf die ein kleines plastikummanteltes Verbindungsteil gesteckt werden kann. Auch Jumper-Kontaktstifte sind meistens in Gruppen angeordnet und numeriert mit Bezeichnungen wie JP1 etc.

DIP-Schalter: kleine Plastik-Kippschalter (Abb. 2.16), meistens in Gruppen angeordnet und durchnumeriert. Sie sind am besten mit einem Druckbleistift ohne Mine oder mit einer Stricknadel umzuschalten. Die Profis nennen eine solche Schalterleiste auch „Mäuseklavier", da Mäusefinger eher mit diesen Schalterchen zurechtkämen als unsere menschlichen.

Abb. 2.15: Jumperkontaktpaare und einzelne Steckbrücke dazu

Zur Bedeutung von DIP-Schaltern und Jumpern werden wir noch kommen, hier geht es nur darum, sie zu erkennen.

Abb. 2.16: DIP-Schalter

In allen Desktop-PCs finden Sie die größte Platine zuunterst. Sie füllt fast den ganzen Gehäuseboden und enthält die **PC-Zentrale**, also

CPU (engl. Central Processing Unit: Zentrale Verarbeitungseinheit), auch **Prozessor** genannt, und

Arbeitsspeicher oder **RAM** (engl. Random Access Memory: Gedächtnis mit beliebigem Zugriff), meistens mit „Direktzugriffspeicher" übersetzt.

Kurz zur Wiederholung die Aufgabe dieser Bauteile: die CPU führt die Arbeitsschritte eines Computerprogramms aus. Das gerade abzuarbeitende Programm sowie die Daten, die damit bearbeitet werden, sind im Arbeitsspeicher untergebracht, codiert in **Bytes**, also Wörtern bzw. Mustern aus nur zwei Signalwerten, den **Bits**. Über eine elektrische Leitung können zwei Signale vermittelt werden: „Strom fließt" oder „kein Strom fließt". Die beiden Signalwerte eines Bits werden im allgemeinen notiert als „1" oder „0". Ein Byte umfaßt acht Bits.

Diese Platine, die eigentlich schon den ganzen PC enthält (nur, daß dieser „Minimal-Computer" nicht mit uns, den Menschen, in Kontakt treten kann, also absolut nutzlos ist), heißt **Hauptplatine** – auch **Motherboard, Mainboard, Mutterplatine** genannt. Wir sehen ein Beispiel in Abb. 2.17.

Abb. 2.17: Hauptplatine

Die Hauptplatine wird über zwei mehrfarbige Kabelbündel vom Netzteil aus mit Strom versorgt; die schwarzen Masseleitungen beider Bündel treffen sich dabei in der Mitte.

Alle weiteren Platinen sind in länglichen **Sockeln** in die Hauptplatine hinein*gesteckt.* Daher heißen sie auch

Steckkarten.

Diese Sockel, die in der Mitte einen Schlitz aufweisen, werden auch mit **Slot** (engl: Schlitz) oder **Steckplatz** bezeichnet. Die meisten Steckkarten dienen der Verbindung der Zentrale mit der Außenwelt: an sie werden die Peripheriegeräte und auch die Plattenlaufwerke angeschlossen. Die Rolle der Chips auf den Steckkarten ist es, Signale der Zentrale so umzuformen, daß sie von einem Ausgabegerät oder einem Laufwerk empfangen werden können, oder Signale eines Eingabegerätes oder einer Magnetplatte so umzuformen, daß die CPU sie verarbeiten kann. Sie sind eine Art „Signal-Übersetzer-Maschine". Abb. 2.18 zeigt eine Steckkarte und ihren Steckplatz.

→ Bauteile, die eine Übersetzungs- und Verbindungsfunktion haben, werden allgemein als **Schnittstelle** bezeichnet. Der Begriff „Schnittstelle" soll verdeutlichen, daß hier die Signale zweier verschiedenartiger Systeme aufeinandertreffen, „sich überschneiden".

→ Steckkarten erhalten ihre Strom- und Datenversorgung über Leiterbahnen der Hauptplatine.

Die Steckkarten haben an einer Schmalseite eine Metallplatte, eine **Blende**, meistens mit Steckbuchsen für außen anschließbare (externe) Geräte. Alle Steckplätze auf der Hauptplatine sind so angeordnet, daß die eingesteckte Karte mit ihrer Metallblende gerade die Rückwand des Gehäuses berührt. Dort sind passende Schlitze ausgespart, die bei unbenutzten Steckplätzen in der Regel mit einer – ebenfalls metallenen – **blinden Blende** verschlossen sind. Die **Steckkartenblende** ersetzt dann eine solche blinde Blende. Sowohl Steckkarten- als auch blinde Blende werden an der Oberkante der Gehäusewand angeschraubt.

Das Peripheriegerät oder Laufwerk, welches über eine Steckkarte angesprochen werden soll, muß mit ihr über ein Kabel verbunden sein. Magnetplattenlaufwerke und -schnittstellen sind *im* Gehäuse mit flachen vieladrigen Kabeln verbunden.

Abb. 2.18: Steckkarte und Steckplatz

Steckkarten, die die Verbindung zu Bildschirm, Drucker oder Maus herstellen, haben an ihrer Metallblende **Steckbuchsen**, die, wenn die Karte an ihrem Platz ist, außen an der Geräterückwand sichtbar sind und dort die Datenkabelstecker der jeweiligen Geräte aufnehmen können. Die Steckbuchsen haben wir in Abschnitt 2.1.4 beschrieben.

Eine Ausnahme unter den Anschlüssen der Peripheriegeräte bildet das **Tastaturkabel:** Sein runder Stecker führt in eine Buchse, die direkt an der Hauptplatine befestigt ist. Das liegt daran, daß die Codes, die von der Tastatur übermittelt werden, keiner großen Überarbeitung mehr bedürfen, um von der PC-Zentrale weiterverarbeitet werden zu können: die **Tastatur-Schnittstelle** ist in die Hauptplatine **integriert.** Andere Schnittstellen dagegen sollen **austauschbar** oder **erweiterbar** sein: Das geschieht dann durch Auswechseln der Steckkarte. Zu solchen Vorgängen kommen wir ab Kapitel 5.

2.3.4 Schalter, Anzeigelampen, Lautsprecher

Auch die PC-Teile, die schon von außen wahrnehmbar waren, können wir innen wiederfinden (Abb. 2.19):

- der **Ein-Aus-Schalter,**
  direkt oder über ein Kabel mit dem Netzteil verbunden,

- der **Turboschalter,**

- die **Resettaste,**

- die Anzeigelampen für **Power** und **Turbo,**
  jeweils über zwei- oder dreipolige Kabel mit der Hauptplatine verbunden. Diese Kabel sind nur auf die Platine gesteckt, können sich also durchaus – bei Umbauarbeiten oder bei nachlässiger Fertigung – lösen.

Abb. 2.19: Stromversorgung der Schalter und Anzeigelampen

Hat der PC ein **Tastaturschloß,** so werden Power-Lampe und Schloß oftmals mit einem gemeinsamen vier- oder fünfpoligen Kabel von der Hauptplatine her versorgt.

Die Kontrollanzeige „Zugriff auf die Festplatte" (**HDD-Anzeige**) sitzt entweder direkt am Festplattenlaufwerk oder ist über ein zweipoliges Kabel mit der Steckkarte zwischen Hauptplatine und Laufwerk verbunden.

Zuletzt noch eine Kleinigkeit, deren Vorhandensein uns bereits Piepser und Knackgeräusche bei jedem PC-Start verraten haben: Am Rande des Gehäuses sitzt ein kleiner **Lautsprecher**, von den Profis „**Speaker**" (engl.: Sprecher) genannt, verbunden mit der Hauptplatine über ein vierpoliges Kabel.

2.3.5 Alternative Bauweisen

Desktop-PC:

Aus den bisherigen Erläuterungen ergibt sich für den typischen inneren Aufbau eines Desktop-PCs das Schema aus Abb. 2.20.

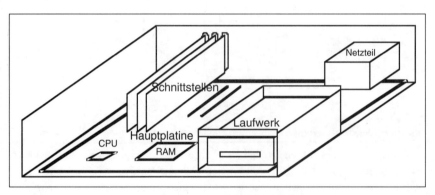

Abb. 2.20: Typischer Aufbau eines Tisch-PCs

Tower-PC:

Der innere Aufbau eines Tower-PCs entspricht genau dem eines Tischgeräts, nur um 90° gedreht, also „hochkant" gestellt: Die Hauptplatine ist an einer Seite senkrecht verankert, die Steckkarten und Laufwerke stehen quer dazu, so daß wir an der Außenseite

- Steckbuchsen rückseitig quer und

- Laufwerksschlitze vorn quer

vorfinden (Abb. 2.21).

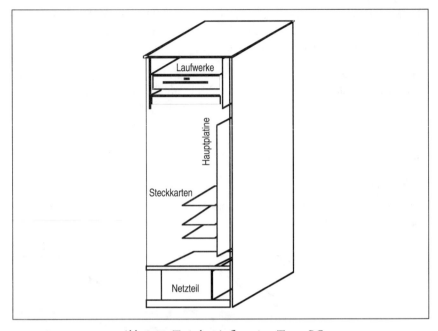

Abb. 2.21: Typischer Aufbau eines Tower-PCs

Slimline-Desktop-Gehäuse:

Besonders flache Tisch-Gehäuse haben nicht genügend Höhe, um eine Steckkarte senkrecht zur Hauptplatine unterzubringen. Daher ist bereits das Gehäuse mit einer „Umweg-Steckkarte" versehen, die genau in einen Hauptplatinen-Steckplatz paßt und ihrerseits an beiden Seiten Stecksockel aufweist. An diese Umwegkarte nun werden alle „echten" Steckkarten **quer** eingesteckt. Die Schlitze an der Gehäuse-rückwand passen zu dieser Anordnung (Abb. 2.22).

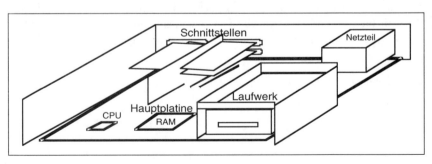

Abb. 2.22: Typischer Aufbau eines Slimline-PCs

PC mit Modular-Platine:

Eine seltene Bauform hat als Grundplatine nur eine Karte mit Steckplätzen und Leiterbahnen dazwischen (genannt „Modularboard"). In diese Karte wird dann auch die Hauptplatine mit CPU und RAM eingesteckt, parallel zu den anderen Steckkarten.

2.4 Diagnosehilfe

Wie bereits erwähnt, sind viele PC-Störungen auf Wackelkontakte oder ähnliche „Kleinigkeiten" zurückzuführen. Im Falle einer Störung sollten zuerst alle *äußeren* Kabelverbindungen sowie die Bildschirmregler überprüft werden. Ist dabei nichts zu finden, kann die Fehlersuche mit den jetzt erworbenen Kenntnissen im PC-Inneren weitergehen.

➡ Bitte beachten Sie:

1. Wenn Sie im PC eine Veränderung vornehmen, **notieren** Sie sich die Ausgangssituation, um sie bei Bedarf wiederherstellen zu können.

2. **Testen Sie den PC – offen, alle Werkzeuge und Schrauben entfernt** – nach *jeder einzelnen* Veränderung und stecken Sie ihn nach dem Test wieder aus der Netzsteckdose aus.

Erste Checkliste „Mein PC arbeitet nicht":

➡ Der Bildschirm bleibt dunkel, alle Kontrollanzeigen sind aus.

1. Steckt das PC-Stromkabel fest in der Netzsteckdose?

2. Liefert die Steckdose überhaupt Strom?

3. Ist der Hauptschalter des PCs an (Stellung „1" oder „on")?

➡ Der Bildschirm bleibt dunkel.

4. Leuchtet die Kontrollanzeige „Power"?

5. Sind alle Kabel an der PC-Rückseite fest in ihrer Buchse? Insbesondere Bildschirm-Daten- *und* Bildschirm-Stromkabel?

Der Bildschirm erhält Daten über eine Steckbuchse an einer rückwärtigen Schlitzblende. Strom erhält er (je nach Kabeltyp) aus dem PC-Netzgerät oder aus einer Netzsteckdose. Falls der Bildschirm Strom aus der Steckdose bezieht: Ist er dort eingesteckt?

6. Ist der **Bildschirm**-Hauptschalter auf „an" („on" oder „1")? Leuchtet die Bildschirm-Kontrollampe? Erscheint das Bild, wenn die Regler für Helligkeit und Kontrast verstellt werden?

➔ Drucker, Maus oder Tastatur scheinen nicht zu arbeiten.

7. Sind die Datenkabel von diesen Geräten zum PC fest in ihren Steckbuchsen?

8. Hat der Drucker Strom (Steckdose!)? Ist er angeschaltet? Leuchtet die Anzeige „Online", „Select" oder „Ready"? (Näheres zu Druckern finden Sie im Kapitel 6)

➔ Alle äußeren Kabelverbindungen sind korrekt, aber trotzdem arbeitet das Gerät nicht.

9. Lösen Sie alle Verbindungen zum Stromnetz (PC, Bildschirm, Drucker). Stellen Sie beim Tischgerät den Bildschirm beiseite, lösen Sie die Gehäuseschrauben und bewahren Sie sie sorgfältig auf. Erden Sie sich regelmäßig durch Berühren blanker Gehäuseteile oder anderer metallener Gegenstände (Heizung etc.). Prüfen Sie *im Innern des Geräts*, ob **jedes Bauteil Strom- und Datenverbindung** hat:

Bauteil	Strom von	Daten von
Netzteil	Kabel zur Steckdose	–
Festplattenlaufwerk	Netzteil	Steckkarte oder Hauptplatine[1] (Flachbandkabel)
Diskettenlaufwerk(e)	Netzteil	Steckkarte oder Hauptplatine[1] (Flachbandkabel)
Hauptplatine	Netzteil, zwei Kabelbündel	Steckkarten, Laufwerken, Tastatur
Steckkarten	Hauptplatinensteckplatz	Hauptplatinensteckplatz
Ein-Aus-Schalter	Netzteil	–
Turboschalter	Hauptplatine	–
Resettaste	Hauptplatine	–
Anzeigelampen	Hauptplatine	Hauptplatine
Lautsprecher	Hauptplatine	Hauptplatine
HDD-Anzeige	Festplattenlaufwerk oder Steckkarte[1]	

1 Näheres zur Versorgung der Laufwerke finden Sie in Kapitel 5.

Alle Kabel und Steckkarten sollten **gerade und fest** sitzen. Steckkarten und blinde Blenden sollten am Gehäuserand verschraubt sein.

Im allgemeinen sind alle Kabelstecker und Buchsen so geformt, daß sie nicht falsch herum eingesteckt werden können. Prüfen Sie dennoch:

→ **Laufwerksdatenkabel:**

Ein Kabelrand weist eine Markierung, ein Muster auf. An den Steckbuchsen wiederum ist eine Kennzeichnung „Pin 1" oder nur „1".

Die Kabelmarkierung muß auf der Pin-1-Seite der Buchse liegen.

→ **Stromkabel:**

Kabel zur **Hauptplatine:** Pin 1 ist orange, Pin 10 bis 12 sind rot. Die schwarzen (Masse-)Kabelstränge beider Stecker treffen sich in der Mitte.

Kabel zu einem **Laufwerk:** Pin 1 ist gelb, Pin 2 und 3 sind schwarz, Pin 4 ist rot.

Der Pin 1 eines Stromanschlusses ist (im allgemeinen) an der Buchse angezeichnet.

→ **Flachbandkabel,** die auf Kontaktleisten aufgesteckt sind, können falsch herum stecken. Auch Pin-1-Marken an Kabeln können fehlen, bei Billigprodukten sogar an der falschen Seite sein. Ist keine andere Fehlerquelle zu finden, sollten auch solche Kabelstellungen überprüft werden: andersherum aufstecken und testen.

3 Zentrale – Die Hauptplatine

Die **Hauptplatine**, also die PC-Zentrale, kauft auch ein PC-Profi fertig vom Hersteller. Ihre Baugruppen sind sorgfältig aufeinander abgestimmt. Bestimmte **Erweiterungen** kann aber auch eine reine Anwenderin selbst vornehmen. Um dabei keinen Fehler zu machen, müssen Sie zunächst einmal die wesentlichen Baugruppen der Hauptplatine *erkennen*, ihre Namen und Bedeutungen und auch bestimmte Typunterschiede verstanden haben. Das und die zwei wichtigsten Hauptplatinenerweiterungen – RAM-Ausbau und Coprozessor-Einbau – finden Sie in diesem Kapitel. Ferner helfen Ihnen die Klassifizierungen der Bauteile, vor einem PC-Kauf die angebotenen Hardwarequalitäten einschätzen zu können.

Den übergeordneten Aspekt der **Verwaltung** und **Adressierung** der einzelnen PC-Bauteile, der sowohl für Hauptplatinen- als auch für Laufwerks- und Steckkartenerweiterungen eine große Rolle spielt, haben wir aus den Gerätebeschreibungen „ausgekoppelt". Alles Wissenswerte zu diesem Themenbereich finden Sie in Kapitel 4.

3.1 Die CPU

Die *Central Processing Unit*, der **Zentralprozessor**, ist die Schaltzentrale eines Computers. Hier laufen alle Fäden – oder besser: alle Signale, alle Daten, zusammen; hier wird – je nach Programm – entschieden, was als nächstes zu tun ist. Die CPU legt die „Sprache" der Maschine fest, und durch ihre Bauweise, durch die Art, wie schnell sie Schaltvorgänge durchführen kann, auch die Geschwindigkeit. Beides zusammen beschreibt den **Typ** des PCs, mit dem er auch in Verkaufsanzeigen gekennzeichnet wird, also z.B. „386/33 MHz" (die Bedeutung der Nummer 386 folgt gleich, die Maßeinheit MHz – Megahertz – wird in Abschnitt 3.2 erläutert). Keine Frage, daß die Entwicklung im Laufe der Jahre immer schnellere, „intelligentere" CPUs hervorgebracht hat (und noch weiter hervorbringen wird). Dazu passend wurden und werden dann auch stets die übrigen Baugruppen der Hauptplatine beschleunigt, denn sonst wäre die CPU fast nur noch mit Warten auf ihre Mitarbeiter beschäftigt.

Die alle paar Jahre neu entwickelten, schnelleren PCs wurden von alten und neuen Käufern aus zwei Gründen akzeptiert:

- sie wurden immer preisgünstiger

- die jeweils neue „Generation" beherrschte auch die „Sprache" der vorherigen, daher konnten die Besitzer eines älteren PCs auf dem neuen, schnelleren ihre alten Programme weiter benutzen.

Den zweiten Punkt bezeichnet man als **Kompatibilität**, was soviel wie **Verträglichkeit** bedeutet. Die Kompatibilität der PC-Generationen erlaubt es aber auch, Bauteile eines PCs einzeln durch neuere, bessere auszutauschen, die dann mit den verbleibenden alten Teilen zusammenarbeiten, z.B.:

- gleicher PC mit größerem Magnetplattenlaufwerk,

- gleiche Peripherie (Tastatur, Bildschirm, Laufwerke) mit schnellerer Hauptplatine.

Wohlgemerkt: Die Hauptplatine wird dabei als Ganzes ausgewechselt. Ob eine solche Teilaufrüstung überhaupt sinnvoll ist, sollte im Einzelfall überlegt werden: Es darf nicht ein verbleibendes altes Bauteil zur Bremse des Gesamtsystems werden, sonst war die Geldausgabe für den Ausbau umsonst. Sinnvolle Zusammenstellungen werden wir in den Kapiteln über Peripherie genauer betrachten.

Die CPU im ersten IBM-kompatiblen PC, ein Chip der Firma Intel, trug die Typenbezeichnung **8088**. Sie empfing und sandte ihre Daten byteweise aus, hatte also acht Datenleitungen, oder anschaulicher ausgedrückt: acht Beinchen am CPU-Gehäuse waren für die Datenübertragung vorgesehen. Die letzte 8 in dem Namen „8088" steht dafür als Hinweis (der Rest ist eine Intel-interne Entwicklungsnummer). In ihrem Innern konnte sie aber durchaus Daten verarbeiten (addieren, vergleichen etc.), die zwei Byte, also 16 Bit, groß waren. Die Schaltungen zur Aufbewahrung und Verrechnung der Bytes im CPU-Chip waren darauf vorbereitet. Zu den ersten PC-Verbesserungen gehörte dann, daß die Nachfolgerin der 8088 nicht mehr nur byteweise Daten übertrug, sondern die vollen verarbeiteten 16 Bit. Die CPU namens **8086** – die „6" steht für „16 (Bit)" – schrieb das nächste Kapitel PC-Geschichte. Sie hatte also doppelt so viele Datenbeinchen an ihrem Gehäuse. Diese 16 Beinchen oder „Pins" (engl.: Nadeln, Stifte) brauchen außer Platz am Gehäuse auch 16 Leitungen auf der Platine, die ihre Signale weitertragen. Die Folge: die ganze Hauptplatinengestaltung wurde von der neuen CPU beeinflußt.

Für die Computer mit der 8086-CPU hat sich dann der Name **XT** (von engl. extendend technology: erweiterte Technologie) eingebürgert.

Kürzen wir die Historie der CPU-Chips – alle von Intel entwickelt und in IBM-kompatiblen PCs eingesetzt – etwas ab:

Die **80286**	arbeitete ebenfalls mit 16-Bit-Daten, konnte aber einen größeren Arbeitsspeicher ausnutzen. PCs mit dieser CPU wurden dann, zur Abgrenzung gegen den „XT", mit **AT** (von engl. advanced technology: fortgeschrittene Technologie) bezeichnet. Die gleiche Bezeichnung wird aber auch für die Nachfolgemodelle des 80286 benutzt.
Die **80386**	arbeitete auf der ganzen Linie mit 32 Bits, also vier Bytes gleichzeitig und war insgesamt so viel besser konstruiert als ihre Vorgängerin, daß diese sehr schnell auf dem Markt uninteressant wurde. Ab diesem Modell wird auch immer häufiger die „80" in der CPU-Bezeichnung weggelassen – statt dessen kamen einige neue „Verwirrbuchstaben" hinzu, die wir auch noch klären werden.
Die **80386SX**	war sozusagen die Sparversion der 386-CPU. „SX" steht für (engl.) single extension: einfache Ausdehnung. Gemeint ist damit, daß diese CPU zwar intern mit doppelt so vielen Bits (bzw. Bytes) arbeitet wie die 286, nämlich mit 32, aber nur 16 Anschlüsse nach außen hat. Soll die CPU nun vier Bytes übertragen, muß sie das in zwei Schüben tun. Dadurch nimmt die 386SX leistungsmäßig eine Zwischenstellung zwischen 286 und 386 ein. Letztere wird zur Abgrenzung auch mit 386**DX** bezeichnet (von engl. double extension: doppelte Ausdehnung).
Die **80486**	oder i486 (das „i" heißt einfach „intel") oder schlicht 486 ist nun die derzeitige Krönung dieser Entwicklungsreihe. Sie arbeitet mit 32 Bits schon recht schnell und geschickter als die Vorgängerin und hat intern einige Extras, auf die wir später zu sprechen kommen. Auch hier gibt es eine **SX**- und eine **DX**-Version – aber hier mit ganz anderer Bedeutung! Es fehlt nämlich in der SX-Version der 486-CPU nur der eingebaute mathematische Coprozessor, dessen Rolle wir im Abschnitt 3.3 besprechen. Weitere 486-Varianten haben die Ergänzung **D2** oder **DX2**: Sie arbeiten mit doppelter Geschwindigkeit (Näheres in Abschnitt 3.2).
SL-Varianten	gibt es von den 386ern wie auch von den 486ern. „SL" steht dabei für „slim" (engl. für schmal). Diese CPUs sind speziell für **Notebooks**, also sehr kleine PCs entwickelt, die noch dazu mit Batteriebetrieb laufen sollen. Sie sind in der Lage, stromsparender zu arbeiten, indem sie „Schlafphasen" einlegen, aus denen erst bestimmte Aktionen (z.B. eine Eingabe) sie wieder wecken.

Mit diesen **Generationen** von CPUs kamen Generationen von PCs auf den Markt, die sich in ihrer Leistungsfähigkeit deutlich voneinander abhoben. Natürlich ist die 486-CPU nicht das Ende der Entwicklung. Ihr Nachfolger wurde von der Firma Intel allerdings mit dem Namen **Pentium** herausgebracht (der Name leitet sich von der griechischen „5" ab, ist also einfach ein Mäntelchen um die Zahl 586) und ist von seinen Fähigkeiten her eigentlich eher der Begründer einer neuen Klasse von Kleincomputern. Wie sehr und für welche Einsätze er sich auf dem Markt durchsetzen wird, werden die nächsten Jahre zeigen.

Wir haben hier die CPU-Entwicklung nur anhand der **Datenbreite** behandelt, das ist die Größe der gleichzeitig bearbeiteten bzw. übertragenen Dateneinheiten. Durch die Weiterentwicklung kamen aber auch andere neue Leitungen dazu, über die die CPU Signale empfing oder aussandte. Außer den **Adreßleitungen**, mit denen gespeicherte Daten und Befehle „angesprochen" werden und denen wir ein ganzes Kapitel widmen werden (Kapitel 4), sind das auch eine Reihe von **Steuerleitungen**. Dadurch ging die Anzahl benötigter Anschlüsse an einem CPU-Chip gewaltig in die Höhe. Betrachten wir einmal den folgenden Überblick über die CPU-Generationen (die in der Tabelle genannten Chip**formen**, deren Weiterentwicklung wegen der Pinzahlen nötig wurde, stellen wir anschließend vor).

CPU	Bits verarbeitet	(Daten-)Bits übertragen	Beine (Pins)	Gehäuseform
8088	16	8	40	DIP
8086	16	16	40	DIP
80286	16	16	68	PLCC oder PGA
80386SX	32	16	100	PLCC
80386	32	32	132	PGA
80486	32	32	168	PGA

Die „Urform" des Chipgehäuses, verwendet für die meisten Mikrochips, ist das **Dual Inline Package**, kurz **DIP**. Die Bedeutung der englischen Bezeichnung ist etwa „Gehäuse mit zwei Reihen Anschlüssen". Da die Anschlüsse aber durch genügend Luftzwischenraum voneinander isoliert werden müssen, kamen die Chips mit größerer Pinzahl nicht mit zwei Reihen aus. Die nächste Entwicklungsstufe war das **Plastic Leaded Chip Carrier**, kurz **PLCC** (zu deutsch etwa: Chip-Träger in Plastikführung – beachten Sie bitte, daß solche Gehäusebezeichnungen vor allem von Gehäusetyp zu Gehäusetyp variieren müssen: Da entstehen nicht immer Namen, die eine treffende

Aussage machen). Rings um einen hier quadratischen Chip sind sehr dünne Beinchen angebracht. Etwas eleganter, auch für auswechselbare Chips geeignet, ist das **Pin Grid Array**, kurz **PGA** (etwa: Pins in Gitteranordnung). Hier sind die Beinchen als feste Stifte senkrecht *unter* dem Chip-Gehäuse montiert, und das in zwei oder drei Gitterreihen. In Abb. 3.1 sehen Sie die Chipformen skizziert.

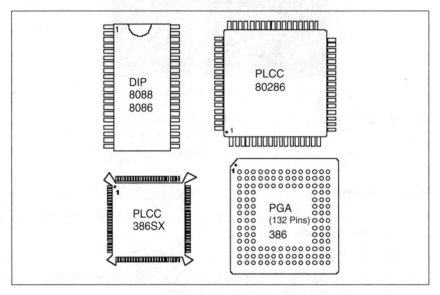

Abb. 3.1: CPU-Gehäusetypen

Eine 486-CPU (Abb. 3.2) ist auch nicht mehr aufge*lötet*, sondern in einen geeigneten **Chipsockel gesteckt.** Der Sockel hat eine Fassung für jeden Pin des Chips, und *in* der Platine tragen dann geeignete Leitungen die Signale weiter. Damit das kurzschlußfrei abläuft, müssen die Platinen Leitungen in *mehreren Ebenen* aufweisen, dazwischen immer eine isolierende (Plastik-)Schicht. Sie können auf den Platinen sehr gut die Stellen auffinden, an denen einzelne Leitungen die Ebene wechseln: Hier und da scheint eine Leiterbahn mit einem kleinen Lötpunkt im „Nichts" zu enden – der Lötpunkt aber führt sie zu einer tieferen Ebene. Einen gesockelten Chip kann man **auswechseln** – eine CPU zum Beispiel gegen eine, die höhere Arbeitsgeschwindigkeit erlaubt (wir werden darüber im nächsten Abschnitt genauer sprechen). Um einen Chip nicht verkehrt herum aufzustecken, haben sowohl Chipsockel als auch Chipgehäuse eine **Kennzeichnung,** die auf „Pin 1" hinweist. DIP-Gehäuse und -Sockel weisen dazu an einer Schmalseite eine **Ausbuchtung** auf (siehe Skizze in «chiptypen»). Die quadratischen Gehäuse haben entweder eine deutlich **abgeplattete** Ecke oder einen **Punkt** auf dem Gehäusedeckel, der die Pin-1-Ecke anzeigt. Auf Abb. 3.2 erkennt man den Pin-1-Punkt der 486.

Abb. 3.2: 486-CPU im PGA-Gehäuse

Auf den neueren Intel-CPUs prangt der Firmen- und CPU-Name in aller Deutlichkeit, auf älteren muß man schon nach dem Kleingedruckten auf den Chips schauen. Mit dieser Übersicht über die CPUs sollte es Ihnen gelingen, *Ihre* CPU zu identifizieren.

➡ **Kontrolle CPU-Typ:**

1. Ein IBM-kompatibler PC hat eine CPU aus den Familien **8088, 8086, (80)286, (80)386 oder (80)486.**

2. Jede dieser CPUs

   • „spricht" die Sprache ihrer Vorgängerinnen, so daß Programme von älteren PCs auf neuere übernommen werden können.

   • hat einige neue, verbesserte Eigenschaften

   • ist erkennbar an ihrem **Aufdruck** (je neuer, desto leuchtender)

   • ist nur auf einer **zu ihr passenden Hauptplatine** arbeitsfähig. Von dort erhält sie Strom und Daten über Leiterbahnen.

3. Es gibt gesockelte und gelötete CPUs. Gesockelte können ausgetauscht werden. Das **technische Handbuch** zur Hauptplatine sagt aus, welche Alternativ-CPUs zu dieser Platine passen.

➡ **CPU-Austausch:**

Ein CPU-Austausch macht nur Sinn im Fall einer CPU-Fehlfunktion oder auf speziellen Hauptplatinen, die für mehrere Prozessortypen gerüstet sind. CPU-Fehlfunktion heißt aber, daß *nichts* richtig läuft – die Diagnose, daß es an der CPU liegt, kann erst jemand vom Fach stellen. Hauptplatinen, die für mehrere CPU-Varianten vorbereitet sind, weisen dies im zugehörigen Handbuch aus, auch die genauen Bezeichnungen der Varianten. Austauschbare CPUs sind allesamt **gesockelt.**

Möglich ist z.b.:

- **486SX** durch **486DX** ersetzen (gleiche Pinzahl und gleiche Signale)

- **486** durch **486D(X)2** ersetzen: bitte lesen Sie dazu den nächsten Abschnitt

- auf einigen, speziell ausgewiesenen Hauptplatinen:
  386 durch **486** in einem speziellen Sockel ersetzen

➜ Grundregel ist also: Nur solche CPUs als Ersatz nehmen, die laut **technischem Handbuch (Mainboard Manual)** zulässig sind.

1. Geeignete CPU besorgen.

2. Vor dem Öffnen des PCs **Netzstecker ziehen.** Regelmäßig **erden** (metallene Gehäuseteile berühren), mindestens vor jeder Berührung eines Chips.

3. Eventuell störende Steckkarten oder Kabel vorsichtig abschrauben und ausstek-ken. Karten an den Rändern der Schmalseiten anfassen und senkrecht nach oben ziehen. (Steckkarten sitzen sehr fest!) Stellung jedes gezogenen Steckers notieren. Alle Schrauben einsammeln.

4. CPU mit einer speziellen Chipzange (Fachhandel) oder mit einem flachen Schraubenzieher vorsichtig an ihren Seiten aus dem Sockel „hebeln". Auf ein Stück **Styropor** setzen.

5. Neue CPU genau auf den Sockel stellen, dabei müssen die Pin-1-Markierungen von Sockel und Chip übereinander sein. Vor dem Eindrücken prüfen, ob alle **Pins gerade** sind und genau über ihren Löchern stehen. Dann senkrecht hinein-drücken.

6. Im **Handbuch** nachschauen, ob nach dem Wechsel **Jumper** umgesetzt oder **DIP-Schalter** umgeschaltet werden müssen. Ein **Jumper** wird mit den Fingern oder einer Flachzange senkrecht von seinen Stiften gezogen bzw. *auf* zwei Stifte gescho-ben. Ein **Schalter** wird mit einem Stift in die andere Stellung bewegt.

Jumper-Stiftpaare sind numeriert. Sie müssen sich also genau an Ihr Handbuch halten, dann kann nichts schiefgehen. Beispiel: Die alte CPU hatte einen Jumper auf Stiftepaar JP0, die neue wird gekennzeichnet, indem der Jumper auf Stiftepaar JP1 umgesteckt wird.

3.2 Der Taktgeber

Es war schon von der Geschwindigkeit einer CPU die Rede. Hier besprechen wir nun den „Motor", der sie antreibt.

Wir wissen, daß die CPU ihre Informationen in Form von kurzen elektrischen Stromsignalen empfängt. Damit sie ihre aus Tausenden von Befehlen bestehenden Programme in kürzester Zeit abarbeitet, dauert jedes Signal nur Bruchteile von Sekunden. Um sicherzustellen, daß alle *zusammengehörigen* Signale – alle 8 Bits eines Bytes – auch *gleichzeitig* gelesen bzw. übertragen werden, arbeiten alle Chips mit einem **Takt**. Das ist etwa so zu verstehen: Jemand – der **Taktgeber** – klatscht regelmäßig in die Hände, und jedes Klatschen bedeutet zum Beispiel „jetzt lies" oder „jetzt rechne". Technischer ausgedrückt: Jeder Chip führt genau dann seine nächste Aktion durch, wenn ein Taktsignal ankommt. Alle Taktsignale kommen von einem **Quarzbaustein**, der an seiner silbernen Hülle und dem Aufdruck seiner Leistung in **Hz** (Hertz = Anzahl der Signale pro Sekunde) bzw. **KHz** (KHz=Kilohertz, also 1000 Hz) oder **MHz** (MHz=Megahertz, also Millionen Hz) gut zu erkennen ist (Abb. 3.3).

Abb. 3.3: Quarzbaustein

Der Quarz schwingt wie das Pendel einer alten Uhr, sobald er Strom bekommt (wie von der Quarzuhr her bekannt). Im Takt dieser Schwingung gibt er seine „Jetzt"-Signale an die Chips der Platine.

Von der Bauweise der CPU hängt es ab, wie schnell der Takt höchstens sein darf, ohne daß sie sich „verschluckt" (weil beim nächsten Taktsignal die vorige Aktion noch gar nicht abgeschlossen war) oder zu viel Wärme entwickelt und sich dadurch zerstört. Eine 8088-CPU war für einen Takt von 4,7 MHz gebaut. Die neueren CPUs gibt es oftmals in mehreren Ausführungen, so daß sie korrekterweise nicht nur mit ihrer **Typennummer**, sondern auch mit ihrem **Maximaltakt** bezeichnet werden, meistens in der Schreibweise

CPU-Typ/Takt

Beispiel: 386/33
            bezeichnet eine CPU vom Typ 80386, die mit 33 MHz angetrieben werden kann.

Die Größe des Takts wird auch mit **Frequenz** bezeichnet (lat. frequentia: Häufigkeit).

Der vom Quarzbaustein abgegebene Takt wird für die CPU **halbiert**. Daher weist der Quarzbaustein eine doppelt so hohe Hz-Angabe auf, wie die CPU zuläßt. Zum Beispiel treibt ein Quarz mit dem Aufdruck 66 MHz die CPU mit 33 MHz an.

Die immer raffinierter gebauten CPU-Chips, mit immer mehr elektronischen Bauteilen auf kleinstem Raum, demzufolge immer kürzeren Wegen zwischen diesen Teilen, erlauben inzwischen ganz enorme Geschwindigkeiten: 50 MHz sind für eine 486 eine normale Leistung, wogegen die 286 sich mit 16 MHz begnügen mußte. Gegenüber einer 8088 mit 4,7 MHz bedeutet der heutige Stand sogar mehr als eine Verzehnfachung der Geschwindigkeit.

Gelegentlich kommen die übrigen Chips der Hauptplatine, deren Signale ja längere Wege zurückzulegen haben, mit diesem Tempo nicht mit. Die CPU muß dann eventuell bei jedem Speicherzugriff einige Takte lang auf die Antwort der RAM-Chips **warten**. Diese Eigenschaft findet man in der Beschreibung eines PCs unter dem Begriff **Waitstates** (engl. für Wartezustand): Eine CPU mit 0 Waitstates ist optimal auf die Zusammenarbeit mit den übrigen Chips abgestimmt. Es gibt aber noch einen anderen Weg, eine schnelle CPU auf einer langsameren Hauptplatine optimal arbeiten zu lassen: Die **frequenzverdoppelnden CPUs**.

Diese werden angetrieben vom normalen Systemtakt, verdoppeln ihn aber intern, machen also *im* CPU-Chip aus jedem Taktsignal zwei. Damit können alle Aktionen, die die CPU *allein*, also ohne Austausch mit anderen Chips, ausführt, doppelt so schnell ablaufen. In einer **486-CPU** ist ein kleiner **Zwischenspeicher** eingebaut, ein sogenannter **Cache** (sprich „käsch"; Näheres dazu in Abschnitt 3.4.7), in dem immer eine Reihe von Befehlen und Daten zur Verfügung steht. Die kann die CPU dann mit ihrer internen Geschwindigkeit abarbeiten. Eine 486 kann also oftmals eine ganze Weile allein arbeiten: Hier lohnen sich frequenzverdoppelnde CPU-Chips. Diese führen den Namenszusatz **DX2** oder **D2**, um die Verdoppelung anzuzeigen.

Eine 486DX/50 ist also eine CPU, bei der die *gesamte Hauptplatine* mit 50 MHz arbeitet. Eine 486DX2/50 dagegen arbeitet nur *intern* mit 50 MHz, die anderen Chips werden mit 25 MHz getaktet.

Die frequenzverdoppelnden CPUs findet man auch mit dem Namenszusatz **Overdrive** oder **ODP** (engl. etwa: Übergeschwindigkeit). Overdrive-CPUs gibt es sowohl als Ersatz für 486SX als auch für 486DX. Auf 486SX-Hauptplatinen ist stets ein freier Coprozessor-Sockel (zum Coprozessor siehe Abschnitt 3.3), in den ein **ODP486SX** (Overdrive Processor 486SX) eingesteckt werden kann, der mit (streckenweise) doppelter Geschwindigkeit die Arbeit der alten 486SX-CPU übernimmt.

Wird eine CPU mit mehr als 50MHz angetrieben – z.B. eine 486DX/66 –, so erzeugen die Millionen von Elektronenbewegungen in dem kleinen Chip eine so große Wärme, daß die normale PC-Kühlung für die CPU nicht mehr ausreicht. Sie würde sich durch ihre Abwärme selbst zerstören. Daher baut man direkt auf den CPU-Chip kleine **Zusatzkühlelemente**. Sie werden vom PC-Netzgerät mit Strom versorgt.

→ **Kontrolle von System- und CPU-Takt:**

• Ein (meist) silberner Baustein mit **KHz**- bzw. **MHz**-Angabe (Kilohertz oder Megahertz) enthält einen **Quarz**. Dieser bestimmt den **Systemtakt**, wobei die Häufigkeit (Frequenz) der Quarzschwingungen auf der Platine halbiert wird.

• Die Hälfte des aufgedruckten Taktwertes darf die **Maximalfrequenz** der CPU nicht überschreiten.

• Der Quarz erhält Strom über die Leiterbahnen der Hauptplatine. Er versorgt sämtliche Chips mit Taktsignalen.

• Frequenzverdoppelnde CPUs (486DX2) bzw. Overdrive-CPUs (ODP486) arbeiten intern mit doppeltem Systemtakt.

→ **CPU-Austausch zur Frequenzverdopplung:**

Um die alte 486-CPU durch eine frequenzverdoppelnde zu ersetzen bzw. um eine 486**SX**-CPU um eine Overdrive-SX-CPU zu ergänzen, lesen Sie bitte genau im technischen Handbuch Ihrer Hauptplatine nach und folgen dann den in Abschnitt 3.1 angegebenen Schritten zum CPU-Austausch.

3.3 Die NPU: Der mathematische Coprozessor

Die meisten Büroanwendungen eines PCs fordern dessen Rechenkünste nicht heraus: Textverarbeitung z.B. besteht im wesentlichen aus Aktionen wie

• Tastenanschläge auf dem Bildschirm darstellen,

• mitzählen,

• mit Maximalwerten (z.B. Zeilenbreite) vergleichen,

• Darstellung ändern,

• speichern,

• drucken.

Dazu kommen Anforderungen wie Suchen und Sortieren, was auch im wesentlichen mit Vergleichen und Umspeicherungen erledigt wird. Befehle für solche Aktionen gehören zum „normalen" Sprachschatz einer CPU.

Schwieriger wird es bei mathematisch orientierten Programmen: z.b. solche für technische Konstruktionen, sogenannte **CAD**-Programme (engl. **computer aided design**: Computer-unterstützter Entwurf). Da wird multipliziert, dividiert; Zahlen mit vielen Nachkommastellen müssen mit höchster Präzision verarbeitet werden. Wir alle kennen schriftliches Multiplizieren und wissen, daß die Anzahl der Einzelrechnungen dabei mit der Anzahl der Stellen in den Zahlen zunimmt. Genauso ist es in der CPU: Je größer die Zahl (ob vor oder nach dem Komma), je anspruchsvoller die Rechenart, desto mehr Einzelschritte braucht sie, desto langsamer rechnet sie. Zahlen mit Nachkommastellen werden in der sogenannten **Gleitkommadarstellung** (auch Gleit*punkt*darstellung genannt) gespeichert und verarbeitet. Das bedeutet, die Zahl wird in zwei Teilen gespeichert:

- die Ziffern selbst

- eine Zahl, die der Maschine sagt, wo das Dezimalkomma hingehört.

Dadurch arbeiten die Befehle, die Gleitkommazahlen verrechnen, nach einem anderen Schema als die Befehle für Zahlen ohne Komma, den **Festpunktzahlen** oder **ganzen Zahlen**. Immer aber sind sie langsamer.

Schon seit langem gibt es Zusatzprozessoren, die auf höhere Rechenoperationen und Gleitkommarechnungen spezialisiert sind und diese mit vielfacher Geschwindigkeit – 50- bis 500mal so schnell wie die Normal-CPU! – durchführen. Ein solcher Spezialist heißt

mathematischer Coprozessor (lat. co: mit) oder
numerischer Coprozessor oder kurz
NPU (von engl. **n**umeric **p**rocessing **u**nit: numerischer Prozessor)

Stellt man ihn der „normalen" CPU zur Seite, so kann sie dem Kollegen alle komplizierten mathematischen Aufgaben abtreten. Für den Ablauf eines Programms mit vielen Rechenaufgaben bedeutet das eine deutliche Beschleunigung. In der Textverarbeitung dagegen merke ich gar nicht, ob mein PC einen NPU-Chip hat.

Die IBM-kompatiblen PCs sind alle darauf eingerichtet, eine NPU mitarbeiten zu lassen. Zu diesem Zweck befindet sich in der Nähe der CPU ein **Sockel**, der jeweils genau für die zu ihr passende NPU zugeschnitten ist (Abb. 3.4). Welche NPU zu welcher CPU paßt, sagen bereits die Typenbezeichnungen.

CPU	NPU
8086	8087
80286	80287
80386(SX)	80387(SX)
486SX	487SX
486	hier ist die NPU bereits **im 486-Chip eingebaut!**

Nach der Systematik der älteren Chips – x86 heißt die CPU, x87 die zugehörige NPU – bringt die 486-Entwicklung auch hier zunächst wieder eine Begriffsverwirrung:

- der **486DX-Chip hat eine eingebaute NPU,** und

- die Schwester **486SX** ist eine 486-CPU *ohne* NPU, und in dieser Generation hat nur eine **SX**-Hauptplatine noch einen Coprozessorsockel.

Eine NPU kann also in den meisten PCs eingebaut werden, falls es den Anwendungsprogrammen nützt. Bevor wir den Einbau selbst besprechen, noch zwei kleine Besonderheiten, die Ihnen dabei begegnen können.

➡ Im Gegensatz zu den CPUs, die praktisch nur von der Firma Intel selbst hergestellt werden, gibt es NPUs auch von anderen Herstellern, insbesondere von Weitek und Cyrix. Die Typenbezeichnungen sind bei diesen Produkten etwas anders konstruiert, so daß Sie Ihr **technisches Handbuch** zur Hauptplatine zu Rate ziehen müssen, um die zulässigen Coprozessoren herauszufinden.

➡ Der 80287 arbeitet **asynchron** zu seiner 80286-CPU, das heißt: er arbeitet in einem **eigenen Takt.** Die CPU befiehlt ihm zu rechnen, und wenn er fertig ist, meldet er es ihr. Er benutzt für seine Arbeit nur zwei Drittel des Systemtakts. Daher gibt es zur Beschleunigung kleine **Sockelplatinen** zum Aufstecken auf einen 287-Sockel: Sie enthalten außer der NPU selbst einen eigenen Quarz als Taktgeber.

Alle anderen NPUs arbeiten **synchron** zur CPU, also mit dem gleichen Takt.

➡ **Kontrolle von NPU und NPU-Sockel:**

- Eine NPU, auch numerischer (mathematischer) Coprozessor genannt, kann zusätzlich zur normalen CPU arbeiten. Sie nimmt ihr komplexere Rechenoperationen ab und beschleunigt damit rechenintensive Programme.

- Die Intel-NPUs haben Typennummern, die sich von der zugehörigen CPU-Nummer nur durch die 7 in der letzten Stelle unterscheiden. NPUs von anderen Firmen sind benutzbar, wenn das technische Handbuch ausdrücklich eine Typennummer dafür angibt.

- Die NPU wird auf einen Sockel der Hauptplatine gesteckt. Sie erhält Strom und Daten über Leiterbahnen der Hauptplatine.

- Eine 486DX-CPU hat eine eingebaute NPU.

Abb. 3.4: Sockel für einen Coprozessor

➜ **NPU-Einbau:**

1. Das technische Handbuch lesen, um den zulässigen Coprozessortyp und seinen Sockel zu identifizieren.

2. NPU passend zur CPU kaufen.

3. Vor dem Öffnen des PCs **Netzstecker ziehen.** Regelmäßig **erden (metallene Gehäuseteile berühren)**, mindestens vor Berührung eines Chips.

4. NPU sorgfältig auf den Sockel setzen, so daß die **Pin-1-Markierung** von Chip und Sockel übereinstimmen (die Markierungen sind von der Art, wie Abb. 3.1 sie zeigt). Stellung aller Beinchen prüfen.

5. NPU in den Sockel hineindrücken. Auf die Beinchen achten!

6. Im technischen Handbuch oder auch auf der Hauptplatine die Hinweise beachten, welche **Jumper** oder **DIP-Schalter** umgesteckt werden müssen, um die NPU bei der CPU anzumelden. Ein Jumper wird mit den Fingern oder einer Flachzange senkrecht von seinen Stiften gezogen bzw. *auf* zwei Stifte geschoben.

Typisches Beispiel: Die NPU wird angemeldet, indem ein Jumper auf Stiftepaar JP4 gesteckt wird.

7. Wenn das **Handbuch** verlangt, daß die neue NPU auch im **BIOS angemeldet** wird, so lesen Sie zuerst die Abschnitte 3.5 und 3.6 zu Ihrer Information sowie Kapitel 4 als Anleitung zu diesem Thema und folgen dann den Vorgaben Ihres Handbuchs.

3.4 Der Arbeitsspeicher RAM

Programmbefehle und Datenbytes, also alles, was die CPU verarbeiten soll, findet sie im **Arbeitsspeicher**, dem **RAM** (von engl. Random Access Memory: Gedächtnis mit beliebigem Zugriff). Zu Zeiten der ersten PCs waren Programme klein und Speicherchips teuer – in kaum einem weiteren Hardwarebereich hat die Entwicklung derart rasant zugeschlagen! So waren die **Kapazitäten**, also Fassungsvermögen, heutiger PC-RAMs vor zehn Jahren kaum vorstellbar. Waren die ersten PC-Besitzer schon stolz, 256 KB (K = 1024, KB = Kilobyte = 1024 Byte) RAM-Kapazität zur Verfügung zu haben, so fangen heutige Geräte mit mindestens 1 MB an (M = K·K, MB = Megabyte = 1024·1024 Byte = 1.048.576 Byte), wobei Anwendungen unter Windows meistens erst ab 2 MB RAM überhaupt laufen. Moderne PCs sind aufrüstbar auf 4, 8, 16, 32 oder gar 64 MB. Die Hauptplatine hat dafür jeweils genügend viele freie **Sockel**. Kaum ein PC, der nicht irgendwann in seinem (gar nicht so langen) Leben um ein paar MB RAM erweitert wird! Das kann jedefrau gut selbst machen, aber ein Grundwissen über die Organisation des Speichers ist doch notwendig oder zumindest von Vorteil.

→ Die Hauptplatine begrenzt mit der Anzahl der Chipplätze den möglichen RAM-Ausbau.

Durch die rasante Entwicklung auf dem Markt der Speicherchips ist es leider gut möglich, daß die RAM-Chips eines bestimmten PCs – wenn er schon älter als ein Jahr ist – kaum oder gar nicht mehr zu kaufen sind. Wenn Sie Ihr technisches Handbuch und die Chip-Aufschriften zu lesen verstehen, bekommen Sie im Elektronikfachhandel am ehesten eine verständliche Auskunft bzw. die richtigen Aufrüstungschips. Stehen Sie noch vor der Anschaffung eines PCs, so ist es empfehlenswert, sich in einem guten Fachhandel beraten zu lassen, um noch vor dem Kauf die Aufrüstungsmöglichkeiten zu klären.

Wir holen jetzt thematisch ein bißchen aus, da die Chip-Unterschiede nur mit gewissen technischen Einzelheiten richtig zu erklären sind. Sprechen wir zuerst ganz kurz über die Technik, die *in* den Speicherchips benutzt wird, um danach die verschiedenen Chips klassifizieren zu können.

Wenn Sie wenig Lust auf technische Details verspüren, so begnügen Sie sich mit den „➔"-Zusammenfassungen.

3.4.1 Speicheraufbau

Sie wissen bereits: Im RAM wird alles **byteweise** gespeichert. Jeder Befehl, jedes Datenwort wird in Form eines oder mehrerer Bytes abgelegt und wieder herausgeholt. Der Ablageplatz für ein Byte heißt **Speicherzelle**. Damit die CPU sehr schnell auf jede einzelne Speicherzelle zugreifen kann („random access" bedeutet in etwa „Zugriff ohne Umwege"), bekommt jede Zelle eine **Adresse**, zu verstehen wie eine Hausnummer. Die CPU verlangt dann jeweils vom RAM „Inhalt von Zelle Nr. x".

Im Grunde werden aber die einzelnen **Bits** gespeichert, vergleichbar etwa mit einer Anordnung von Schaltern, die Lämpchen steuern: „Lampe an" bedeutet „1", „Lampe aus" bedeutet „0". Wir brauchen dann acht Schalter und acht Lämpchen, um ein Byte zu speichern. Im Computer ist nun der Schalter ein Transistor, die „Lampe" je nach Bauweise ein weiterer Transistor oder ein Kondensator. Um eines von den vielen Tausend gespeicherten Bytes möglichst rasch und elegant auswählen zu können, werden die 8 Bits *eines* Bytes auf acht Chips verteilt. Chip Nr.5 enthält dann von Tausenden von Bytes jeweils das fünfte Bit. Eine **Adreßauswahlleitung** signalisiert dann jedem dieser acht Chips „bitte Adresse Nr. x", und jeder Chip überträgt *sein* Bit x über sein Datenbeinchen auf eine von acht Datenleitungen: das Byte ist komplett. Eine Skizze dazu zeigt Abb. 3.5.

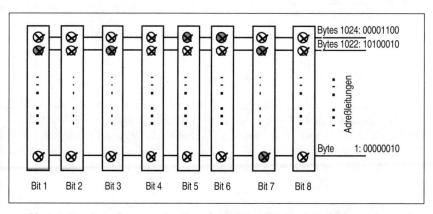

Abb. 3.5: Speicheraufbau aus acht Chips für 1024 x 1 Bit, Bits als „Lampen" dargestellt

Jede Adreßauswahlleitung ist also eine Art „Klingelzug": Ein Signal auf dem Klingelzug 107 „weckt" gleichzeitig alle zum 107. Byte gehörenden Bits und schickt sie auf ihre Datenleitungen.

Das „Klingeln" am RAM und die Übertragung der Daten erfolgt in der Geschwindigkeit, die der Taktgeber vorgibt.

Natürlich können einzelne Bit-Chips auch mehr als ein Kilobit speichern, und ebenso kann diese Speicheranordnung um weitere Gruppen von jeweils acht gleichartigen Chips erweitert werden. Welche Chips in welcher Anordnung und welcher Größe möglich sind, bestimmt der Prozessortyp und die Anordnung des RAM auf der . Hauptplatine. Doch dazu später.

➜ **Fazit:**

- Die Größe, besser gesagt die **Kapazität** einzelner Speicherchips wird in **Kilobit** angegeben.

- Um x Kilo*byte* RAM zu haben, brauche ich acht Chips zu je x Kilo*bit*.

- Der RAM besteht immer aus **Gruppen** von gleichartigen **Bit-Speicherchips**.

➜ Eine Gruppe von RAM-Sockeln, die über eine gemeinsame Adressenansteuerung, sozusagen über eine gemeinsame „Klingelanlage" angesprochen werden, heißt **Speicherbank**. Ein RAM besteht in der Regel aus mehreren Speicherbänken, die von 0 aufsteigend durchnumeriert sind. Es werden immer zuerst die Bänke mit der niedrigsten Nummer gefüllt.

Eine Speicherbank muß immer *vollständig* mit Chips gefüllt sein.

Ein solcher RAM ist auf der Hauptplatine auch ganz gut zu erkennen: Die Chips stehen brav in Reih und Glied wie die Zelte eines Pfadfinderlagers.

Es haben sich im Laufe der Jahre ganz unterschiedliche Bauformen herausgebildet: von 16-Kilobit-Chips in Uralt-PCs bis zu 4-Megabit-Chips. Inzwischen gibt es abgewandelte Bauformen, bei denen ein Chip vier oder sogar acht Datenleitungen bzw. -Pins hat, also unter dem Dach eines Bit-Chips sich vier oder acht „eigentliche" Bit-Chips verbergen. Solche Chips erkennt man an ihren Bezeichnungen, einem Kürzel

Kapazität·Datenbitleitungen

Beispiel: 256K·4
speichert 256 Kilobit, aber mit 4 Datenleitungen.
vier solcher 256K·4-Chips bilden 1 MB RAM.

Natürlich können auf einer Platine nur solche Chips verwendet werden, deren Datenleitungen zu den Platinenleitungen passen. Auskunft darüber gibt das technische Handbuch. Die Seriennummern der RAM-Chips enthalten meistens verschlüsselt die Kapazität und die Anzahl der Datenleitungen, sind aber für Laien nicht ganz einfach zu lesen. Beispielsweise gibt es den 41256-Chip: er speichert 256·1 **Kilobit** (Nr 4, 1 Bit, 256 K). Der 424256-Chip speichert 256·4 **Kilobit** (Nr 42, 4 Bit, 256 K). Megabit-Chip-Nummern enden auf „00"; je nach Hersteller kommen noch Buchstabencodes hinzu. Mit etwas Übung und Studium des Handbuchs können Sie die Kapazitäten Ihrer RAM-Chips sicherlich entschlüsseln.

➜ Die Hauptplatine begrenzt mit der **Art** der Chipsockel und der Anzahl und Verteilung der **Datenleitungen** zu den Chip-Sockeln die verwendbaren Speichererweiterungschips. Einzelheiten finden sich stets nur im technischen Handbuch.

3.4.2 Parität

Zählt man genau nach, so wird zu jedem Byte noch ein weiteres Bit gespeichert, beispielsweise finden Sie für **1 MB RAM** tatsächlich **neun Megabit-Chips**. Das neunte Bit ist das sogenannte **Paritätsbit**. Parität bedeutet „Gleichheit", und dieses Bit ergänzt einfach jedes Byte so, daß die Anzahl der Einsen in den insgesamt 9 Bits immer gerade ist, es „gleicht die Anzahl der Eins-Bits aus". Das Paritätsbit wird aus Sicherheitsgründen gespeichert. Immer wieder passiert nämlich ein kleiner Übertragungsfehler, bei dem ein Bit „verlorengeht". Eine einfache elektronische Schaltung berechnet nun bei jeder Übertragung eines Bytes sein Paritätsbit neu und vergleicht das Ergebnis mit dem gespeicherten Paritätsbit. Sind beide verschieden, so kann die Übertragung einfach wiederholt werden, oder aber eine Fehlermeldung wird ausgelöst (schlimmstenfalls bricht der PC-Betrieb zusammen, und die Maschine muß neu gestartet werden).

➜ Formulieren wir also genauer:

Um x **Kilo***byte* RAM mit Paritätsbit zu haben, brauche ich 8+1=9 Chips zu je x **Kilo***bit* (oder zwei Chips zu xK·4 und einen Chip zu xK·1 usw.).

3.4.3 Technologie

Leisten wir uns noch einen kleinen Exkurs in die Chip-Technologie, da bestimmte Abkürzungen aus diesem Bereich in den technischen Handbüchern immer wieder auftauchen.

Die hohe Speicherkapazität moderner RAM-Chips – mehrere Millionen Bitzellen auf einem viertel Quadratzentimeter Silizium – ist nur möglich, wenn jede Bitzelle aus möglichst wenigen elektrischen Einzelteilen besteht. Die **platzsparendste** und **billigste** Technik ist die der **DRAM**-Chips: dynamische RAM-Chips. Sie heißen dynamisch, weil zum Speichern einfach ein Kondensator aufgeladen wird, ein elektrisches Bauteil, das Ladung „sammelt", sich aber mit der Zeit ganz von allein *ent*lädt. Der Speicherinhalt muß also in gleichmäßigen Zeitabständen **aufgefrischt** werden; vergleichbar mit einem Karussell, das ich immer wieder anschieben muß, damit es sich weiterdreht.

Im Gegensatz dazu gibt **SRAM**-Chips: statische RAM-Chips, die **größer** und **teurer** sind, aber ihren Inhalt (solange der PC Strom hat) bewahren. Hier wird zum Speichern ein Transistor, ein elektrischer Schalter, in eine bestimmte Schalterstellung gebracht; vergleichbar mit einem Karussell, das mit Elektromotor in Gang gehalten wird. So wie beim Elektrokarussell das Tempo höher ist, so ist auch der Zugriff auf SRAM-Zellen deutlich **schneller** als auf DRAM-Zellen.

→ Die Hauptplatine muß auf die Technologie der Speicherchips eingestellt sein: Allgemein werden **DRAM**-Chips verwendet, so daß eine geeignete **Speicherauffrischungsschaltung** (das sind spezielle Chips) vorhanden sein muß.

Daß auch SRAM-Chips im PC ihre Verwendung finden, werden wir noch sehen.

3.4.4 Speichermodule

Die Unterschiede zwischen RAM und RAM sind leider nicht auf die Kapazitäten der Chips und die Anzahl der Sockel begrenzt. Stellen Sie sich zum Beispiel vor, Sie sollten 32 MB (also Mega*byte*) aus einzelnen Mega*bit*-Chips aufbauen: Sie benötigten 9 mal 32 Chips. Ein „Pfadfinderlager" dieser Größe würde schon die halbe Hauptplatine bedecken! Also haben die Techniker eine geschickte Zusammenfassung von Speicherchips zu Gruppen, sogenannten **Modulen**, entwickelt. Das sind kleine Steckkärtchen, auf denen gerade so viele RAM-Chips aufgelötet sind, wie etwa für 256 KB(yte) oder 1 MB(yte) benötigt werden (zusammen mit ihren Paritätsbits). Die Kärtchen werden senkrecht in geeignete Sockel gesteckt und nehmen dadurch erheblich weniger Platz auf der Platine ein. Außerdem ist ihr nachträglicher Einbau wesentlich einfacher als bei einzelnen RAM-Chips.

Je nach Art der Anschlußkontakte, mit denen diese Kärtchen in die Platinensockel gesteckt werden, tragen sie unterschiedliche Namen:

SIP (Abb. 3.6)   Single Inline Package = Gehäuse mit einer Anschlußreihe:

Diese Kärtchen haben an einer Längsseite **Pins**. Der Name ist dem DIP nachempfunden, dem Chip mit *zwei* („dual") Reihen Pins.

SIMM (Abb. 3.8)   Single Inline Memory Module = Speichermodul mit einer Anschlußreihe:

Diese Kärtchen – die weitaus häufigste Form moderner RAM-Module – haben an einer Längsseite eine **Kontaktleiste**.

Abb. 3.6: Ein SIP

SIP-Kärtchen werden in schmale Sockel mit gerade so vielen Löchern eingesteckt, wie das SIP-Modul Beine hat. Der Pin 1 hat sowohl am Sockel als auch auf dem SIP eine Kennzeichnung.

SIMM-Sockel haben einen Schlitz in der Mitte, in den die Kontaktleiste gesteckt wird. Der Sockel hat an beiden Seiten eine Art **Klammer**, die den SIMM in seiner Lage hält. Das SIMM-Kärtchen (siehe «simm») hat auf jeder Schmalseite ein kleines Loch, in das die Nase der Sockelklammer hineingreifen kann. Außerdem hat der SIMM eine Einkerbung an einer Ecke, die Pin-1-Kennzeichnung, so daß er nur auf eine Art in den Sockel gesteckt werden kann.

→ Es gibt also **drei Arten von RAM-Bauformen**, jede davon in unterschiedlichen Kapazitäten:

1. einzelne (D)RAM-Chips (in der Regel **DIP**), die jeweils Kilo**bits** speichern und zu Bytes (+Paritätsbit) gruppiert werden mussen,

2. **SIP**-Karten, die KB(yte) speichern und mit Pins in schmale Sockel gesteckt werden,

3. **SIMM**-Karten, die KB(yte) speichern und mit einer Kontaktleiste in Sockel mit seitlicher Klammer gesteckt werden.

3.4.5 RAM-Ausbau

Ein RAM-Ausbau ist schon dermaßen selbstverständlich, daß PC-Beschreibungen in der Regel außer der Angabe der RAM-Kapazität auch die der **Maximalgröße** enthalten, also z.B.: „4 MB on board (=auf der Platine), aufrüstbar auf 8 MB". Welche RAM-Chips zu Ihrer Hauptplatine passen, entnehmen Sie stets Ihrem technischen Handbuch. Ist das nicht aussagekräftig genug, müssen Sie Ihren Fachhändler fragen.

Der Zusatz „on board" läßt bereits vermuten, daß es auch noch eine andere Unterbringung von RAM-Bausteinen gibt als die Hauptplatine: einige Hauptplatinen haben explizite **Steckplätze für Speichererweiterungskarten** (Abb. 3.7). Eine solche Karte hat dann ebensolche Sockel für Chips, SIPs oder SIMs wie die Mutterplatine selbst. Die Adressierungsleitungen und auch die Bankeinteilung berücksichtigen bereits die Erweiterungskarte. Ihr Zweck ist eigentlich nur, auf der Hauptplatine Platz zu sparen.

→ Wenn Ihre Hauptplatine eine **Speichererweiterungskarte** aufnehmen kann, so entnehmen Sie dem technischen Handbuch deren exakte Typennummer (Abb. 3.7). Beachten Sie, daß Sie mit der Karte nur den **Platz** für die RAM-Erweiterung kaufen: Sie muß (genau wie eine Erweiterung auf der Hauptplatine) noch mit den geeigneten **Chips bestückt** werden. In der Regel muß die **Startadresse** des neuen Speicheranteils auf der Karte mit **DIP-Schaltern** eingestellt werden. Dazu sollten Sie unbedingt das Datenblatt der Erweiterungskarte benutzen. (Beispiel: Sind auf der Hauptplatine bereits 8 MB RAM, so beginnt der Speicher auf der Karte mit der Adresse 8 MB oder 8192 KB.)

Allgemein läßt sich sagen: Ältere PCs haben Sockel für Einzelchips, ganz junge Geräte nur noch SIMM-Sockel, dazwischen gab es PCs mit gemischten Speicherbänken: sowohl Einzelsockel als auch SIP- oder SIMM-Sockel. Immer ist der Speicher in Bänken geordnet. Die Banknummern entnehmen Sie entweder dem Handbuch (etwa wie in Abb. 3.7), oder sie sind sogar auf der Platine aufgedruckt. Speicherbänke werden jeweils komplett aufgefüllt, beginnend mit der niedrigsten freien Banknummer.

→ **Jeder Austausch, jede Erweiterung** des RAMs muß mit Chips erfolgen,

- die das beiliegende Handbuch als zulässig angibt,

- die in die vorhandenen Sockel passen,

- die alle mit demselben Takt arbeiten können,

- die bankweise von gleicher Kapazität sind.

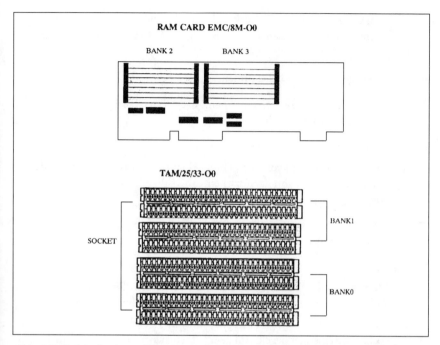

Abb. 3.7: Speicherbänke und Erweiterungskarte aus einem Handbuch zu einer Hauptplatine

➜ Durch **Austausch** kann gelegentlich auch ein voll bestückter RAM noch **erweitert** werden:

• eine Gruppe von acht 256K·1, also 256-Kilobit-Chips, durch ebensoviele 1M·1, also 1-Megabit-Chips, ersetzen vervierfacht den RAM,

• SIMM-(SIP-)Module gegen gleichartige mit höherer Kapazität austauschen vergrößert den RAM.

➜ Ein **Austausch** von RAM-Chips ist nur bei **gesockelten** zu empfehlen.

➜ Nur **ganze Bänke** austauschen oder füllen.

➜ Die Schritte zum Austausch oder Einbau von RAM-Bausteinen:

1. Stets zuerst im Handbuch die zulässigen Chips oder Module feststellen sowie die Lage, Größe und Numerierung der Speicherbänke.

2. Genügend viele Chips bzw. Module zum Füllen einer ganzen Bank erwerben. Wenn Sie den RAM mit einer Erweiterungs**karte** ausbauen wollen, zu den Chips bzw. Modulen die im Handbuch ausgewiesene Karte kaufen.

3. Vor dem Öffnen des PCs **Netzstecker ziehen**. Peripheriegeräte abkoppeln. Regelmäßig **erden (metallene Gehäuseteile berühren)**, besonders vor Berührung eines Chips.

4. Art und Lage der RAM-Sockel prüfen.

5. Eventuell störende Steckkarten entfernen. Alle gelösten Steckverbindungen genau notieren. Schrauben sammeln.

6. Zum Austausch:

   • Alte **Chips** behutsam von den Schmalseiten her anheben (mit einem flachen Schraubenzieher), dann herausziehen.

   • **SIPs** an den Schmalseiten anfassen und senkrecht nach oben ziehen,

   • **SIMM**-Klammern gleichzeitig mit zwei Fingern aufdrücken, dann das Modul nach oben wegziehen.

7. Zum Einbau:

   • **Chips** so auf die Sockel setzen, daß die Chipkerben (Pin-1-Marke) über den Sockelkerben liegen. Auf gerade Beinchen achten. Hineindrücken.

   • **SIPs** so auf die Sockel setzen, daß die Pin-1-Markierungen von SIP und Sockel übereinander liegen. Auf gerade Beinchen achten. Hineindrücken.

   • **SIMMs schräg** in ihren Sockel führen, so daß die Pin-1-Kerbe auf der richtigen Seite liegt (siehe Abb. 3.8). Dann hochklappen, so daß die Klammern in die Löcher der SIMM-Kärtchen einrasten. Reicht der Platz nicht zum schräg Aufsetzen, so müssen Sie die Klammer mit zwei Fingern aufbiegen, um den SIMM über seinen Schlitz zu führen.

Abb. 3.8: Einsetzen eines SIM-Moduls in seinen Sockel

Wenn Sie eine Speicherweiterungskarte bestückt haben:

die Karte senkrecht genau über den dafür ausgewiesenen Steckplatz stellen, kräftig eindrücken. Auf Führungsschienen am Gehäuserand achten. Verschrauben.

8. Im Handbuch prüfen, ob die neu bestückten Bänke mit Hilfe eines Jumpers oder DIP-Schalters angemeldet werden müssen. Jumper werden mit den Fingern oder einer flachen Zange von ihren Kontaktstiften gezogen bzw. auf sie aufgesteckt. DIP-Schalter werden mit einem Stift umgeschaltet.

Einige Platinenhersteller liefern auf einer Diskette ein SETUP-Programm aus, mit dem die neu bestückten Bänke auf der Platine angemeldet werden. Die „Schalter" sind hier durch Software ersetzt. Prüfen Sie Ihr Handbuch, ob ein solches Programm existiert und wie es benutzt wird. Im Zweifelsfall (bei Billiganbietern wird oft an Handbüchern gespart) gilt:

➜ Gibt es keine Jumper und keine Schalter, findet die Zentrale den neuen Speicher beim PC-Start aber nicht selbst (dazu lesen Sie bitte den Abschnitt 4.5 über das BIOS-SETUP), haben Sie andererseits eine Diskette bei Ihren Hardwareunterlagen mit einer Beschriftung, die auf den „Chipsatz" hindeutet (zur Bedeutung des Chipsatzes siehe Abschnitt 3.7), so prüfen Sie, ob diese Diskette ein SETUP-Programm enthält. Wenn ja, rufen Sie es auf, es wird Sie dann zu einer geeigneten Eingabe auffordern.

9. Der veränderte RAM muß auch im BIOS angemeldet werden: Dazu lesen Sie bitte die Abschnitte 3.5 und 3.6 zu Ihrer Information sowie Kapitel 4 als Anleitung.

3.4.6 Adressierung oder Grenzen des Ausbaus

Eigentlich wäre es denkbar, in die vorhandenen RAM-Sockel stets die neuesten Chips mit der höchsten Kapazität einzusetzen – vorausgesetzt, Anzahl und Bedeutung der Pins stimmen mit den Leitungen an den Sockeln überein. Die Frage ist nur, ob die CPU den so ausgebauten Speicher überhaupt nutzen kann. Jede Speicherzelle, also jedes Byte, hat, wie bereits erwähnt, eine Adresse, über die sie „angesprochen" wird. Die CPU sendet, um eine Speicherzelle anzusprechen, ihre Adresse über Adreßleitungen aus. Natürlich ist diese Adresse binär codiert wie alle Informationen, die im Computer über Leitungen geschickt werden.

Eine binär codierte Zahl besteht nur aus den Ziffern 0 und 1, wobei die Stellen der Zahl, von rechts nach links gelesen, die Wertigkeiten 1, 2, 4, 8, 16, 32, usw. haben, sie werden von Stelle zu Stelle verdoppelt (also mit 2 multipliziert). Zahlen, die nur aus mehrfacher Multiplikation einer Zahl mit sich selbst entstehen, heißen **Potenzen.** Eine Dezimalstelle (10er, 100er etc.) steht für eine *Zehner*potenz, eine Binärstelle jeweils für eine *Zweier*potenz.

Ein paar Beispiele dazu:

- Die Adresse $1_{(dez)}$ lautet binär auch „1",

- die Adresse $20_{(dez)}$ muß aufgeteilt werden in die Zweier**potenzen** 16 + 4, genauer:

  $20 = 1 \cdot 16 + 0 \cdot 8 + 1 \cdot 4 + 0 \cdot 2 + 0 \cdot 1$,
  also binär: 10100.

- $209 = 1 \cdot 128 + 1 \cdot 64 + 0 \cdot 32 + 1 \cdot 16 + 0 \cdot 8 + 0 \cdot 4 + 0 \cdot 2 + 1 \cdot 1$,
  also binär: 11010001.

Für jedes **Bit** ist eine **Leitung** notwendig, da alle Bits der Adresse gleichzeitig übertragen werden. Auf **acht** Adreßleitungen lautet die größte mögliche Adresse

$11111111_{(bin)} = 128{+}64{+}32{+}16{+}8{+}4{+}2{+}1_{(dez)} = \mathbf{255} = 256{-}1$.

(Da als erste Adresse immer die 0 mitbenutzt wird, sind das genau 256 Adressen). Auf zehn Adreßleitungen können 1K=1024 Adressen übermittelt werden, von 0 bis 1023. Auf **20** Adreßleitungen sind bereits **1024·1024 = 1M** (!) Adressen möglich.

→ Die Anzahl der überhaupt von der CPU erzeugbaren Adressen heißt **Adreßraum.**

Der Adreßraum ist die Anzahl der verfügbaren „Hausnummern" im PC, mit denen die CPU andere Bausteine anspricht (welche weiteren Bausteine außer RAM-Zellen noch adressiert werden, erläutern wir in Kapitel 4).

Eine 8088- oder 8086-CPU hat nur 20 Adreßleitungen: mehr als 1 MB Speicher kann sie also sicherlich nicht benutzen. Größere Adressen kann sie einfach nicht erzeugen. Auch da hat sich einiges getan: Die neuesten CPUs haben **32** Bitleitungen für Adressen, damit können 1024·1024·1024·2·2 Adressen erzeugt werden, das sind 4096 MB oder 4 **Gigabyte** (Giga = M·K, abgekürzt „G") adressiert werden – ein Ausbau, der auf heutigen Platinen gar nicht möglich ist. Hier begrenzt die Anzahl und Aufnahmefähigkeit der RAM-Sockel den Speicherausbau.

→ Damit Sie entschlüsseln können, wieviel Speicher Ihr PC „verträgt", die folgende kleine Übersicht:

CPU	Adreßleitungen	Adreßraum	
8088, 8086	20	1 MB	
80286	24	16 MB	
80386SX	24	16 MB	
386, 486	32	4 GB	(G = Giga = M·K)

3.4.7 Zusatzbausteine zum Arbeitsspeicher

Außer den tatsächlichen RAM-Chips, die die Speicherzellen enthalten, umfaßt der Arbeitsspeicher noch einige weitere Chips auf der Hauptplatine, die für die ordnungsgemäße Verwaltung des RAM unerläßlich sind. Sie sind auf der Hauptplatine bereits fest aufgelötet. Sie werden mit **Speichersteuerung** bezeichnet. Ihre Aufgaben umfassen im wesentlichen die folgenden Punkte:

- Auffrischen der dynamischen RAM-Chips, damit sie ihren Speicherinhalt nicht verlieren,

- beim „Ansprechen" einer Zelle steuern, ob sie ihren alten Inhalt auf die Datenleitungen schickt, also **gelesen** wird, oder aber über die Datenleitungen einen neuen Inhalt erhält; letzteres heißt „Zellinhalt **schreiben**",

- eine – 20, 24 oder 32 Bit breite – Speicheradresse in ein Auswahlsignal („Klingelsignal") für die zugehörige Zelle umwandeln.

Bei modernen PCs ist im Zusammenhang mit Speichern oft von sogenannten **Cache**-Speichern die Rede (sprich „käsch"; aus dem französischen Wort cacher: verbergen über englische Umwege entstanden). Was ist darunter zu verstehen?

Moderne CPUs arbeiten sehr schnell; die kleinen, billigen **DRAM**-Chips dagegen reagieren auf CPU-Signale deutlich zu langsam. Die Folge: die CPU muß auf angeforderte Speicherinhalte warten, wird also gebremst. Also baut man einen kleinen Zwischenspeicher aus **schnellen** (teureren) **SRAM**-Chips *zwischen* CPU und RAM. Dieser heißt Cache. Fordert die CPU nun gemäß Programm einen Speicherinhalt an, so wird gleich ein ganzer **Block** von beieinander liegenden Speicherzellen in den Cache übernommen, und die nächsten Anforderungen der CPU können über den Cache-Inhalt erledigt werden. Für eine ganze Reihe von Befehlen braucht die CPU dann gar nicht auf den eigentlichen RAM zuzugreifen: die Arbeit geht schneller vonstatten. Nur noch gelegentlich wird ein zeitraubender Zugriff auf den „echten RAM" durchgeführt. Die CPU merkt aber gar nicht, daß ihr der Speicherinhalt schon ein Stück nähergebracht wurde: Sie adressiert ganz normal die RAM-Zellen, alles andere macht der zwischengeschaltete Cache selbständig. Seine Existenz ist ihr also *verborgen*: daher der Name Cache.

Ein Vergleich der Cache-Arbeitsweise mit der Menschenwelt:

Ein Schreibwarengeschäft hat im Keller ein gut sortiertes und gefülltes Lager voller Briefpapierschachteln, Stifte aller Art usw. Gingen nun die Verkäufer für jeden Bleistift, jede 50er-Schachtel Briefbögen eigens in den Keller, so würden die Kunden mit Recht ungeduldig. Statt dessen sind im Verkaufsraum genügend viele (gefüllte) Regale, aus denen die Kunden (schnell) bedient werden. Nur bei Bedarf werden die Regale aus dem Kellerlager nachgefüllt. Hier spielt das Lager die Rolle des RAM, der Verkaufsraum ist der Cache (allerdings nicht verborgen!).

So, wie die Kunden im Prinzip *jede* Ware kaufen können, unabhängig davon, ob sie im Regal oder im Lager liegt (nur die Wartezeiten unterscheiden sich), so arbeitet auch die CPU immer mit dem *ganzen* RAM-Bestand. Welcher Teil davon im Cache zur Verfügung steht, interessiert sie gar nicht.

Der Cache besteht also aus einigen **SRAM-Bausteinen** und einem **Cache-Controller** (engl. control: steuern), einem Steuerbaustein, der dafür sorgt, daß der Cache zwar stets wohl gefüllt, aber trotzdem verborgen bleibt.

Intels **486-CPU** hat noch eine Besonderheit: In diesem Chip ist ein Cache bereits eingebaut! Daher kann sie über etliche Programmbefehle hinweg unabhängig vom Rest-PC arbeiten – vorausgesetzt, die Programmbefehle und zugehörigen Daten sind schon im Cache. Genau für solche Programmteile lohnt sich die interne **Frequenz-verdopplung** der 486DX2-CPUs: Solange der Cache nicht nachgefüllt werden muß, arbeitet sie das Programm mit doppelter Geschwindigkeit ab.

3.4.8 Zusammenfassung: RAM-Kontrolle

→ Die Speicherbänke des RAM oder Arbeitsspeichers bestehen aus

- regelmäßig angeordneten gleichartigen Einzelchips oder

- (bei jüngeren PCs, ab 386-CPU) aus SIMM- oder SIP-Karten, kleinen Platinen mit aufgelöteten Chips, die in Kontaktleisten oder längliche Sockel gesteckt werden.

- Zu einem gespeicherten Byte wird stets ein **Paritätsbit** berechnet und gespeichert, das die Anzahl der Einsen auf eine gerade Zahl ergänzt. Daher werden pro Byte neun Bit gespeichert.

- Der RAM erhält Strom und Daten über Leiterbahnen der Hauptplatine.

- Gesockelte Speicherchips, SIMM- und SIP-Karten können ausgetauscht oder durch zusätzliche ergänzt werden. Damit ist eine **Speichererweiterung**, auch **Speicherausbau** genannt, durchführbar.

- Die für eine Hauptplatine zugelassenen Chips (die in Geschwindigkeit und Anzahl der (Daten-)Leitungen zu ihr passen, sind im **technischen Handbuch** aufgeführt, ebenso Anzahl und Größe der **Speicherbänke**.

- Eine **Speicherbank** ist eine Gruppe von RAM-Sockeln, die gemeinsam verwaltet wird. Eine Speicherbank muß immer vollständig gefüllt werden, und zwar mit gleichkapazitiven Chips.

➜ **Kapazität:**

- Das Fassungsvermögen des RAM heißt **Kapazität**. Beim PC-Start werden die Speicherchips über CPU-Signale geprüft: Bei der Gelegenheit erscheint die Kapazität des RAM als **KB-Zahl** auf dem Bildschirm. Dieser Vorgang heißt auch **Power On Self Test**, kurz **POST**: „Strom-an-Selbsttest".

- Auch das Fassungsvermögen einzelner RAM-Chips heißt Kapazität. Es wird in **Kilobit** angegeben.

- Die beim PC-Start erscheinende RAM-Kapazität kann um etwa 128 KB geringer sein als die tatsächliche RAM-Kapazität: siehe dazu Kapitel 4.

➜ Die Anzahl der Adressen, die über die CPU-Adreßleitungen maximal ausgeschickt werden können, heißt **Adreßraum**.

Eine **Arbeitsspeicherfehlfunktion** merke ich entweder an gehäuft aufgetretenen Programmabstürzen mit der Meldung „Speicherparitätsfehler" oder daran, daß nach dem PC-Start das „Durchzählen" der Speicheradressen nicht mehr die übliche Größe meines Arbeitsspeichers ergibt. Chips, die sich bei diesem Test als „nicht ansprechbar" erweisen, werden einfach nicht benutzt. Im Prinzip kann ich nun den PC öffnen, einzelne Chips (oder Module) herausnehmen und mit den verbleibenden wieder einen Start durchführen. Dazu muß ich aber sehr viele Chips bzw. Module umstecken, da ja die Speicherbänke von unten her dicht gefüllt sein müssen. Es ist also ratsamer, den Fachleuten zu überlassen, defekte Chips herauszufinden.

3.5 Der Festwertspeicher ROM und das BIOS

Ein **ROM** (engl. Read Only Memory: **Nur-Lese-Speicher**) dient in jedem PC dazu, unveränderliche Informationen zu speichern, „feste Werte", feste Zellinhalte aufzubewahren. Daher auch der häufig im Deutschen benutzte Name „Festwertspeicher". Es handelt sich dabei um einen ganz anderen Typ von Speicherchip, in dem die Bytes stromunabhängig erhalten bleiben. Ein ROM wird bei der PC-Herstellung gefüllt, beschrieben, und im PC-Betrieb nur noch gelesen.

In einem PC-ROM steht ein Mini-Betriebssystem, das sogenannte **BIOS** (engl. Basic Input/Output System: grundlegendes Eingabe-Ausgabe-System). Es besteht aus einer Sammlung von aufeinander und auf die Teilgeräte des PCs abgestimmten Programmen, die in der Lage sind

● den PC zu starten,

● alle Teilgeräte auf Funktionsfähigkeit zu prüfen,

● danach das Startprogramm des Plattenbetriebssystems von einer Magnetplatte in den RAM zu übertragen, so daß die CPU mit ihm weiterarbeiten kann.

Während des gesamten PC-Betriebs dient das BIOS dazu

● alle Standardperipheriegeräte zu bedienen, also Eingabe und Ausgabe zu steuern und Fehlersituationen abzufangen. Dafür stellt es einzelne Teilprogramme zur Verfügung, die auch als **Routinen** bezeichnet werden. Sie können von allen im PC ablaufenden Programmen benutzt (aufgerufen) werden.

Der Begriff „System" wird statt „Programm" verwendet, um zu verdeutlichen, daß es sich bei dem Produkt um mehrere einzelne, aber systematisch verbundene Programme handelt. Dieselbe Bezeichnung finden wir ja auch im Wort Betriebs*system*.

Der ROM und das darin gespeicherte BIOS haben also eine grundlegende Bedeutung für den reibungslosen PC-Betrieb: ohne BIOS kein Start, ohne BIOS keine Ein- und Ausgabe (oder nur unter erschwerten Bedingungen). Das Betriebssystem oder ein Anwendungsprogramm kann die BIOS-Routinen aufrufen und muß sich dann nicht weiter um Bildschirm- oder Magnetplattentyp kümmern: Welche Signale ein jedes Gerät auf welche Art bekommen muß, regelt das BIOS. Daher der Name „Basic I/O": E/A- (Ein-/Ausgabe-) Fähigkeiten, die von anderen Programmen als Basis benutzt werden, ihnen die Routinearbeit abnehmen.

Nun sind ROMs, die bei der Herstellung bereits fertig programmiert werden, auch schon aus der Mode gekommen. Über **PROMs** (engl. Programmable ROM: programmierbarer ROM) ging die Entwicklung zu **EPROMs** (engl. Erasable PROM: löschbarer PROM): Chips, die mit UV-Licht (und speziellen Geräten) gelöscht und erneut programmiert werden können. In solchen EPROM-Chips wird heutzutage das BIOS einer Hauptplatine ausgeliefert. Für die Anwenderin ist der Baustein trotzdem einfach ein ROM, also ein Speicher, dessen Inhalt immer vorhanden ist.

Daher müssen uns die technischen Unterschiede ROM-PROM-EPROM nicht weiter interessieren.

→ **BIOS-EPROM-Kontrolle:**

Die Plastikgehäuse der EPROMs haben ein **Fensterchen** für die UV-Licht-Behandlung. Beim fertigen Chip ist dieses Fenster zugeklebt, meistens mit dem Namenszug der BIOS-Herstellerfirma. An diesem Aufkleber ist das BIOS gut zu erkennen (Abb. 3.9). Das BIOS ist meistens in zwei EPROMS untergebracht.

Strom erhalten BIOS-EPROMs über Leiterbahnen der Hauptplatine, Daten führen sie selbst mit sich bzw. erhalten sie ebenfalls über Leiterbahnen.

Abb. 3.9: BIOS-EPROM-Chips

BIOS-Chips sind oftmals gesockelt, können also durch ein verbessertes BIOS in einem anderen Chip ersetzt werden. Das muß dann aber exakt zur Platine passen! Vor einem BIOS-Wechsel sollte also unbedingt der PC-Hersteller oder -Händler gefragt werden.

Eine **Fehlfunktion** des BIOS kann eigentlich nur der Hersteller korrekt feststellen, daher ist dann auch er zuständig für den Austausch.

3.6   Der CMOS-RAM und die Batterie

Ein PC lebt davon, daß seine Teilgeräte flexibel zusammenstellbar sind: die gleiche Hauptplatine kann mit unterschiedlichen Plattenlaufwerken, Bildschirmen etc. zusammenarbeiten. Drucker sollen austauschbar sein, RAM und Laufwerke erweiterbar, eine NPU (ein numerischer Coprozessor; siehe Abschnitt 3.3) nachrüstbar. Bedingung ist aber, daß alle diese (Peripherie-) Geräte problemlos mit der Zentrale zusammenarbeiten. Dazu müssen irgendwo Informationen aufbewahrt werden, *welche* Teilgeräte angeschlossen sind und mit welchen Eigenschaften. Der PC soll diese Information stets zur Verfügung haben, nachdem sie einmal eingegeben wurde. RAM-Inhalte aber verliert er beim Abschalten, und Magnetplatteninhalte findet er erst gar nicht, wenn die Zentrale keine Ahnung hat, was für ein Typ Platte angeschlossen ist. Fazit: Noch ein Speicher mit folgenden Eigenschaften ist nötig:

- er muß auf der Hauptplatine sein (zur Zentrale gehören),

- sein Inhalt muß **änderbar** sein für neue Geräte,

- auch **ohne Strom** darf der Inhalt nicht verlorengehen.

Bei den ersten PCs stellte man die Art der angeschlossenen Geräte über **DIP-Schalter** auf der Hauptplatine ein: Das war nur möglich, weil die Auswahl an PC-Zusatzgeräten noch begrenzt war.

Inzwischen (ab 286-CPU) enthält die Hauptplatine einen speziellen Speicherchip, der in der **CMOS-Technologie** gefertigt ist: Das ist eine spezielle Transistorbauweise, die die gespeicherten Bits schon mit äußerst **geringer Stromversorgung** am Leben hält. Änderbar sind die gespeicherten Informationen wie bei einem RAM, daher heißt der Chip einfach **CMOS-RAM**.

Eine **Batterie** oder, besser, ein **Akkumulator**, also eine Batterie, die sich selbst mit Netzstrom immer wieder auflädt, versorgt den CMOS-RAM auch dann mit genügend Strom, wenn der PC ausgeschaltet ist. Der Akkumulator, kurz **Akku**, speist gleichzeitig eine **Uhr**, so daß der PC stets nach dem Start Datum und Uhrzeit bereits weiß. Die **Lebensdauer** dieses Akkus ist auf eine durchschnittliche PC-Lebensdauer abgestimmt. Die **Kapazität** eines PC-Akkus ist so eingerichtet, daß die Daten im CMOS-RAM über mindestens einen Monat Betriebsruhe hinweg erhalten bleiben.

→ Im CMOS-RAM stehen Daten über

- Arbeitsspeichergröße,

- NPU (Coprozessor),

- Bildschirmtyp,

- Art, Anzahl und Typen der Magnetplattenlaufwerke,

- einiges über weitere Schnittstellen (die wir im Kapitel über Standardperipherie kennenlernen werden).

→ Die Informationen im CMOS-RAM heißen **Konfigurationsdaten**: Konfiguration = Zusammenstellung (der Geräte).

Ein spezieller Teil des BIOS (siehe Abschnitt 3.5), das **SETUP**-Programm (von engl. setup: einrichten), dient dazu, die Daten im CMOS-RAM bei Bedarf zu ändern. Wir widmen diesem Vorgang einen eigenen Abschnitt im Kapitel 4.

Natürlich ist es von großer Bedeutung für die korrekte PC-Funktion, daß die Konfigurationsdaten erhalten bleiben. Daher existiert ein **BIOS-Prüfmechanismus**, der für eine **Warnmeldung** sorgt, wenn die Batterieversorgung nicht mehr ausreicht. Da die meisten BIOS-Programme noch immer in englischer Sprache sind, lautet die Meldung in etwa

    CMOS checksum failure

oder

    battery check failure

Die zweite Form, zu übersetzen mit „Fehlfunktion bei Batterie-Prüfung", ist noch verständlich; um die erste, etwa „CMOS-Prüfsummenfehler", zu verstehen, sind ein paar Erläuterungen nötig.

Auch im CMOS-RAM wird für jedes Byte ein **Paritätsbit** oder **Prüfbit** (engl. check: prüfen) berechnet, das angibt, ob die Anzahl der Bits gerade oder ungerade ist. Die CMOS-Prüfbits werden stets beim Start des PCs neu berechnet (durch Auf*summieren* der Bits) und mit den gespeicherten verglichen. Sinkt nun die Batteriespannung unter einen bestimmten Minimalwert, so wird – wie eine Signalflagge – eines der Bits im CMOS-RAM automatisch auf den Wert 1 gesetzt. Die Folge: Beim nächsten PC-Start stimmt das Prüfbit des entsprechenden Bytes nicht mehr. Daraufhin wird die Meldung „Check sum failure" ausgegeben: Prüfsumme falsch!

Was ist in einem solchen Fall zu tun? Die Korrektheit der CMOS-Daten kann nicht mehr garantiert werden. Oftmals ist dann auch die ganze Peripherie bereits „abgemeldet", die Zentrale kennt sie nicht mehr, hat keine Information mehr über sie. Das bedeutet aber niemals, daß ein Peripheriegerät selbst defekt ist! Im einfachsten Fall muß der PC nur lange genug unter Strom laufen, bis der Akku sich wieder genügend aufgeladen hat. Passiert ein solcher CMOS-Fehler bei einem neuen PC oder trotz regelmäßigen PC-Betriebs, so konsultieren Sie Ihren Händler zwecks Batterieaustausch.

→ Hat der eingebaute Akku die Konfigurationsdaten im CMOS-RAM nicht erhalten können, so muß er aufgeladen oder ausgetauscht werden. Danach müssen die Peripherie und die Laufwerke **erneut angemeldet** werden. Das geschieht im **BIOS-SETUP** (Abschnitt 4.5).

Sie können diese Anmeldung gut selbst vornehmen, wenn Sie Ihre Konfigurationsdaten kennen. Der Anmeldevorgang ist in Abschnitt 4.5 beschrieben, die Konfigurationsdaten jeweils zusammen mit den einzelnen Teilgeräten (RAM, NPU, Platten etc.).

➜ Eine **externe Batterie** kann eine zu schwache Hauptplatinenbatterie ersetzen. Ein Anschlußstecker dafür ist auf der Hauptplatine und im zugehörigen Handbuch zu finden.

➜ **Kontrolle CMOS-RAM und Batterie:**

• Die **Batterie** bzw. der **Akku** hebt sich in der Form deutlich von den Mikrochips der Hauptplatine ab. In der Regel ist ein Akku in der Nähe der Stromversorgungsbuchse der Hauptplatine untergebracht. Er erhält im PC-Betrieb Strom über Leiterbahnen.

• Der **CMOS-RAM** ist in der Nähe der Batterie zu finden, oftmals ein Chip mit der Aufschrift MC146818. Er wird über den Akku mit Strom versorgt. Er enthält die **Konfigurationsdaten** der PC-Teilgeräte.

• Einen (drohenden) Verlust der Konfigurationsdaten im CMOS-RAM meldet das **BIOS** beim PC-Start mit einer Meldung der Art „Battery check failure" oder „CMOS checksum failure".

3.7 Der Chipsatz

Bisher haben wir diejenigen Baugruppen auf der Hauptplatine betrachtet, die jede für sich eine wesentliche, gut verständliche Teilaufgabe im PC-Betrieb haben, und die auch auf der Hauptplatine gut aufzufinden sind. Einige weitere Chips **unterstützen** den CPU-Betrieb bzw. die reibungslose Zusammenarbeit der Baugruppen. Sie sind von Typ, Bauweise und Geschwindigkeit eng aufeinander, auf die Platine und auf die CPU abgestimmt. Man nennt sie den **Chipsatz.**

Die Chips des Chipsatzes erledigen einige ganz wichtige Steueraufgaben. Je nach Hersteller und Chip-Generation sind die Aufgaben auf mehr oder weniger viele Einzelchips aufgeteilt. Hier sollen kurz die Aufgaben selbst erwähnt werden, da sie einige grundsätzliche Dinge betreffen, die für das Verständnis der Schnittstellen zu den Peripheriegeräten nützlich sind.

Der Chipsatz ist in der Regel auf die Hauptplatine **gelötet**, also nicht austauschbar. Ist er defekt, bleibt nur der Weg zum Fachhandel.

Die Steueraufgaben umfassen

• die **Systemuhr,** auch **Timer** (engl. time: Zeit) oder **Zeitgeber** genannt:

Sie wird beim PC-Start gemäß der CMOS-**Echtzeituhr** gestellt. Dann kann sie von der CPU beauftragt werden, in bestimmten Zeitabständen ein „Wecksignal" zu geben: z.B., um ein Peripheriegerät nach Daten zu fragen, um den RAM aufzufrischen etc.

- die **Speichersteuerung** und **Peripheriesteuerung**, beide auch mit **Controller** (engl. control: steuern) bezeichnet:

Sie steuern das Aussenden und Entgegennehmen von Daten, sozusagen als „Puffer" oder „Bote" zwischen CPU und anderem Bauteil.

- die **DMA-Steuerung, DMA-Controller** genannt:

DMA (engl.) heißt **D**irect **M**emory **A**ccess, also direkter Speicherzugriff. Dieser Hilfsprozessor steuert eine Datenübertragung zwischen RAM und einem Peripheriegerät oder Laufwerk, *ohne* damit die CPU zu belasten. Peripheriegeräte können über sogenannte **DMA-Kanäle** eine solche Übertragung beantragen (dazu mehr ab Kapitel 5). Die Kanäle (ab 286-Chipsatz sind es 8) sind Leiterbahnen auf der Hauptplatine, die zu Pins des DMA-Bausteins führen.

- die **Unterbrechungssteuerung, Interrupt-Controller** genannt:

Ein **Interrupt** (engl.), zu deutsch **Unterbrechung**, ist in einem Computer ein Signal, das die laufende CPU-Arbeit unterbrechen und die CPU zwingen kann, seine Ursache, also den Signal-Auslöser, zu untersuchen und zu „behandeln", wie der gebräuchliche Ausdruck dafür lautet. Ein Interrupt kann z.B. ausgelöst werden von der Maus, wenn sie bewegt wird, von einem Tastenanschlag, aber auch von der Systemuhr (s.o.). Zu einem Interrupt-Controller führen eine Reihe von **Interrupt-Kanälen** (ab 286-Chipsatz sind es 16) in Form von Leiterbahnen auf der Hauptplatine. Ein PC-Teilgerät kann an einen freien Interrupt-Kanal angeschlossen werden (über seine Schnittstelle; genaueres folgt in Kapitel 7). Dann kann es über ihn eine Unterbrechung verlangen. Der Interrupt-Controller erkennt an der Kanalnummer, welches Gerät die CPU unterbrechen will. Die CPU selbst hat nur eine Unterbrechungszuleitung. Über diese meldet sich der Interrupt-Controller. Die CPU beendet nun ihre augenblickliche Befehlsausführung ordentlich (sozusagen „den Bleistift ablegen statt fallenlassen"), danach teilt der Interrupt-Controller ihr auf Anfrage mit, welches Gerät unterbrechen will.

- die **Bus-Steuerung, Bus-Controller** genannt:

Der Bus ist die zentrale Verkehrsader aller Daten und Adressen im PC. Ihm haben wir ein eigenes Kapitel (Nr. 4) gewidmet, da seine Arbeitsweise und die Art, wie der Bus seine „Stationen" erkennt, grundlegend ist für jeden korrekten Einbau von Teilgeräten in einen PC. Der Baustein Bus-Controller regelt den Zugang zum Bus, ist also sozusagen ein „Busschaffner".

Wo immer im Handbuch eines PCs oder einer Hauptplatine vom Chipsatz (oder englisch **chip set**) die Rede ist, sind diese „Hilfstruppen" damit gemeint.

3.8 Bestandsaufnahme der PC-Zentrale

Schauen Sie sich Ihre Hauptplatine *zusammen* mit dem technischen Handbuch an! Im Handbuch finden Sie einen Lageplan, der die wesentlichen Bestandteile der Platine als Übersicht zeigt, etwa wie im Beispiel in «hauptplatine» (nur leider meistens Englisch).

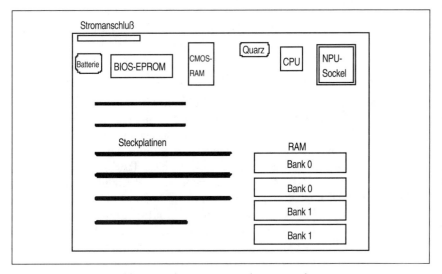

Abb. 3.10: Skizze einer typischen Hauptplatine

Einige weitere Einzelheiten eines solchen Lageplans, die in der Skizze in Abb. 3.10 ausgelassen wurden, zeigen die Teile des Chipsatzes, Jumper und weitere Anschlüsse. «hauptplatine» zeigt Ihnen nur die typischen Bestandteile der Hauptplatine in ihren typischen Formen. Alle weiteren Feinheiten sind sehr herstellerabhängig. In der Regel genügt die Kenntnis dieser Formen, um diejenigen Bauteile der Hauptplatine zu identifizieren, die Sie für Diagnosen und Aufrüstungen brauchen.

Weiterhin sagt Ihnen ein gutes Handbuch

- welchen Typ und welchen Takt die CPU hat (z.B. „386/40"),

- welche Art von NPU Sie nachrüsten können (z.B.: „intel 80387 oder weitek 3167"),

• welche Kombination von Speicherchips oder SIPs oder SIMMs auf den Speicher-bänken zulässig ist,

(z.B. (Auszug): „Bank 0: 4 x 256K oder 4 x 1M, Bank 1: leer oder wie Bank 0. Wenn Bank 0 mit 1-MB-Chips bestückt ist, so darf Bank 1 keine 256-KB-Chips enthalten."),

• welche konkreten Chips von welchen Herstellern auf dieser Hauptplatine pro-blemlos arbeiten,

(z.B. (Auszug): „Zulässige Chiptypen: 81C4256-8, MN41C4256SJ-08 für je 256K, 81C1000-10, MN41C1000SJ-08 für 1M"),

• welche **Jumper** welche Bedeutung haben (z.B. JP3 offen für Monochrom-Bild-schirm, JP3 geschlossen für Farbbildschirm).

Leider sind deutsche Handbücher zur Hardware selten, um so häufiger allerdings solche, die aus einer asiatischen Sprache ins Englische übersetzt wurden. Da hilft nur Geduld beim Lesen und – man kann es gar nicht häufig genug sagen: lernen Sie Ihre Hardware bereits kennen, wenn noch alles zufriedenstellend funktioniert. Wenn ein Fehler oder eine Erweiterung ansteht und zum Handeln drängt, fehlen Zeit und Geduld.

➜ Selbstverständlich kann die ganze **Hauptplatine ausgetauscht** werden gegen eine modernere. Dazu müssen **alle Kabelverbindungen gelöst** und alle **Steckkarten entfernt** werden. Die Hauptplatine selbst ist festgeschraubt und ruht auf **Ab-standhaltern**, die eventuell in die neue Platine übernommen werden müssen.

➜ Beim Hauptplatinenaustausch kann es zu **Geschwindigkeitsproblemen** kom-men, wenn die neue Zentrale erheblich schneller ist als die alten Steckkarten. Lassen Sie sich vorher unbedingt von einem Fachhändler beraten.

4 Verwaltung: Bus und Adressen

Dieses Kapitel ist mehr dem **Konzept** des PC-Aufbaus gewidmet als einzelnen Bausteinen. Hier erläutern wir, warum ein PC so flexibel durch weitere Teilgeräte zu ergänzen und was bei einem jeden Ausbau zu beachten ist, damit der PC das neue oder geänderte Teilgerät auch „findet", also damit die Zentrale es ansprechen kann. Natürlich erfahren Sie auch, wie Sie selbst die Anmeldung der Teilgeräte durchführen und überprüfen können, wie Sie also die **Konfigurationsdaten** bearbeiten können.

➜ Bitte lesen Sie dieses Kapitel unbedingt, bevor Sie mit der Installation von zusätzlichen Laufwerken oder Peripheriegeräten beginnen, wie sie in den Kapiteln 5 bis 7 beschrieben ist.

Überlegen wir zuerst, was notwendig ist:

- Die CPU muß schnell und korrekt alle internen wie auch externen Teilgeräte ansprechen können, um Daten zu übertragen: RAM-Zellen und Timer-(Wecker-)Baustein ebenso wie Bildschirm und Drucker.

- Die Teilgeräte müssen ihrerseits auch die CPU ansprechen bzw. „um Aufmerksamkeit bitten" können, sich bei ihr melden, wenn sie Daten loswerden wollen: z.B. muß die Maus immer, wenn sie bewegt wird, fordern, daß diese Bewegung auf dem Bildschirm wiedergegeben wird.

- Alle Weck-Versuche und „Adressierungen" der unterschiedlichen PC-Teile müssen mit den zur Verfügung stehenden elektrischen Signalen geschehen, also mit Bits und Bytes.

- Teilgeräte sollen austauschbar sein (durch bessere etc.), ohne daß der CPU dadurch Kommunikationsprobleme entstehen.

Zur Lösung dieser Aufgaben hat der PC eine zentrale „Verkehrsader", die **Bus** genannt wird. Im Grunde sind es mehrere Bus*linien*, da die Arbeitsweise aber auf allen „Linien" gleich ist, können wir von *dem* Bus sprechen bzw. vom **Systembus**, da er *das* Verkehrsnetz im technischen System PC ist.

Der Bus ist eigentlich kein *Bauteil* des PCs, sondern eine **Gruppe von Leitungen** auf der Hauptplatine (Abb. 4.1), untrennbar verbunden mit ihr und funktionsfähig nur

mit bestimmten Verkehrsregeln. Insofern stimmt der Vergleich mit dem öffentlichen Verkehrsmittel „Bus": auch er wäre undenkbar ohne seinen „Fahrplan".

Um ein Bündel von Leitungen als „Bus" verstehen zu können, können wir sagen: Auf der Hauptplatine ist eine vielspurige „Straße" angelegt, auf der die Signale zwischen verschiedenen „Bushaltestellen" transportiert werden.

➜ Der größte Teil des **PC-Busses** ist sehr gut erkennbar: Unter den **Steckplätzen** für die Schnittstellenkarten verläuft die „Hauptstraße" der Buslinie in Form von vielen parallelen Leiterbahnen.

Abb. 4.1: Die Leiterbahnen des PC-Busses

➜ Jeder Steckplatz, aber eben auch CPU, RAM und einige weitere Bausteine gehören zu den „Haltestellen". Die Straße selbst führt fortlaufend über die ganze Platine. Jede Haltestelle ist über Leiterbahnen an die Busstraße angekoppelt.

Wie nun „fährt" der Bus, besser gesagt: Wie kommen die Daten von Start- zu Zielhaltestelle?

Im Grunde ist das Prinzip aus der *Postzustellung* bekannt:

➜ Jede Bushaltestelle erhält eine **Adresse**, das ist eine Nummer, die im ganzen System, also entlang der gesamten Buslinie, nur einmal vorkommt.

Jedes Daten*paket* (Byte) wird nun mit der Zieladresse *beschriftet* und auf den Bus geschickt. Der Empfänger erkennt seine Adresse auf dem Paket und nimmt sich die Daten. Natürlich sind die Adressen binär verschlüsselt, sind also Bytes wie die Daten selbst. Einige Leiterbahnen des Busses transportieren Datenbytes, andere die Adreßbytes zum jeweiligen Datenpaket.

Betrachten wir den Bus in der Skizze von Abb. 4.2.

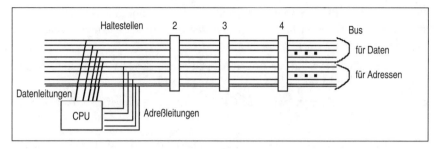

Abb. 4.2: Die Ankopplung der Haltestellen an den PC-Bus

Die Adreßleitungen der CPU münden ein in die Adreßleitungen des Busses, ihre Datenleitungen in die Datenleitungen des Busses. Jede Haltestelle wiederum wird über eine Abzweigung von jeder dieser Leitungen erreicht. Da ein (elektrisches) Signal, das auf eine dieser Leitungen geschickt wird, zugleich auf allen mit ihr verbundenen Leitungen erkennbar ist, kann jede Haltestelle jedes Bit prinzipiell lesen.

Jeder Haltestelle wurde eine Adresse zugeteilt (wie, sehen wir etwas später). Sendet nun die CPU beispielsweise ein Datenbyte zum Bildschirm, so gibt sie ihm die Adresse der Haltestelle „Bildschirm" bzw. „Steckkarte zum Bildschirm" mit. In Abb. 4.2 haben wir einfach als Bildschirmadresse die „2" gewählt. Adresse und Datenbyte sind auf der ganzen Länge der Busleitungen erkennbar, aber nur *eine* Haltestelle, nämlich Nr.2, fühlt sich angesprochen und nimmt *ihr* Datenbyte entgegen.

Stecken wir in einen beliebigen freien Steckplatz eine Karte, der die Adresse x zugeteilt wurde, und spricht die CPU dann Adresse x an, so funktioniert bereits der Datenaustausch. Ersetzen wir die Bildschirmsteckkarte durch eine andere, bessere, die aber auch die Adresse „2" hat, so empfängt nun sie die Daten für den Bildschirm.

Soweit das Prinzip. Leider geht es in der Realität nicht ganz so einfach. Wir müssen noch ein paar Details betrachten und auch einige Fachbegriffe klären, die in diesem Zusammenhang auftauchen.

4.1 Daten-, Adreß- und Steuerbus

Wir haben bereits gesehen, daß der Bus zwei parallele Gruppen von Leitungen aufweisen muß: je eine für Adressen und Daten. Dabei ist eine dieser Gruppen gerade so viele Leitungen breit, wie Adressen und Daten im PC Bits haben dürfen: Regiert eine 8088-CPU den PC, so hat der Adreßbus 20 und der Datenbus acht Leitungen. Ein Bus auf einer 486-Hauptplatine dagegen hat je 32 Adreß- und Datenleitungen im Bus.

Weckt nun die CPU einen ihrer Adressaten, indem sie eine Adresse „mit dem Bus schickt" – in der Fachsprache sagt man: „*auf* den Bus schickt" – so muß sie eigentlich die Adresse noch um einen Vermerk ergänzen, ob

- sie, die CPU, etwas an die Außenstelle zu verschicken hat, also eine **Ausgabe** machen will, oder ob

- „Rückantwort erwartet" wird: die CPU erwartet eine **Eingabe** vom adressierten Teilgerät.

Für solche Vermerke hat ein Paketaufkleber ein eigenes Feld und der PC-Bus eigene Leitungen: sogenannte **Steuerleitungen**, deren Signale entweder

- **Lesen**   Eingabe *an* CPU oder
- **Schreiben** Ausgabe *von* CPU an...

bedeuten.

Beispiel RAM: Die CPU will den nächsten Befehl lesen, und sie weiß, in welcher Speicherzelle er steht. Also sendet sie das Signal „Lesen" und die Adresse der Speicherzelle über den Bus. Der RAM antwortet (alles im Takt des Quarzes auf der Platine), indem er den Zelleninhalt auf den Datenbus schickt: Die Rückantwort *von* der Speicherzelle kommt bei der CPU an.

Andererseits müssen auch Steuersignale für solche Teilgeräte vorhanden sein, die ihrerseits die CPU **unterbrechen** dürfen, weil sie ihr etwas zu senden haben, z.B. den Code eines Tastenanschlags oder einer Mausbewegung. Dafür hält der Bus 8 oder 16 Steuerleitungen bereit mit der Bezeichnung **Interrupt-Kanäle** (engl. Interrupt: Unterbrechung). In den technischen Handbüchern werden sie mit der Abkürzung **IRQ** (von engl. Interrupt **R**equest: Unterbrechungsanforderung) und einer Nummer bezeichnet.

Jedem Teilgerät, das sinnvollerweise die CPU unterbrechen darf (Maus, Tastatur, „Wecker"), wird ein Interrupt-Kanal zugeteilt. Das ist vergleichbar mit der Praxis, Telefonleitungen zu legen und einer Wohnung eine Telefonnummer zuteilen zu lassen. Schickt ein Gerät ein Signal über seinen IRQ-Kanal, so empfängt ihn der Unterbrechungssteuerchip (Interrupt-Controller; siehe auch Abschnitt 3.7), der nun wie eine Telefon*zentrale* arbeitet: Er informiert die CPU, die nur einen einzigen Unterbrechungsanschluß (nur eine Telefonnummer) aufweist, welches Gerät sich gemeldet hat, also wer „telefonisch um Paketversendung gebeten hat". Die CPU übernimmt dann den eigentlichen Datenaustausch über den Bus mit dem jeweiligen Gerät.

Noch eine weitere Gruppe von Steuerleitungen muß erwähnt werden: Eine Reihe von PC-Teilgeräten, insbesondere **Hintergrundspeicher** wie Band oder Platten, übertragen stets einen ganzen Stapel Daten auf einmal zum oder vom RAM, beispielsweise

512 Byte oder gar mehrere KB, an eine Gruppe von Speicherzellen mit fortlaufenden Adressen. Jedes zu übertragende Byte zuerst zur CPU zu schicken, würde diese unnütz aufhalten. Daher wurde das Prinzip des **direkten Speicherzugriffs DMA** (von engl. Direct Memory Access) entwickelt:

Sowohl RAM als auch Hintergrundspeicher sind Stationen am Bus, sie könnten also ihre Daten *direkt* austauschen. Ein Hilfsprozessor namens **DMA-Controller** (engl. DMA-Steuerchip; siehe auch Abschnitt 3.7) steuert eine solche Übertragung. Er ist an bis zu acht weitere Busleitungen angeschlossen, die **DMA-Kanäle** heißen und in den technischen Beschreibungen mit **DREQ** (von engl. DMA Request: DMA-Anforderung) abgekürzt werden. Geräte, die für eine DMA-Übertragung in Frage kommen, können einen DMA-Kanal zugeteilt bekommen. Vergleichen wir das wieder mit unserer Welt, so erhalten wir also außer dem Telefon auch noch einen Anschluß für ein Faxgerät. Meldet ein DMA-fähiges Gerät sich über seinen Kanal beim DMA-Controller, so übernimmt dieser die Steuerung des Datenaustauschs zwischen RAM und Gerät über den Bus.

Schließlich und endlich muß auch noch aufgepaßt werden, daß der Bus nicht wegen Überfüllung seine Fahrtüchtigkeit verliert: Läuft gerade eine Übertragung zwischen den Haltestellen A und B, so darf nicht C auch noch ein Datenpaket losschicken, da dann die einzelnen Daten nicht mehr auseinanderzukennen wären. Eine „Bus-frei"-Steuerleitung gibt das Signal „es darf gesendet werden". Ein Baustein des Chipsatzes, der **Bus-Controller**, überwacht die ordnungsgemäße, also konfliktfreie Benutzung des Busses.

Steuerleitungen wie „Lesen/Schreiben", IRQs, DREQs, „Bus frei" bilden also die dritte Busspur: den **Steuerbus**, der parallel zu Adreß- und Datenbus verläuft.

4.2 Fernsendungen nur mit Postleitzahl

Vielleicht ist es Ihnen etwas eigenartig vorgekommen, daß jeweils *ein* Laufwerk, *ein* Peripheriegerät etc. eine Adresse (eine Bushaltestelle) bekommen soll, aber im Baustein RAM hat *jede Zelle* ihre eigene Adresse! Das hat aber einen einfachen Grund: im RAM hat die CPU das *ganze* auszuführende Programm und alle Daten dazu zur Verfügung, und das Prinzip des RAM ist es ja gerade, per Adresse gleich schnell an *jedes* Byte heranzukommen. Die anderen an den Bus gekoppelten Geräte dienen nicht als „Vorratskammer" für das laufende Programm, sondern sie sind selbständig arbeitende Einheiten, mit denen nur gelegentlich Daten ausgetauscht werden müssen. (Vergleichen Sie einmal Ihren Schreibtakt, also Ihre Anschläge pro *Minute*, mit den Millionen Aktionen pro *Sekunde* einer CPU, dann verstehen Sie eher, daß im Sinne der CPU auch die Tastatur nur gelegentlich abgefragt werden muß!)

Es genügt fast immer, wenn die CPU nur eine Art „Tür" zur Verfügung hat, einen „Briefkasten", über den mit der Peripherie oder den Laufwerken Informationen ausgetauscht werden. Genau das ist im PC-Bus verwirklicht: Es gibt zwei **Klassen** von Adressen:

- **Speicheradressen** und
- **E/A-Adressen (Ein-Ausgabe-Adressen)**

und die letzteren heißen tatsächlich **Port** (engl.) wie Hafen, aber auch „Pforte".

Schickt nun die CPU die Adresse x auf den Bus, so gibt sie ihr genaugenommen eines von **vier** Steuersignalen mit:

- **RAM-Lesen**
- **RAM-Schreiben**
- **E/A-Lesen**
- **E/A-Schreiben**

Kommt eines der beiden ersten Steuersignale über den Bus, so fühlt der RAM sich angesprochen: Adresse x wird als Speicheradresse aufgefaßt. Erscheint „E/A-Lesen" oder „E/A-Schreiben" auf dem Bus, so ist x eine Port- oder E/A-Adresse, und alle Geräte, die eine solche haben, vergleichen ihre mit x. Ein und dieselbe Adresse kann also Speicher- *oder* E/A-Adresse sein. Das zusätzliche Steuersignal erst unterscheidet sie, so wie eine PLZ- und Ortsangabe in einer Adresse erst festlegen, ob mit „Schillerstr. 20" ein Haus in München oder Berlin (oder anderswo) gemeint ist.

Den sogenannten **Standardperipheriegeräten** – Tastatur, Diskettenlaufwerke, Bildschirm, Drucker, Maus sowie einige Chipsatzbausteine – sind von vornherein feste E/A-Adressen (feste Ports) zugeordnet. Mit Adresse 96 bzw. 01100000(binär) wird in jedem PC die Tastatur adressiert. Will ich nun in meinen PC weitere Peripheriegeräte einbauen, so müssen diese eine **freie Portadresse** zugeordnet bekommen. Ganz klar: will jemand in einer Stadt neu zuziehen, muß er oder sie an eine freie Adresse (und natürlich in die dazugehörende Wohnung) ziehen. Dieses Problem, die „Wohnungssuche der Peripheriegeräte", wird uns in den nächsten Kapiteln begleiten.

4.3 Adreßbücher – die magische 640K-Grenze

Im PC können also maximal so viele Speicheradressen (und im Prinzip ebenso viele E/A-Adressen) zugeteilt werden, wie CPU und Bus mit ihren Adreßleitungen darstellen können. Für Portadressen werden allerdings nur zehn Leitungen benutzt.

Dabei lautet die niedrigste Adresse – anders als in der Menschenwelt – stets 0. Die höchste ist diejenige, bei der alle Adreßleitungen den Signalwert 1 haben. Das heißt in Zahlen ausgedrückt, daß die größte Adresse stets „2 hoch Anzahl der Leitungen, minus 1" lautet. Für die mathematisch weniger vorbelasteten Leserinnen ein paar Beispiele:

- 3 Adreßleitungen erlauben ($2 \cdot 2 \cdot 2 = 2^3 =$) 8 Adressen, nämlich 000, 001, 010, 011, 100, 101, 110, 111. Die höchste steht (ins Dezimalsystem umgerechnet) für die Zahl 7. Das ist ganz einleuchtend, wenn man sich klarmacht, daß natürlich mit den Nummern 0 bis 7 ebenso 8 verschiedene Dinge etikettiert werden können wie mit den Nummern 1 bis 8.

- 20 Adreßleitungen adressieren 1 MB, also lautet die kleinste Adresse 0 und die größte 1 MB minus 1, das sind in Bits ausgedrückt 20 binäre Einsen.

Nun muß aber leider nicht nur der RAM byteweise adressiert werden, sondern zumindest auch noch der **ROM**, der das **BIOS** enthält, das den PC startet und die Ein- und Ausgabe für die Standardgeräte übernimmt. Will ein Anwendungsprogramm eine BIOS-Routine (ein BIOS-Unterprogramm) z.B. für Bildschirmausgabe nutzen, so enthält es einen Befehl „mach weiter bei der Adresse der Bildschirmroutine". Das muß dann auch eine zulässige Speicheradresse sein, und sie darf im RAM *nicht* benutzt werden – denn wie sollte dann die CPU wissen, ob sie in ROM oder RAM weitermachen soll?

Der ROM ist aber ein eigener Baustein. Um trotzdem in einem Programm keine Unterschiede zwischen RAM-Adressen und ROM-Adressen machen zu müssen (das würde noch mehr Steuerleitungen erfordern), werden eben von allen zur Verfügung stehenden PC-Speicheradressen einige dem ROM (und damit den BIOS-Befehlen) zugeteilt.

Wir können das gut mit dem Telefonnetz vergleichen: auch da existiert nur eine begrenzte Zahl von Leitungen und eine begrenzte Zahl von Telefonnummern. Beantragt eine Wohnung ein neues Telefon, so bekommt sie eine freie Leitung sowie eine freie Nummer zugeteilt. Die Telefonnummer ist nun ihre „Adresse" im Telefonnetz. Kein anderer Teilnehmer hat dieselbe Nummer.

Da der Ur-PC mit 20 Adreßleitungen gearbeitet hat, also 1 M Adressen zuteilen konnte, hat man einfach beschlossen: **das BIOS erhält die Adressen von der größten aus abwärts.**

Beachten Sie bitte, daß in den Adreßrechnungen K und M einfach nur Abkürzungen für 1024 bzw. 1024·1024 sind, es sind *Zahlen* gemeint (Hausnummern) und nicht Bytes. Ich brauche 640 K *Adressen* für einen RAM von 640 **KB** *Größe* .

Für das BIOS genügen 64 K, bei Original-IBM-PCs 128 K Adressen. Daraus ergibt sich ein „PC-Speicheradreßbuch" mit den folgenden Eintragungen:

- ab Adresse 0 aufwärts „wohnen" RAM-Bytes,

- ab Adresse 1 M-1 abwärts „wohnen" ROM-Bytes

oder andersherum: Mit den unteren Adressen spreche ich RAM-Bytes an, mit den oberen 64 K dagegen ROM-Bytes, also das BIOS-Programm.

Aber noch ein paar Adressen mußten abgezweigt werden! Erinnern wir uns kurz an die Technik eines Bildschirms: das Bild muß von der Bildröhre beständig neu auf die Bildfläche „gemalt" werden. Also muß der Bildschirm (bzw. sein Ansteuerungsmechanismus, seine **Schnittstelle**) einen Speicher haben, in dem alle Bytes aufbewahrt werden, die das augenblickliche Bild ausmachen. Der Inhalt dieses Speichers ändert sich natürlich ständig. Auch er ist also ein RAM, ein byteweise les- und beschreibbarer, frei adressierbarer Baustein. Er wird mit **Video-RAM** bezeichnet und ist auf der Schnittstellenkarte zum Bildschirm untergebracht. Der Video-RAM muß von der CPU aus adressiert werden können, sie schreibt nämlich die neuen Bytes hinein: also müssen seine Adressen im „PC-Speicheradreßbuch" eingetragen werden. Von den insgesamt verfügbaren Adressen wird also eine weitere Gruppe abgezweigt, die auch nicht gleichzeitig für RAM-Zellen verwendet werden darf. (Andernfalls wäre *noch* ein Steuersignal nötig, um eine Adresse als Video-Adresse zu kennzeichnen!) Auch dafür hat man seinerzeit eine willkürliche Festlegung getroffen: **Video-RAM-Adressen liegen ab 640 K aufwärts.**

Ergänzen wir also unser **Speicheradreßbuch** im „Ur-PC":

Verfügbare Adressen	„Bewohner"
0 bis 640 K - 1	„normaler" RAM
640 K bis 768 K - 1	Video-RAM (128 K Adressen)
ab 768 K	Adaptersegment (BIOS-Erweiterungen: siehe unten)
1M - 128 K bis 1M-1	System-BIOS

Zusätzliches **E/A-Adreßbuch**:

Verfügbare Adressen	„Bewohner"
0 bis 255	Hauptplatinenbausteine wie Uhr, DMA-Baustein etc.
256 bis 1023	Steckkarten (1023=1K-1)

Der Beginn des Video-RAMs wurde auf 640 K gelegt, weil kein Mensch sich damals, um 1980, vorstellen konnte, daß die verbleibenden 640K=655.360 Speicheradressen einmal nicht ausreichen könnten. Heute gibt es dagegen Programme, die gar nicht starten können, wenn nicht mehr als 640 KB RAM im PC vorhanden ist.

Das **Adaptersegment** bietet eine Reihe von freien Adressen an, die an ein (oder mehrere) **Zusatz-BIOS** vergeben werden können. Das Ziel ist das folgende: soll der PC um ein Peripheriegerät erweitert werden, das vom System-BIOS und den Standardschnittstellen nicht bedient werden kann, so kann eine **zusätzliche Schnittstelle** ein **eigenes BIOS** in eigenen EPROMs (auf der Schnittstellenkarte) mitbringen. Ein solches Zusatz-BIOS haben z.b. moderne Bildschirmschnittstellen (EGA, VGA: siehe Kapitel 6). Der Name „Adaptersegment" steht also für „Abschnitt" (Segment) des Adreßraums, reserviert für Schnittstellen (Adapter).

→ **„Einklinken" eines Zusatz-BIOS:**

Das **System-BIOS** sucht beim Start des PCs alle Adressen des Adaptersegments ab. Findet es dabei unter einer Adresse einen Vermerk „Zusatz-BIOS" (anders ausgedrückt: ist eine dieser Adressen tatsächlich „bewohnt"), so werden die Befehle ab dieser Adresse abgearbeitet. Sie verbinden die Routinen des Zusatz-BIOS mit denen des System-BIOS: das neue BIOS „klinkt" sich in die Systemarbeit ein.

→ Ein **Zusatz-BIOS** erkennt man beim PC-Start daran, daß es sich *vor* dem eigentlichen System-BIOS auf dem Bildschirm meldet.

Mit 32 Adreßleitungen steht in modernen PCs natürlich ein vielfach größeres Adreßbuch zur Verfügung als das oben skizzierte. Der RAM kann also ausgebaut werden. Aber jede PC-Weiterentwicklung stolperte in der Praxis an der **Kompatibilitätsgrenze:**

Damit alte Programme in neueren PCs und neue Programme in alten PCs laufen konnten, mußten (unter DOS!) die reservierten Adressen für Video-RAM und BIOS stets beibehalten werden.

Vergleichen wir wieder mit dem Telefonnetz: Wächst eine Stadt zu arg, werden vielleicht Leitungen neu gelegt und Telefonnummern geändert (wir Normalkundinnen nehmen das zähneknirschend hin) – aber nichts und niemand darf die Notrufnummern 110 und 112 für etwas anderes als eben Polizei und Feuerwehr verwenden.

Daher haben moderne PCs die Eigenart, daß z.B. die Zellen von 4 MB eingebautem RAM die Adressen 0 bis 640 K-1 und weiter 1M bis 3M+384K-1 bekommen. 384 ist die Differenz zwischen 640 und 1024. Eigentlich muß uns als Anwenderinnen das gar nicht interessieren, funktioniert doch die Adressierung vollautomatisch. Aber genau diese Unterscheidung von **Base memory** (Basisspeicher mit Adressen unter 640 K) und **Extended memory** (Erweiterter Speicher mit Adressen über 1 M) zieht sich durch alle Ebenen der PC-Benutzung bis hin zum Anwendungsprogramm. Das BIOS-Setup (das wir im Abschnitt 4.5 besprechen), aber auch die DOS-Befehle CHKDSK und MEM (ab Version 5) zur Prüfung des vorhandenen Speichers spiegeln diese Grenze wieder. Der Basisspeicher überschreitet nie 640 K. Und der Basisspeicher, meistens **konventioneller Speicher** genannt, ist **der einzige Teil des RAM, in dem – unter DOS – Programme ablaufen können.** Wie die einzelnen Programme dann für ihre Daten den erweiterten Speicher nutzen, ist ein Problem der Programmierer. Daß aber ein superschneller PC mit 32 MB RAM nur Programme abarbeiten kann, die sich beim Aufruf in weniger als ein Fünfzigstel des verfügbaren Arbeitsspeichers zwängen können, ist schon eine Merkwürdigkeit in der modernen Technik.

4.4   VerHEXte Zahlen

Alle, die sich mit technischen Handbüchern oder Datenblättern beschäftigen müssen, sollten auch die dort benutzte Schreibweise der Adressen kennen. So griffig die Abkürzung „1M" ist, so umständlich wirkt „1M-1" oder gar (das ist dasselbe) 1 048 575.

Im Zusammenhang mit dem PC und seinen Leitungen nützen uns diese Bandwurmzahlen wenig, da es da ja weniger um Zahlenwerte als um **Bitketten** geht. Auf 20 Adreßleitungen erscheint z.B. die Adresse 10011000010101100000 – haben Sie Lust, sie in eine Dezimalzahl umzurechnen ($2^{19}+2^{16}+2^{15}+$ ...)? Und andersherum gefragt: wie sieht die Adresse 50200 als Bits auf 20 Adreßleitungen aus?

Dezimalzahlen und Binärzahlen sind für eine schnelle Umrechnung zu unähnlich; Binärzahlen, also Bitketten andererseits zu lang und unlesbar, schlecht zu merken und anfällig für Schreib- und Druckfehler.

Darum hat sich eine andere Umrechnung der Binärketten als Standard eingebürgert:

→ Immer 4 Bits – von rechts beginnend – werden zusammengefaßt und durch eine Ziffer ersetzt. Das Resultat heißt **Hexadezimalzahl** (griech. hexa: sechs).

Beispiel.: Die Bitkette aus dem obigen Abschnitt 1001 1000 0101 0110 0000 ergibt 9 8 5 6 0. Auch die Rückumwandlung einer solchen Ziffernreihe in eine Bitkette geht sehr schnell und problemlos. Nur: es gibt **16 Bitmuster** mit je vier Stellen (hexadezimal = sechs-zehn), aber nur zehn Dezimalziffern. Also nimmt man für die verbleibenden Bitmuster die Buchstaben A bis F zu Hilfe. Die folgende Tabelle beschreibt damit die Ziffern des Hexadezimalsystems vollständig:

Bitmuster	Hexaziffer	Bitmuster	Hexaziffer
0000	0	1000	8
0001	1	1001	9
0010	2	1010	A
0011	3	1011	B
0100	4	1100	C
0101	5	1101	D
0110	6	1110	E
0111	7	1111	F

Um eine hexadezimale Zahl von einer dezimalen deutlich zu unterscheiden, wird ihr ein „h" (oder „H") angehängt. Ebenso erhalten gelegentlich Dezimalzahlen ein „d" und Binärzahlen ein „b" als Anhang, um Verwechslungen auszuschließen. Unsere Beispiel-Bitkette ist also kurz 98560h.

Damit können wir die Grenzen unserer Adreßräume recht gut aufschreiben:

- Die Zahl mit **10 Binäreinsen 1K-1**, also 1023d = 11 1111 1111b heißt kurz **3FFh**.

- Ebenso die **20 Binäreinsen 1M-1**: 1111 1111 1111 1111 1111b = **FFFFFh**.

- Der Adreßraum einer 8088-CPU umfaßt also die Adressen von **0 bis FFFFFh**.

Diese Adreßschreibweise finden wir in allen technischen Beschreibungen wieder. Ein **hexadezimal notiertes Speicheradreßbuch** liest sich somit folgendermaßen:

Verfügbare Adressen	„Bewohner"
ab 00000h	RAM
ab A0000h	Video-RAM
ab C0000h	Adaptersegment (BIOS-Erweiterungen)
ab E0000h bis FFFFFh	System-BIOS

4.5 Eingriff von außen: BIOS-Setup

Wir haben schon eine Menge über unterschiedlichen PC-Ausbau gehört. Allein auf der Hauptplatine, der PC-Zentrale, sind schon ganz unterschiedliche Zusammenstellungen von Prozessor, Coprozessor, Arbeitsspeicher möglich. Und natürlich geht die Flexibilität bei den Randgeräten noch erheblich weiter. Wir haben auch besprochen, daß im **CMOS-RAM**, dem kleinen, batteriegenährten Extraspeicher, die **Konfigurationsdaten** des PCs aufbewahrt werden, so daß das **BIOS**, das System von Ein- und Ausgabe-Programmen für den PC-Betrieb, dort stets nachschauen kann, wie viele und welche Teilgeräte bzw. Teilbausteine der jeweilige PC hat und wie sie anzusprechen sind. Auf diesen Stützen der Verwaltung – CMOS-RAM und BIOS – bauen alle PC-Programme auf, vom Betriebssystem bis zu den Anwendungsprogrammen. Und genau hier muß auch der Mensch Einfluß nehmen können.

Die PC-*Besitzerin* (oder auch nur Benutzerin) ist da gefordert, wo es darum geht, ein **neues** PC-Teilgerät – RAM, NPU, Laufwerk, Bildschirm – beim BIOS **anzumelden**, damit es reibungslos in den PC-Betrieb eingegliedert wird. Das BIOS-Anmeldeprogramm heißt **Setup**, also (aus dem Englischen) **Einrichtung**, eine Bezeichnung, die auch Software-Installationsprogramme häufig verwenden. Mit Hilfe des Setup-Programms prüfe und ändere ich die Konfigurationsdaten, und zwar bezüglich

- Arbeitsspeichergröße (RAM)
- Existenz und Art eines Coprozessors (NPU)
- Anzahl und Art der angeschlossenen Magnetplattenlaufwerke
- Art der angeschlossenen Standardperipheriegeräte

Um das BIOS-Setup zu benutzen, sind zwei Hürden zu nehmen:

- Ich muß wissen, wie es aufzurufen ist.
- Ich muß mit seinem EDV-Englisch zurechtkommen.

4.5.1 Setup-Aufruf

Das BIOS-Setup steht mir zur Verfügung, wenn der PC startet und das BIOS noch die Regie über ihn hat, also bevor das Betriebssystem geladen und gestartet ist. Das BIOS führt zunächst den Power-On-Self-Test („POST") durch, den Selbsttest der Maschine nach dem Anschalten. Dann zeigt eine Meldung auf dem Bildschirm, daß und wie ich jetzt das Setup aufrufen kann. Das ist stets eine spezielle Taste (eventuell auch eine Tastenkombination), je nach BIOS-Hersteller. Typische Beispiele:

```
Press <DEL> if you want to run SETUP/EXTD SETUP
<F1> to enter SETUP
```

Da das BIOS amerikanischen Ursprungs ist, benutzt es auch die amerikanischen Tastenbezeichnungen. F-Tastenbezeichnungen wie <F1> sind leicht zu interpretieren, bei anderen wird es schwieriger. Folgende Tastenbezeichnungen können Ihnen im Zusammenhang mit dem Setup begegnen:

<Del>	für <Entf>
<Ctrl>	für <Strg>
<Ins>	für <Einfg>
<PgUp>, <PU>	für <Bild ↑>
<PgDn>, <PD>	für <Bild ↓>

Die englischen Wörter „run" (laufen lassen) und „enter" (eintreten) stehen für den **Start** eines Programms. „Press" (drücken) und „hit" (treffen) sind Ausdrücke, die unserem „Anschlagen" oder Drücken einer Taste entsprechen.

Das Angebot, jetzt Setup zu starten, steht lange genug auf dem Bildschirm. Drücke ich während dessen die entsprechende Taste, meldet sich nach kurzer Zeit das Setup-Programm.

Erkennt das BIOS beim PC-Start einen **Fehler im CMOS-RAM**, so fordert es mich mit einer besonderen Meldung auf, jetzt *unbedingt* das Setup-Programm zu starten:

```
HDD controller failure
```

(d.h. Festplatten-Schnittstelle antwortet nicht) oder

```
CMOS checksum failure
```

(siehe Abschnitt 3.6) oder

```
error in ...
```

und danach

```
Press <DEL> to run SETUP
```

(oder <F1> o.ä.)

Ein solcher „Fehler" wird bei einigen BIOS-Versionen gerade dann gemeldet, wenn ich meine RAM-Bausteine verändert oder eine NPU eingesetzt, aber diese Änderungen noch nicht **angemeldet** habe. Das BIOS merkt bei der Startprüfung, daß die im

CMOS-RAM gespeicherten Hauptplatinendaten nicht mit den tatsächlich vorhandenen Chips übereinstimmen, und das ist für dieses Programm ein Fehler. Starte ich daraufhin das Setup-Programm, so spiegeln möglicherweise die angezeigten Werte bereits meine neuen Chips, und ich muß die Änderung nur noch bestätigen. In anderen BIOS-Versionen muß ich dagegen die Hauptplatinenänderungen selbst eintragen. Dazu Näheres im folgenden Abschnitt.

BIOS-Setup-Programme sind menügesteuert und führen die Benutzerin am Bildschirm mit Erklärungen und Angaben, welche Tasten was bewirken – nur leider eben auf englisch. Da die Grundstrukturen in jeder BIOS-Version etwa gleich sind, können wir hier – am Beispiel eines BIOS der Firma AMI (American Megatrends Inc.) – einen Überblick über die typischen Vorgänge im Setup-Programm geben.

Nach dem Druck auf die Taste, die das Setup aufruft, erscheint in neueren BIOS zuerst eine kleine Auswahlliste mit etwa den folgenden Möglichkeiten:

```
EXIT FOR BOOT

RUN CMOS SETUP

RUN XCMOS SETUP
```

Mit **Pfeiltasten** und **<Enter>** bzw. **<Return>** wird in dieser (und anderen) Setup-Auswahllisten geschaltet. Einer der Menüpunkte ist stets ein „exit", also „Ausgang" (aus dieser Liste) oder ein „return", also „Rückkehr" (zur vorigen Liste). „Exit for boot" bedeutet, daß damit der normale Boot-Vorgang, also das Starten des Plattenbetriebssystems, aufgenommen wird. „RUN CMOS SETUP" meint das Einrichtungsprogramm für die Standard-Bauteile des PCs, also genau das „Meldeamt", nach dem wir suchen. Das „X" in „XCMOS" steht für „Extended", also „erweitertes" Einrichtungsprogramm. Dieses ist je nach BIOS-Variante wiederum in etliche Untermenüs gegliedert. Ältere BIOS-Versionen oder BIOS anderer Hersteller haben möglicherweise kein Eingangsmenü, sondern melden sich gleich mit dem **Standard-Setup-Bildschirm**.

4.5.2   Standard-Setup

Abb. 4.3 zeigt einen typischen CMOS-Setup-Bildschirm, eingeteilt in verschiedene Felder für die Eingaben zu verschiedenen Teilgeräten. Mit Leuchtbalken hervorgehoben ist jeweils das Feld für den nächsten Eintrag. Am unteren Bildrand sind die Tasten angegeben, mit denen ich zum nächsten Feld wechseln (**select**) oder den augenblicklichen Eintrag ändern (**modify**) kann. Außerdem ist hier unten angegeben, mit welcher Taste(nkombination) ich das Setup-Programm beenden kann. Das kann – wie hier – **ESC** sein, in anderen Varianten auch **<F10>** oder **<Ctrl>+<Alt>+<Del>**, also die

Tastenkombination Strg+Alt+Entf, die wir vom **Warmstart** her kennen. Im Kasten direkt über der Zeile mit den Tastenangaben stehen die Möglichkeiten angegeben, die für das Eintragsfeld zulässig sind: Er ist also ein Hilfefeld.

```
        CMOS SETUP (C) Copyright 1985-1990, American Megatrends Inc.,

 Date (mn/date/year): Fri, Jul 09 1993    Base memory size   : 640 KB
 Time (hour/min/sec): 13 : 41 : 29        Ext. memory size   : 7424 KB
 Floppy drive A:    : 1.2  MB, 5¼"        Numeric processor  : Not Installed
 Floppy drive B:    : 1.44 MB, 3½"
                                          Cyln  Head  WPcom LZone Sect  Size
 Hard disk C: type  : 47 = USER TYPE      1024  10    1024  1025  17   85 MB
 Hard disk D: type  : 47 = USER TYPE      1024  10    1024  1025  17   85 MB
 Primary display    : VGA or EGA
 Keyboard           : Installed          Sun Mon Tue Wed Thu Fri Sat

 Scratch RAM option : 1                    27  28  29  30   1   2   3

                                           4   5   6   7   8   9  10

                                          11  12  13  14  15  16  17

 Month : Jan, Feb,.....Dec                18  19  20  21  22  23  24
 Date  : 01, 02, 03,...31
 Year  : 1901, 1902,...2099               25  26  27  28  29  30  31

 ESC = Exit, ↓ → ↑ ← = Select, PgUp/PgDn = Modify  1   2   3   4   5   6   7
```

Abb. 4.3: Bildschirm im Standard-CMOS-Setup

Hier nun die Erklärungen der wichtigsten Begriffe in einem solchen Bildschirm:

Date	Datum
Time	Uhrzeit
Base memory size	Größe des Basisspeichers, auch „konventioneller Speicher" genannt. Das ist der Anteil des RAM, den auch eine 8088/8086-CPU nutzen kann. Er überschreitet nie 640 KB (siehe Abschnitt 4.3).
Ext. memory size	(Ext. steht für extended) Größe des **erweiterten** Speichers: gesamter vorhandener RAM minus Basisspeicher
Numeric processor	NPU, numerischer Coprozessor
(not) installed	(nicht) installiert, (nicht) vorhanden
enabled	eingeschaltet (engl. ermöglicht)
disabled	ausgeschaltet (eng. unmöglich gemacht)
Floppy drive	Diskettenlaufwerk
Hard disk	Festplatte
User type	benutzerdefinierter Typ
Display	Bildschirm („primary" steht für „Haupt-")

Keyboard	Tastatur („installed" heißt hier nur, daß eine Tastatur*prüfung* durchgeführt wird)
scratch RAM	der Teil des RAM, der von BIOS-E/A-Aktionen als „Notizblock" benutzt werden darf (engl. etwa: Kritzelspeicher)
option	Möglichkeit, Auswahl

Die Eintragsmöglichkeiten für die Magnetplattenlaufwerke und den Bildschirm besprechen wir in den jeweiligen Kapiteln (5 und 6).

➜ Einige BIOS-Versionen tragen „memory size" und „numeric processor" stets selbst ein und wollen von der Benutzerin nur noch die **Bestätigung** im Setup. Ist das nicht der Fall, muß ich unter „memory size" die installierte KB-Zahl gemäß der Aufteilung „640+Rest" eintragen, bzw. mit <Bild⬆> oder <Bild⬇> den Coprozessortyp auswählen.

Eine gute Gelegenheit, um das Arbeiten mit diesem Bildschirm zu üben, ist das halbjährliche Umstellen der Uhr von Sommer- auf Winterzeit und zurück.

1. Schritt:	Beim PC-Start Setup aufrufen mit <Entf>, CMOS- oder Standard-Setup aus der Liste wählen, <Enter>.
2. Schritt:	Mit Pfeiltasten zum Stundenteil der Uhrzeit (Feld „Time") springen, mit <Bild⬆> oder <Bild⬇> die PC-Zeit vor- oder zurückstellen.
3. Schritt:	Setup mit <ESC> (bzw. gemäß Angabe auf dem Bildschirm!) beenden.

Nach Schritt 3 erscheint eine Frage, die etwa folgendermaßen formuliert ist:

```
Write data into CMOS and exit (Y/N)? _
```

Das Programm will die Bestätigung, ob es die Änderungen in den CMOS-RAM schreiben („write") soll (mit korrekten Prüfbits). Freundlicherweise gibt es uns in Klammern die zwei Antwortmöglichkeiten an: Y(es) für „ja" oder N(o) für „nein". Ein „N" bewirkt, daß der Setup-Bildschirm zur Bearbeitung stehen bleibt. Was aber, wenn ich „Y" drücke? *Es passiert gar nichts.* Der Grund liegt darin, daß das BIOS von einer amerikanischen Tastatur ausgeht, und da ist das „Y" auf derjenigen Taste, die bei uns das Z einnimmt! Erst das Betriebssystem stellt (bei geeigneter Installation) die Tastatur auf deutschen Gebrauch um.

➜ Achtung: In einem englischsprachigen BIOS-Setup muß ich, um „Y" (wie „**ja**") zu antworten, auf die Taste Z drücken!

Danach sollte der PC normal starten.

→ Einige Fehler in Software oder Hardware, insbesondere ein Batteriefehler, können dazu führen, daß die Konfigurationsdaten nicht mehr stimmen. Notieren Sie sich die Daten des Standard-Setups (oder drucken Sie diesen Bildschirm mit Hilfe der Druck-Taste einmal aus) für einen solchen Notfall! Dann können Sie sie selbständig wieder eintragen.

4.5.3 Erweitertes Setup

Das erweiterte Setup oder „Chipset-Setup" reicht über die CMOS-Datenänderung hinaus und beeinflußt direkt die Arbeit des **Chipsatzes** der Hauptplatine (siehe auch Abschnitt 3.7). Daher meldet es sich auch meistens mit der Bezeichnung

CHIPSET SETUP PROGRAM.

Sein Auswahlmenü erlaubt ein Verlassen mit („Write CMOS ... and exit") oder ohne CMOS-RAM-Änderung („Do not write CMOS ... and exit"), ich mache also noch nichts falsch, wenn ich einfach mal hineinschnuppere.

Hier handelt es sich durchweg um eine sensible Feinabstimmung der Arbeit auf der Hauptplatine. Einige Untermenüs führen zu ganz unterschiedlichen Auswahlbildschirmen. Unter „Advanced Chipset Setup" (engl. erweiterte Chipsatzeinrichtung) **zusammengefaßte Einrichtungsmöglichkeiten sollten nur nach genauem Studium des Hauptplatinen-Handbuchs und in Absprache mit Fachleuten geschehen!** Bei Aufruf dieses Menüpunktes erscheint auch groß eine Warnung auf dem Bildschirm. Mit ESC kann dieser Programmteil unverrichteterdinge wieder verlassen werden.

Ein sogenanntes **Easy Chipset Setup** (engl. easy: einfach) kann durchaus Einstellungsmöglichkeiten anbieten, die auch reinen Anwenderinnen keine Probleme machen. Wir werden davon noch etwas kennenlernen.

→ Bauen Sie Ihren Arbeitsspeicher aus, so lassen Sie sich vom Elektronik- oder PC-Händler beim Kauf der RAM-Chips sagen, ob Sie im „Advanced Chipset Setup" Einstellungen bezüglich der Speicherbänke vornehmen müssen. Mit Hilfe Ihres Hardwarehandbuchs kann der Händler das herausfinden.

→ Müssen Sie Änderungen im erweiterten Setup vornehmen, so **notieren Sie sich stets die bisherigen Eintragungen und jede einzelne Änderung.** Nur so können Sie Ihre Eintragungen im Bedarfsfall rückgängig machen.

→ Eine falsche Eintragung im erweiterten Setup kann dazu führen, daß der PC **nicht mehr arbeitsfähig** ist. Alle BIOS-Versionen der Firma AMI setzen dann die

Standardwerte im Chipsatz wieder ein, wenn die Benutzerin folgende Schritte durchführt:

1. Einfg-Taste halten
2. PC ausschalten
3. PC einschalten
4. Einfg-Taste loslassen, wenn der Speichertest begonnen hat.

Müssen Sie sich mit dem erweiterten Chipsatz-Setup eines AMI-BIOS beschäftigen, empfehle ich Ihnen das Buch „PC aufrüsten und reparieren" von U. Schüller und H. Veddeler aus dem Verlag Data Becker, in dem die einzelnen Menüs sehr ausführlich (deutsch!) beschrieben werden.

4.5.4 Paßwort-Setup

In den letzten Jahren hat das BIOS bei vielen PCs noch eine weitere Aufgabe übernommen: nach dem Anschalten fragt es die Benutzerin nach einem **Paßwort** und startet den PC nur, wenn dieses korrekt eingegeben wurde. Das ist ein sehr wirksamer Schutz für öffentlich zugängliche PCs, vorausgesetzt

- die Benutzerin kann ihr Paßwort selbst ändern,
- sie nimmt kein „FaulheitsPaßwort" (Name von Freund / Ehemann / Kinder / Hund / Katze), das jeder einigermaßen mit ihr vertraute Kollege per „Versuch und Irrtum" herausbekommt,
- sie hängt es *nicht* über den PC an die Wand oder legt es in die Schublade oder schreibt es vorn in ihren Terminkalender,
- sie vergißt es nicht .....

Zugegeben, ein Paßwort, das diese Einschränkungen berücksichtigt, ist eine Frage von Disziplin und Gedächtnis. Aber anders bietet es keinen Schutz.

Wie nun ein Paßwort ändern bzw. einrichten? Ein BIOS mit Paßwortschutz hat in einem seiner Eingangsmenüs einen Auswahlpunkt

```
Change Password.
```

Im zugehörigen Einrichtungsprogramm muß ich zunächst das voreingestellte Paßwort eingeben, um mich als „berechtigt auszuweisen". Beim PC-Kauf erfahre ich das vom Hersteller eingetragene. Danach kann ich mein selbstgewähltes Paßwort eintippen: fertig.

4.5.5   Im Schattenreich: der Shadow-RAM

Immer wenn ein BIOS-Teilprogramm (eine BIOS-Routine) abgearbeitet wird, müssen Befehle ausgeführt werden, die im ROM-Baustein stehen. Dieser reagiert bedeutend langsamer als der RAM auf Leseanforderungen durch die CPU. Da BIOS-Routinen beständig ausgeführt werden (bei jeder Ein-/Ausgabe an/von Standard-peripheriegeräten), läßt sich die PC-Arbeit deutlich beschleunigen, wenn einfach das ganze BIOS-Programm beim PC-Start in den RAM kopiert wird. Dabei wird natürlich ein (kleiner) Teil des Arbeitsspeichers verwendet, der dann den Anwendungsprogrammen nicht mehr zur Verfügung steht. Dafür können alle Programme auf diese Kopie des BIOS sehr schnell zugreifen. Das BIOS wirft damit sozusagen seinen „Schatten" in die RAM-Zellen, daher heißt der dafür abgezweigte (vom ROM „überschattete") RAM-Anteil **Shadow-RAM** (engl. shadow: Schatten), also Schattenspeicher.

Damit der Shadow-RAM sofort beim PC-Start eingerichtet werden kann, erledigt das das BIOS selbst. Je nach BIOS-Hersteller und -Version gibt es da unterschiedliche Strategien:

- Das BIOS legt in jedem Fall Shadow-RAM an, in der Regel 128 KB,
- Einrichtung und Größe des Shadow-RAM kann die Benutzerin im BIOS-Setup festlegen.

Abb. 4.4 zeigt ein typisches BIOS-Menü zur Aktivierung („Enable") von Shadow-RAM. Es ist ein Auszug aus dem „Easy Chipset Setup" eines BIOS der Firma AMI für einen OPTI-Chipsatz. Über drei Menü-Schritte wird das Main-Shadow-Fenster erreicht (engl. main: Haupt-). In einem Zwischenschritt wurde hier auch angeboten, Shadow-RAM für das Video-BIOS anzulegen (näheres dazu im Abschnitt über Bildschirme in Kapitel 6).

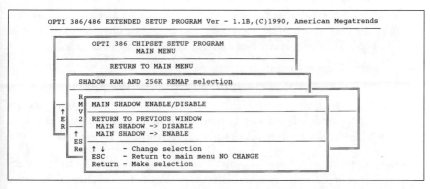

Abb. 4.4: Shadow-RAM-Aktivierung im BIOS-Setup

Bei dem Speicherbedarf heutiger Programme sollte – wenn das BIOS der Benutzerin die Wahl läßt – erst ab mindestens 4 MB RAM ein Shadow-RAM abgezweigt werden.

→ Beim PC-Start wird der **Memory test** (engl.: Arbeitsspeichertest) durchgeführt, erkennbar an der Zählung der RAM-Chips auf dem Bildschirm. **Fehlen hier 128 KB** (bzw. bis zu 384 KB!) gegenüber dem Nennwert, also der RAM-Größe Ihres PCs, die den Handbüchern zu entnehmen ist, so deutet dies auf einen **Shadow-RAM** hin. Prüfen Sie im BIOS-Setup, ob Sie diese Option abschalten können („disable"), falls der RAM für manche Anwendungsprogramme zu knapp wird. Beim PC-Start wird auf dem Bildschirm angezeigt, wann und mit welchen Tasten Sie das BIOS-Setup aufrufen können.

4.6 Kurz gefaßt: Was Sie über PC-Adressen wissen sollten

→ Die folgende Aufzählung umfaßt noch einmal die grundlegenden Begriffe, mit denen Sie zu tun bekommen, wenn Sie Datenblätter rund um den PC lesen. Dabei kann es sich sowohl um das technische Handbuch der Hauptplatine handeln als auch um Einbauanleitungen für Peripheriegeräte und ihre Schnittstellenkarten.

1. Die CPU spricht alle selbständig arbeitenden Bauteile des PCs, also

   - die „Hilfsprozessoren" aus dem Chipsatz,

   - sämtliche Speicherzellen, ob RAM oder ROM,

   - Magnetplattenlaufwerke,

   - alle Peripheriegeräte

   über **Adressen** an. Die Adressen kann ich mir wie normale Postadressen vorstellen oder auch wie die Nummern eines Telefonnetzes. In Datenblättern werden Adressen stets **hexadezimal** angegeben, also mit den Ziffern 0-9, A-F. Jeweils eine Hexaziffer steht für vier Binärstellen, also für vier Signalleitungen.

2. Es existieren zwei **Adreßbereiche**, also quasi zwei „Ortsnetze" von Adressen, *parallel* im PC: der **Speicheradreßbereich** und der **E/A-Adreßbereich**. Zu welchem Bereich eine von der CPU ausgesandte Adresse gehört, unterscheidet sie über **Steuersignale** auf vier Leitungen mit den Bezeichnungen: „Speicher lesen", „Speicher schreiben", „E/A lesen", „E/A schreiben".

3. Jedes Teilgerät, jeder Baustein „kennt" seine Adresse und sein „Ortsnetz", weiß also, ob er im Bereich „Speicher" oder „E/A" angesiedelt ist. „Kennt" bedeutet dabei: Adresse und „Ortsnetzkennzeichen" sind in ihm eingebaut.

4. Durch das ganze PC-System läuft der **Bus** bzw. Systembus: eine Gruppe von **Adreß-, Daten- und Steuerleitungen**, an den alle Teilgeräte wie „Bushaltestellen" angekoppelt sind. Sendet die CPU eine Adresse auf den Bus, weiß sich das entsprechende Gerät „angesprochen" und reagiert.

5. Chipsatzbausteine, Laufwerke und Peripherie werden über sogenannte **Ports**, das sind Adressen im **E/A-Bereich** („Ortsnetz E/A"), angesprochen. Die meisten Adressen im E/A-Adreßbuch sind fest zugeordnet, einige sind frei verfügbar für weiteren PC-Ausbau. Dabei erhalten Steck**karten** die Adressen, nicht Steck*plätze*.

6. **ROM, RAM und Video-RAM**, also der Speicher für den Bildaufbau, haben Adressen aus dem **Speicher-Adreßbereich**. Dabei sind die Adressen zwischen 640K (50000h) und 1M-1 (FFFFFh) fest für Video-RAM (ab 50000h aufwärts) und ROM-BIOS (von FFFFFh abwärts) vergeben; für PC-Zusatzgeräte mit *eigenem BIOS* stehen dazwischen eine Reihe von freien Adressen zur Verfügung. Dieser Adreßbereich wird auch als **Adaptersegment** (Adapter: Anpassungsgerät; Segment: Teil) bezeichnet.

Die RAM-Bausteine benutzen Adressen zwischen 0 und 640K (Basisspeicher oder konventioneller Speicher) und ab 1M aufwärts (Erweiterungsspeicher).

7. Teilgeräte, die die Aufmerksamkeit der CPU *anfordern* dürfen, sie also **unterbrechen** dürfen, können einen von 8 oder 16 Unterbrechungs- bzw. **Interrupt-Kanälen** belegen, d.h. eine Standleitung reservieren für ihr Unterbrechungssignal.

8. Geräte, insbesondere Laufwerke, die größere Datenmengen vom oder zum RAM zu übertragen haben, können einen **direkten Speicherzugriff DMA** anfordern. Für das Anforderungssignal belegen (reservieren) sie einen von bis zu acht **DMA-Kanälen**.

9. Das **BIOS** (Basic I/O System = Basis-E/A-Programme) enthält alle Unterprogramme (Routinen), um auf die Standardteilgeräte eines PCs zuzugreifen (das BIOS weiß, wer wie angesprochen werden will). DOS und Anwendungsprogramme nutzen diese BIOS-Routinen.

10. Für einen schnelleren Zugriff durch die Anwendungsprogramme kann ein (System- oder Video-)BIOS vom ROM in RAM-Zellen kopiert werden. Eine BIOS-Kopie im RAM heißt **Shadow-RAM**.

11. Mit dem **BIOS-Setup** – beim PC-Start aufzurufen mit <Entf> oder <F1>, je nach Meldung auf dem Bildschirm – kann ich unter anderem

- den installierten RAM prüfen,

- bei Ausbau seine Größenangabe ändern bzw. die Änderung bestätigen,

- Shadow-RAM einrichten (Enable) oder abschalten (Disable).

4.7 Bus-Modelle: Der Teufel steckt im Detail

Wir haben schon darüber gesprochen, daß ein PC mit 8088-CPU viel weniger Adreßleitungen braucht als einer mit 486-CPU: in dem Maße, wie die CPUs und ihre Adreßräume sich weiterentwickelt haben, so mußten auch die Busleitungen breiter werden. An den Busleitungen aber hängen die Steckplätze für Erweiterungssteckkarten. Um den Einbau von Steckkarten beliebiger Hersteller zu ermöglichen, mußte ein **Standard** her. Einige Hersteller taten sich zusammen und entwickelten den **ISA-Bus** als Grundlage einer PC-Hauptplatine. ISA bedeutet Industrial Standard Architecture, also „Busaufbau nach Industrie-Standard". Alle Steckkarten, die in die Steckplätze eines ISA-Busses passen und die die gleiche Anzahl, Anordnung und Bedeutung ihrer Anschlüsse aufweisen, gehören zum Industrie-Standard. Steckkarten, denen eine Übertragung von 8 Bit gleichzeitig genügt, brauchen weniger Anschlüsse als solche, die eine 16-Bit-Datenübertragung verlangen. Eine solche Unterscheidung wurde bei der Verteilung der Busleitungen auf der Platine berücksichtigt. Es gibt daher *kurze* Steckplätze für 8-Bit-Karten und *lange* für 16-Bit Karten (Abb. 4.5).

Abb. 4.5: ISA-Steckplätze

→ Um eine Steckkarte einzubauen, muß ich prüfen, ob sie zum **BUS-Typ** meines PCs paßt und ob sie mit ihrer Anschlußleiste in einen der freien Steckplätze paßt. 8-Bit-Karten gehören in kurze Sockel, 16-Bit-Karten in lange. Die Länge und Form der Steckkartenanschlußleiste entspricht der Form des Bussteckplatzes.

→ Wenn mehrere (passende) freie Steckplätze vorhanden sind, ist es grundsätzlich egal, in welchen ich die Karte stecke. Die CPU identifiziert nicht den Steckplatz, sondern die Adresse der Karte. Die aber ist auf der Karte verankert und unabhängig vom Steckplatz.

Der ISA-Bus ist in modernen PCs in mehrfacher Hinsicht eine Bremse:

- Die 32-Bit-Daten der neueren CPUs (386 und 486) müssen in zwei Schüben übertragen werden,

- mit nur 24 Adreßleitungen können maximal 16 MB RAM adressiert werden,

- der BUS erlaubt nur einen Arbeitstakt von etwa 8 MHz.

Die weitere PC-Entwicklung forderte natürlich, daß auch eine 32-Bit-Übertragung zu Steckkarten möglich sei. Die Firma IBM entwickelte daraufhin einen ganz anders strukturierten Bus, also eine ganz andere Anordnung der benötigten Leitungen. Er trägt den Namen **Microchannel**, abgekürzt **MCA** (engl. Mikrokanal). Sein Hauptnachteil ist, daß alle alten ISA-Steckkarten mit ihm nicht benutzt werden können. So kam er nur in IBM-PCs zu Ehren.

Die „Industrie", also die Hersteller, die daran interessiert waren, auch weiterhin ihr Stück vom Kuchen des IBM-Kompatiblen-Marktes abzubekommen, hielt dagegen mit dem Entwurf des **EISA-Busses:** Extended-ISA (engl. extended: erweitert). Er hat immer noch die alten Steckplätze des ISA-Busses und paßt auch zu den ISA-Karten – die Fachwelt nennt das **abwärtskompatibel**, also verträglich zu älteren Modellen – aber tief in den Schlitzen haben die Steckplätze eine Garnitur weiterer Anschlußkontakte, die nur von speziell konstruierten EISA-Steckkarten erreicht werden. Diese EISA-Kontakte führen zu genügend vielen Leitungen, so daß ein 32-Bit-Datenverkehr ablaufen kann. Allerdings sind EISA-Hauptplatinen recht teuer.

Ein weiteres Problem ist, daß der Bus nicht so schnell arbeiten kann wie die CPU. Ein mit 8 MHz getakteter ISA-Bus ist für eine 50-MHz-CPU, die Daten zum Bildschirm senden will, ein richtiger „Flaschenhals". Gerade beim Bildaufbau werden heutige PCs, die das Bild *grafisch* aufbauen, also nicht buchstabenweise, sondern Punkt für Punkt, stark gefordert. Benutze ich ein Zeichenprogramm und muß auf jede Verschiebung eines Bildelements etliche Sekunden warten, so zweifele ich an den Fähigkeiten meines PCs. Meistens liegt das mangelnde Tempo aber eben nur an dem gemächlichen ISA-Bus. Und wieder setzen einige Hersteller einen Trend: ISA-Platinen werden mit einem **Local Bus** ergänzt (engl. local: lokal, nur an einem Ort), der von der CPU aus zu speziellen Steckplätzen führt: ein solcher nimmt dann eine (zum Local Bus passende) Bildschirmansteuerungskarte auf. Der Local Bus überträgt 32 Bit auf einmal und wird in der Regel mit der vollen Systemgeschwindigkeit betrieben: der Flaschenhals ist beseitigt, und das ganze ist noch recht preisgünstig zu bauen. Damit existiert also außer dem Systembus noch eine weitere „Buslinie" auf der Platine.

Insbesondere der Local Bus der **VESA** (Video Electronics Standards Association, also Standardisierungszusammenschluß von Herstellern aus der Videobranche) beginnt, sich durchzusetzen. Er erlaubt bis zu drei Extra-Steckplätze, die nicht nur für spezielle VL-Bus-Karten, sondern auch für normale ISA-Karten benutzt werden können, da ein VL-Bus einfach ein 16-Bit-ISA-Steckplatz ist mit einem zusätzlichen Sockel daneben für die weiteren Anschlüsse. PCs mit VL-Bus erobern sich derzeit einen Marktanteil, da es bereits eine große Anzahl von geeigneten Steckkarten gibt. Leider existieren noch weitere Local-Bus-Typen, so daß die PC-Besitzerin hier bei Erweiterungen genau auf Bustyp und Steckkartentyp achten muß.

Insbesondere versucht die Firma **Intel**, Herstellerin der x86-CPUs, in Absprache mit anderen Hardwareherstellern demnächst ihren **PCI-Bus** auf dem Markt einzuführen, einen **32**- oder **64**-Bit-Local-Bus für wiederum andere Steckkartentypen. Die weitere Marktentwicklung bleibt also abzuwarten.

→ Um zu beurteilen, welche Erweiterungssteckkarten zu meinem PC passen, muß ich seinen **Bustyp** kennen, d.h. die Struktur des Busses auf der Hauptplatine. Zur Zeit gibt es

ISA-Bus	mit 8- und 16-Bit-Steckplätzen,
EISA-Bus	mit ISA-kompatiblen und EISA-32-Bit-Steckplätzen,
MCA	nur in IBM-PCs,
Local Bus	Zusatz-Bus als ISA-Ergänzung für spezielle Bildschirmansteuerungskarten; speziell
VESA Local Bus	– aber auch andere Local-Bus-Typen.

Zukünftig wird man auch mit dem

PCI-Bus	(als ISA-Ergänzung) zu rechnen haben.

Die Bustypen werden in den Datenblättern der Steckkarten immer ausdrücklich genannt (sie heißen dann „xx-Bus-kompatibel"). Ein PC mit einem EISA, MCA oder VESA (oder anderem Local-)Bus weist das auch in seiner Beschreibung aus.

→ Finde ich also im technischen Handbuch eines IBM-kompatiblen PCs keine Kennzeichnung des Bustyps, so handelt es sich um einen ISA-Bus.

5 Dauerspeicher

Als **Dauerspeicher**, **Permanentspeicher** oder **Hintergrundspeicher** werden im PC vor allem **Magnetplatten** verwendet. Sie stellen aber nicht die einzige Möglichkeit dar, Daten auf Dauer aufzubewahren. Überdies gibt es vor allem bei **Festplatten** eine rasante Weiterentwicklung, die wieder einmal zu erheblichen Unterschieden in Bauweise und Anschlußtechnik geführt hat. Um die Probleme, die bei magnetischen Speichern auftreten können, zu verstehen, beginnen wir mit einem kurzen Ausflug in die magnetische Speichertechnik und in die Datenorganisation auf magnetischen Datenträgern.

5.1 Die Technik der magnetischen Speicherung

Elektrische Speicherchips schalten Transistoren um oder laden Kondensatoren auf; fällt die Versorgungsspannung weg, so ist auch das gespeicherte Bit verschwunden. **Magnetische Speicher** dagegen nutzen die Eigenschaft bestimmter Materialien, magnetisierbar zu sein. Das bedeutet: durch die Kraft eines elektrischen Spannungsfeldes, welches um das Material herum aufgebaut wird, werden kleine Teile des Materials in eine bestimmte **Magnetisierungsrichtung** *gezwungen*, also **magnetisch ausgerichtet** mit Nordpol und Südpol. Diese Ausrichtung ist stabil: entfällt das äußere Spannungsfeld, so wird die Magnetisierung doch beibehalten. Zu dermaßen dauerhaft magnetisierbaren Materialien gehören z.B. Eisen, Kobalt, Nickel, auch Verbindungen mehrerer solcher Stoffe.

Man sagt, das Material besteht aus mikroskopisch kleinen magnetischen **Domänen**, die alle *einzeln* magnetisiert werden können. Einfacher ausgedrückt (siehe Abb. 5.1): Zunächst ist da ein ungeordneter Haufen von winzigen Stabmagneten, jeder hat einen Nord- und einen Südpol; da sie aber kreuz und quer in meinem Material liegen, heben die magnetischen Wirkungen sich gegenseitig auf. Durch gezieltes Anlegen einer elektrischen Spannung zwinge ich jeden einzelnen Stabmagneten in eine Richtung meiner Wahl, ich „harke" mein Material zu einem bestimmten Muster. Nun muß ich nur noch eine Festlegung treffen, z.B.: Nordpol links = Bitwert 1, Nordpol rechts = Bitwert 0. Das Byte in Abb. 5.1 bedeutet dann (von oben nach unten) 00100110.

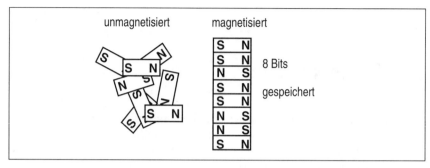

Abb. 5.1: Magnetisches Material vor und nach Anlegen einer Spannung

Um die magnetisch gespeicherten Bits wieder zu lesen, also in elektrische Bits umzuwandeln, kann ich den Effekt der **magnetischen Induktion** ausnutzen: führe ich eine **Spule** (eine Drahtwicklung) an einem solchen magnetischen Speicher entlang, so fließt immer dann ein Strom durch die Spule, wenn zwei nebeneinanderliegende Domänen *unterschiedlich* magnetisiert sind, also wenn ein 1-Bit neben einem 0-Bit liegt. Berücksichtigt man dann zusätzlich die Abstände zwischen den Bitwechseln (also zwischen den meßbaren Strömen in der Spule), so können die magnetischen Bits korrekt identifiziert werden. Die Fachleute haben sich einige **magnetische Schriften** ausgedacht, um Bits möglichst dicht, aber doch eindeutig erkennbar auf magnetischem Material zu speichern. Als *Anwenderin* muß ich diese Schriften nicht verstehen: das oben erklärte Prinzip soll genügen. Die Bezeichnungen der wichtigsten Magnetschriften jedoch tauchen in Datenblättern von Festplatten häufig auf, daher wollen wir sie hier nicht auslassen. In der Regel werden die mit

MFM = Modified Frequency Modulation, also modifizierte Häufigkeitsänderung (Weiterentwicklung einer Schrift namens FM (Frequency Modulation)

RLL = Run Length Limited, also begrenzte Lauflänge

bezeichneten Magnetschriften benutzt. Sie erlauben eine sehr dichte Speicherung der Bits, also viele Bits auf engstem Raum, müssen aber mit sehr exakt arbeitenden Geräten „geschrieben" und „gelesen" werden.

5.2   Magnetische Speichergeräte

Um einen magnetischen Speicher zu bauen, brauche ich ein festes „Fundament", das *Träger*material, und eine Schicht aus magnetisierbarem Material darauf. Das ist dann mein **Datenträger**. Ferner brauche ich eine Vorrichtung, die auf meine Speicherschicht Bits (bzw. Bytes) schreibt und sie auch wieder liest: das ist der **Schreib-Lese-**

Kopf (ähnlich wie der Tonkopf im Kassettenrecorder. Zum Lesen und Schreiben muß ich den Datenträger *oder* das Schreibgerät bewegen (sozusagen „Papier oder Stift" bewegen). Also muß der magnetische Speicher eine Art von Motor und Mechanik haben. Die Vorrichtung, die Datenträger und Schreib-Lese-Kopf, Motor und Steuermechanik enthält und die Bewegungen exakt koordiniert, heißt **Laufwerk.**

Im Vergleich zu elektrischen Speichern erhalte ich damit ein stoßempfindliches, verschleißanfälliges, platzaufwendiges Gerät – aber es speichert meine Daten ohne Strom.

Zwei Arten solcher Geräte werden eingesetzt:

Magnetbänder:	Hier werden die Bytes **sequentiell**, also *hintereinander*, auf einem langen beschichteten Plastikband gespeichert. Das Band wird am Schreib-Lese-Kopf vorbeigeführt (vergleichbar mit Kassettenrecorder oder Tonbandgerät).
Nachteil:	Das Suchen bestimmter Daten oder einer freien Stelle ist langsam! Um das 3000te Byte lesen zu können, muß ich zuerst einmal 2999 Bytes vorbeispulen. Außerdem können neue Daten stets nur am Ende angefügt werden, da sonst nicht garantiert werden kann, daß die Daten „hinter" den neu eingefügten noch korrekt wiedergefunden werden (Sie kennen das vom Tonband: Überspiele ich in der Mitte einer längeren Aufnahme einen Teil, so fehlt mir eventuell der Anfang des nächsten wichtigen Aufnahmeteils).
Vorteil:	Bänder sind billig und haltbar, große Datenmengen benötigen wenig Raum, zudem sind Bänder bequem auswechselbar.
Magnetplatten:	Die Bytes werden in Kreisen, den **Spuren**, abgelegt, und zwar immer blockweise gebündelt. Ein Block wird dabei als **Sektor** bezeichnet (Mathematiker bezeichnen mit „Sektor" einen Ausschnitt aus einem Kreis, quasi ein Tortenstück). Spuren und Sektoraufteilung darin werden schon vor der Speicherung gekennzeichnet, sind also datenunabhängig.
	Die Platte wird gedreht, ein Schreib-Lese-Kopf wird über ihr zur Mitte oder zum Rand gefahren (wie der Tonarm auf dem Plattenspieler). Dadurch kann jeder Sektor sehr schnell aufgefunden werden.
Nachteil:	Der bewegliche Schreiblesekopf und die Plattenoberfläche sind empfindlicher als Bänder und Bandgeräte.

111

Vorteil: Die Daten werden über die Einteilung der Sektoren sehr schnell wiedergefunden. Jeder freie oder wieder frei gewordene Sektor kann für einen Block Daten benutzt werden, also jede freie Lücke kann ausgenutzt werden.

Die Magnetplatten sind **direkt adressierbare Speicher** wie auch der Arbeitsspeicher. Nur werden hier nicht die Bytes einzeln, sondern in (gleichgroßen) Portionen adressiert, eben immer so viel, wie ein Sektor speichern kann.

Der Einsatzbereich dieser Geräte ist Ihnen vermutlich bekannt: Magnetplatten enthalten die Programme und die Daten, die zur täglichen Arbeit gebraucht werden, Bänder dienen zur Archivierung großer, selten(er) gebrauchter Datenmengen – sozusagen als Sicherheitsarchiv für den Fall eines plötzlichen Datenverlustes auf den Platten.

Jeder Magnetspeicher arbeitet in einem geeigneten Laufwerk. Dieses enthält nicht nur Motor und Schreib-Lese-Kopf, sondern seine Bau- und Arbeitsweise bestimmen auch die verwendete Magnetschrift, die Aufteilung in Sektoren und die zulässige **Dichte** der Bits. Kurz gesagt, das Laufwerk bestimmt das **Aufzeichnungsverfahren.**

Folgende Punkte müssen für einen Magnetspeicher zusammenpassen:	
Typ und Größe des Laufwerks	Form und Größe des Datenträgers
Verwendetes Aufzeichnungsverfahren	Aufnahmefähigkeit der Magnetschicht

Die Entwicklung der letzten Jahre hat immer bessere Laufwerke und Datenträger hervorgebracht, insbesondere im Bereich der Platten: schneller, präziser, äußerlich kleiner, innerlich „größer", also von höherer Kapazität (Fassungsvermögen). So positiv das für unsere Daten ist, so heißt es doch auch, daß wir uns heute mit einer verwirrenden Vielzahl von Magnetplatten- und Laufwerkstypen herumschlagen müssen. Versuchen wir also, einen roten Faden durch das Labyrinth der Magnetspeicher zu legen.

Im Grunde ist ein *Laufwerk* dasjenige Bauteil, das mit der PC-Zentrale verbunden wird, das Band oder die Platte darin ist zunächst einmal austauschbar. Das Prinzip kennen wir von Bändern und **Disketten** (engl. disk: Scheibe), den Magnetplatten zum Herausnehmen. Das Laufwerk ist ein Teilgerät unseres PCs, und die Zentrale schickt *ihm* die Aufträge, Daten zu empfangen oder zu senden. Dazu ist dieses Laufwerk über eine **Schnittstelle**, also ein Anpassungsgerät mit dem PC-Bus verbunden. Meistens ist die Schnittstelle auf einer eigenen Steckkarte untergebracht. Sie wird

– je nach Laufwerkstyp – **Adapter** (Anpasser) oder **Controller** (engl. control: steuern) genannt (dazu später Genaueres).

Die Schnittstelle hat eine **Bus-Adresse**, über die sie von der PC-Zentrale angesprochen wird. Die Bus-Adresse für den **Diskettencontroller** ist von Anbeginn im PC fest vergeben. Aber erst ab der zweiten PC-Generation wurde eine **Festplatte**, eine mit dem Laufwerk fest eingebaute Magnetplatte, normaler Bestandteil eines PCs. Dabei wurden teilweise sehr unterschiedliche Festplattencontroller entwickelt, die nicht alle einfach über eine Adresse an den Bus gekoppelt werden. Ebenso ist ein **Bandlaufwerk** nicht von vornherein im PC vorgesehen: also gibt es auch da unterschiedliche Arten der Anbindung. Dazu kommen wir in Kapitel 7.

Zunächst ist es sehr einfach, die vorhandenen Laufwerke auf korrekten Anschluß an die Zentrale zu überprüfen, falls eines davon offensichtlich nicht angesprochen werden kann:

➜ Magnetplattenlaufwerke sind über Schnittstellen (auf **Steckkarten**) mit der Hauptplatine verbunden. Einige Hauptplatinen haben eine **eingebaute** Schnittstelle, so daß sie direkt mit dem Laufwerk verbunden sind.

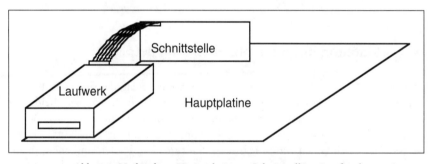

Abb. 5.2: Verbindung Hauptplatine – Schnittstelle – Laufwerk

➜ Die Schnittstellen**karten** erhalten Strom und Daten über die Leiterbahnen des PC-Busses. Die **Laufwerke** haben eine eigene **Stromversorgung vom Netzteil**, da der Motor mehr Strom braucht. Daten erhalten die Laufwerke über breite **Flachbandkabel von der Schnittstelle**. Dazu hat die Schnittstellenkarte oder die in der Hauptplatine eingebaute Schnittstelle eine Anschlußleiste, auf der das Kabel steckt (Abb. 5.2). Je nach Laufwerkstyp gibt es unterschiedliche Datenkabel.

➜ Den **Laufwerkscontroller** erkenne ich an dem Datenkabel, das von ihm zum Laufwerk führt.

→ Das Datenkabel hat eine **Kante mit Musterkennzeichnung**, die Kontaktleisten auf der Karte und am Laufwerk haben eine **Pin-1-Markierung**. Gekennzeichnete Kabelkante und Pin-1-Marke gehören zusammen (Abb. 5.3).

Abb. 5.3: Steckkontakt an einer Laufwerksschnittstellenkarte

5.3 Datenorganisation auf einer Magnetplatte

Die Oberfläche einer Magnetplatte wird in **Spuren** unterteilt, das sind gleichmäßige Kreise um den Plattenmittelpunkt. Da Magnetplatten heutzutage **beidseitig** beschichtet sind, liegen immer zwei Spuren direkt übereinander. Die zugehörigen Schreib-Lese-Köpfe sind wie Zinken eines Kamms aneinandergekoppelt und werden von einem gemeinsamen Motor getrieben. Sind mehrere Platten um eine gemeinsame **Achse** zu einem Plattenturm aufeinandergebaut (siehe auch Abb. 5.4), so liegen sogar 2 x Plattenanzahl Spuren übereinander, und die Schreib-Lese-Vorrichtung hat ebenso viele Köpfe. Übereinanderliegende Spuren werden als **Zylinder** bezeichnet. Jede Spur wird bei der sogenannten **Formatierung** der Platte über bestimmte magnetische Kennzeichen in **Sektoren**, das sind Abschnitte der Spuren, unterteilt (Abb. 5.5).

Plattentürme aus zwei oder drei Magnetplatten sind vielfach in Festplattenlaufwerken zu finden, ohne daß das nach außen hin deutlich wird: das Laufwerk ist **organisatorisch** oder **logisch** gesehen eine einzige Platte.

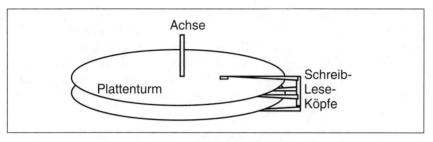

Abb. 5.4: Festplattenturm

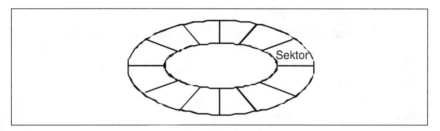

Abb. 5.5: Spur mit Sektoren

Jeder Sektor nimmt eine gleich große, feste Anzahl Bytes auf (auf DOS-PCs sind das 512). Wenn Daten gespeichert werden sollen, so wird immer eine ganze Gruppe von Sektoren auf einmal reserviert, die sogenannte **Zuordnungseinheit**. Bei Disketten ist das nur ein Sektor, bei Festplatten sind es in der Regel vier Sektoren. (Der DOS-Befehl CHKDSK informiert Sie darüber mit „Größe einer Zuordnungseinheit: 2048").

Es liegt auf der Hand, daß auf äußeren Spuren mehr Sektoren Platz haben als in den kleineren Kreisen zur Plattenmitte hin – ein Umstand, der bei **Festplatten** sehr wohl ausgenutzt wird.

Alle Sektoren der Platte werden durchnumeriert. Im 1. Sektor wird Information über die Plattenorganisation eingetragen, so daß das BIOS den Plattentyp stets an diesem ersten Sektor erkennen kann. Außerdem stehen in diesem Sektor Befehle, um ein Betriebssystem von der Platte zu starten, ein Vorgang, der mit „Bootstrap loading" (engl.: laden über die Stiefelriemen; soviel wie „sich selbst an den Haaren aus dem Sumpf ziehen") oder kurz „booten" bezeichnet wird. Daher wird der Sektor Nummer 1 auch mit **Bootsektor** bezeichnet.

Für die **Formatierung**, also die magnetische Kennzeichnung der Sektorgrenzen werden einige Bytes auf der Platte untergebracht. Die formatierte Platte hat daher Raum für weniger Bytes als die unformatierte – nur, daß letztere mangels Organisation gar nichts speichern kann! Erwähnenswert ist das auch eigentlich nur, weil einige Magnetplattenhersteller mit Angaben über die Kapazität der *unformatierten* Platte die Käufer verwirren: benötige ich z.b. 10% der Plattenoberfläche für die Sektorgrenzen, so ist die unformatierte Kapazität um 10% größer als die formatierte, das klingt gerade bei Festplatten nach mehr. In der Praxis kann der PC stets nur die formatierte Kapazität nutzen.

➡ Nur die **formatierte Kapazität** einer Magnetplatte ist ausschlaggebend für die tatsächliche Speichergröße.

5.4   PC-Standardausrüstung: Diskettenlaufwerk(e)

Disketten sind einzeln in Hüllen verpackte Magnetplatten, deren Laufwerke einen Schlitz im PC-Gehäuse offen lassen. Die Diskette wird durch diesen Schlitz ins Laufwerk eingeführt. Über eine Aussparung in der Diskettenhülle erreicht der Schreib-Lese-Kopf die Magnetschicht.

Natürlich müssen Laufwerksmaße und -mechanik genau auf die Einschiebediskette abgestimmt sein. In IBM-kompatiblen PCs kommen zwei **Laufwerksmaße** zum Einsatz, die nach dem Disketten**durchmesser** benannt werden:

5 ¼ **Zoll**   bzw. 5,25 Zoll   oder 5,25"
3 ½ **Zoll**   bzw. 3,5 Zoll   oder 3,5"

Letztere sind jünger, kleiner, ausgereifter, robuster. Die billigeren 5 ¼-Zoll-Disketten sind aber nicht vom Markt zu verdrängen. Daher gibt es heute schon viele PCs mit Laufwerken für beide Diskettentypen.

Der standardmäßig in jedem PC eingebaute **Diskettencontroller,** also die Schnittstelle bzw. das Ansteuerungsgerät für Diskettenlaufwerke (engl. control: steuern), ist so ausgelegt, daß **zwei** Laufwerke angeschlossen werden können. Hat ein PC also nur eines, so muß nur geprüft werden, ob das **Gehäuse** noch Platz für ein zweites hat. Wenn ja, kann ich es „nachrüsten". Das **BIOS** ist darauf ausgelegt, zwei Diskettenlaufwerke zu bedienen. Ebenso ist das Betriebssystem (DOS) dazu in der Lage: es umfaßt die geeigneten **Treiber.**

➡ **Treiber** ist der Name für ein Betriebssystemteilprogramm zur Ansteuerung von Peripheriegeräten.

Wir wollen hier kurz die unterschiedlichen Bauweisen und Anschlüsse der beiden Laufwerkstypen beschreiben sowie die Voraussetzungen, um ein zweites Laufwerk zusätzlich einzubauen.

5.4.1 Das 5 ¼-Zoll-Laufwerk

Ein 5 ¼-Zoll- bzw. 5 ¼"-Laufwerk ist natürlich etwas größer als die 3 ½-Zoll-Schwester, außerdem erkennbar an dem Schlitz mit **Drehverriegelung**.

Es wird mit einem vierpoligen Stromkabel vom PC-Netzteil her versorgt und erhält die Daten über ein Flachbandkabel mit 34 Adern vom Diskettencontroller. Dieser ist in der Regel auf einer Steckkarte untergebracht, die in einen Sockel der Hauptplatine eingesetzt wird. Gelegentlich ist der Controller auch direkt in die Hauptplatine integriert. Dann endet das Datenkabel an einer dafür gekennzeichneten Kontaktleiste der Hauptplatine.

In jedem Fall hat der Controller nur **eine** Kontaktleiste für ein Datenkabel: Zwei Laufwerke werden also über ein **gemeinsames Datenkabel** versorgt.

Das Laufwerk selbst hat ebenfalls eine Kontaktleiste, auf die das andere Ende des Datenkabels gesteckt wird.

➜ Der **Stecker des 5 ¼-Zoll-Datenkabels** paßt nur auf genau eine Weise auf die Kontaktleiste der Karte. Eine Brücke im Stecker und eine Lücke in der Kontaktleiste müssen genau ineinandertreffen.

➜ Datenkabel werden mit Hilfe der Pin-1-Markierung an Kabelstecker und Kontaktleiste oder mit der Brücke im Stecker und der Lücke in der Kontaktleiste korrekt aufgesteckt (Abb. 5.6).

Abb. 5.6: Anschlußkontakte eines 5 ¼-Zoll-Laufwerks (links Strom, rechts Daten)

Das Laufwerk muß im PC-Gehäuse in einem geeigneten Laufwerksschacht mit Schrauben befestigt werden, und zwar so, daß sich seine Frontblende mit dem Schlitz in eine passende Gehäuseöffnung einpaßt (ein Beispiel zeigt Abb. 2.13 in Abschnitt 2.3.2).

5.4.2 Das 3 ½-Zoll-Laufwerk

Ein 3 ½-Zoll- bzw. 3 ½"-Laufwerk braucht einen deutlich kleineren **Einbauschacht** als ein 5 ¼-Zoll-Laufwerk. Gelegentlich wird es mit Hilfe eines **Einbaurahmens** an einen 5 ¼-Zoll-Schacht angepaßt. Seine Frontblende hat einen Schlitz mit **Schutzklappe** und eine **Auswurftaste** (Abb. 5.7).

Abb. 5.7: Diskettenlaufwerk 3 ½ Zoll (Unterseite)

Es wird mit einem vierpoligen Stromkabel vom PC-Netzteil her versorgt und erhält die Daten über ein Flachbandkabel mit 34 Adern vom Diskettencontroller. Dieser ist in der Regel auf einer Steckkarte untergebracht, die in einen Sockel der Hauptplatine eingesetzt wird. Gelegentlich ist der Controller auch direkt in die Hauptplatine integriert. Dann endet das Datenkabel an einer dafür gekennzeichneten Kontaktleiste der Hauptplatine.

3 ½-Zoll-Laufwerke haben in der Regel etwas andere Anschlußkontakte als die größeren Diskettenlaufwerke, sowohl für Strom als auch für Daten (Abb. 5.8). Moderne Datenkabel haben oftmals bereits beide Arten von Anschlußsteckern nebeneinander, so daß der richtige Stecker einfach aufgesetzt werden kann, der benachbarte „unpassende" wird ignoriert.

→ Hat das Datenkabel keinen für ein 3 ½-Zoll-Laufwerk geeigneten Stecker, so muß ein **Adapterkabel** die Verbindung zwischen Kabelstecker und Laufwerkssteck-buchse herstellen. Ebenso kann es sein, daß das PC-Netzteil keinen Stromstecker frei hat, der auf die Buchse des kleinen Laufwerks paßt. Auch dafür gibt es **Adapterkabel**.

Abb. 5.8: Anschlußkontakte eines 3 ½-Zoll-Laufwerks und passendes Stromkabel

5.4.3 Das Problem mit der Schreibdichte

Die ersten PCs verarbeiteten Disketten mit *Double-Density*-Magnetschicht, also mit „doppelter Aufzeichnungsdichte" (engl. density: Dichte, double: doppelt). Der Name verrät, daß es zuvor schon den Typ „Single Density", also einfache Aufzeichnungs-dichte (engl. single: einfach oder einzeln) gegeben hat, der aber inzwischen „ausgestor-ben" ist. Auf **DD**-Disketten der Größe 5 ¼ Zoll lassen sich 360 KB speichern, auf den technisch besseren 3 ½-Zoll-Disketten sogar 720 KB.

Der Fortschritt brachte bessere Laufwerke *und* bessere Magnetschichten: Heute haben praktisch alle PCs Laufwerke, die **HD**-Disketten verarbeiten: *High Density*, also „hohe Schreibdichte". In Zahlen ausgedrückt heißt das: 5 ¼-Zoll-HD-Disketten speichern 1,2 MB, 3 ½-Zoll-HD-Disketten 1,44 MB. HD-Disketten haben dafür eine Magnetschicht aus einem anderen Material; man nennt es „magnetisch härter".

Die modernen Laufwerke sind Multitalente: Sie können HD-Disketten genauso wie DD-Disketten lesen und beschreiben. Sie müssen die jeweilige Diskette nur korrekt erkennen. Vor allem beim **Formatieren** sind da die Benutzerinnen aufgefordert, das korrekte Fassungsvermögen anzugeben, da HD-Disketten mit höherer elektrischer Spannung beschrieben werden, was unter Umständen die schwächere Magnetschicht einer DD-Diskette **unwiderruflich verändern** kann. Die entsprechenden Formatier-befehle finden Sie im Betriebssystemhandbuch.

5.4.4 Zwei Laufwerke an einem Controller

Um in einem PC zwei Diskettenlaufwerke unterzubringen, müssen folgende Voraussetzungen erfüllt sein:

- Das Gehäuse muß zwei **Laufwerksschächte** aufweisen, also Plätze, in denen das Laufwerk eingesetzt und verschraubt wird, so daß seine Frontblende in eine geeignete Öffnung des PC-Gehäuses paßt. Die Öffnung vor einem unbenutzten Laufwerksschacht ist mit einer einfachen Plastikblende verschlossen, die herausgedrückt werden kann.

  Ein 3 ½-Zoll-Laufwerk kann über einen **Einbaurahmen** an einen 5 ¼-Zoll-Schacht angepaßt werden.

- Das Netzteil muß **zwei freie Stromkabel** mit zum Laufwerk passenden Steckern haben. Stecker, die nicht zur Laufwerksbuchse passen, werden mit einem **Adapter** verlängert, der auf einer Seite den Netzteilstecker aufnimmt und auf der anderen Seite auf die Laufwerksbuchse paßt. Wenn alle Netzteilkabel belegt sind, kann mit Hilfe einer **Y-Weiche** ein Stromkabel „verzweigt" werden (Abb. 5.9). Auch Y-Weichen gibt es mit den kleineren 3 ½-Zoll-Anschlüssen.

- Am Diskettencontroller muß ein **Datenkabel** mit Anschlüssen für **zwei** Laufwerke sitzen. Eventuell wird das Datenkabel mittels eines **Adapters** an das 3 ½-Zoll-Laufwerk angeschlossen, der auf einer Seite zum Datenkabelstecker paßt und auf der anderen Seite zur Laufwerkssteckbuchse.

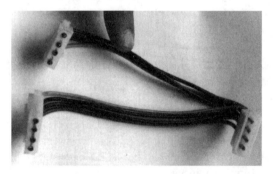

Abb. 5.9: Y-Weiche im Stromkabel

Die PC-Zentrale muß die beiden Laufwerke unterscheiden können. Das Betriebssystem DOS kennt dafür die Bezeichnungen A: und B:. Die Hardware unterscheidet die Laufwerke genau über 4 der 34 Bit-Leitungen im Datenkabel: jeweils zwei davon führen ein Signal, über das sich eines der Laufwerke angesprochen fühlt (Abb. 5.10).

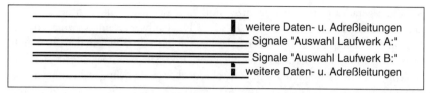

Abb. 5.10: Auswahlleitungen für die Diskettenlaufwerke

Mit anderen Worten: Die Zentrale sendet über die ersten zwei Leitungen Signale mit der Bedeutung „ich rufe A:", über die beiden anderen Signale mit der Bedeutung „ich rufe B:". Ob sich ein Laufwerk über die Leitungen „rufe A:" angesprochen fühlt oder über „rufe B:", darüber entscheidet ein **Jumper** am Laufwerk.

→ Auf dem Diskettenlaufwerk (meistens auf der Rückseite) findet sich eine Reihe von **Kontaktstiften** mit der Bezeichnung **DS** oder *Drive Select* **0,1** usw. oder **1,2** usw. (engl. drive: Laufwerk, select: auswählen, also „**Laufwerksauswahl**"). Mit einer Steckbrücke (einem „Jumper") wird das Kontaktpaar mit der niedrigsten Nummer verbunden, um dieses Laufwerk als „A:" anzusprechen. Die zweit-niedrigste Nummer definiert das Laufwerk als „B:" (siehe Skizze in Abb. 5.13).

→ Das Laufwerk, das als **A:** angesprochen werden soll, wird stets am **Ende** des Datenkabels angeschlossen. Ein Laufwerk **B:** wird mit dem Stecker in der **Mitte** des Datenkabels verbunden.

Es gibt zwei Arten von Datenkabeln: **gerade** und **gedrehte**. Bei letzteren sind im hinteren Teil, also zwischen den Steckern für die beiden Laufwerke, gerade die vier Auswahlleitungen von den Nachbarleitungen abgespalten und einmal um ihre Achse gedreht. Dadurch empfängt das am Ende angeschlossene Laufwerk stets das „verkehr-te" Auswahlsignal, wie die Abb. 5.11 und 5.12 verdeutlichen.

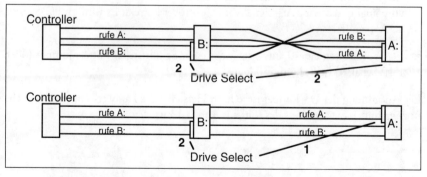

Abb. 5.11: Signale im gedrehten (oben) und geraden (unten) Datenkabel

121

Wird ein **gerades** Datenkabel benutzt, muß eines der Laufwerke sich bei „rufe A:" angesprochen fühlen, das andere bei „rufe B:". Das Laufwerk A: muß sozusagen „sein Ohr an den oberen Leitungen haben", das Laufwerk B: sein „Ohr" an den unteren. In Abb. 5.11 unten ist dieses „Ohr", nämlich der Drive-Select-Jumper, angedeutet. Nur dasjenige Laufwerk empfängt sein Auswahlsignal, das die richtigen Leitungen über den DS-Jumper „abhört". Das „rufe A:"-Signal geht an Laufwerk B: in der Mitte ungehört vorbei.

Abb. 5.12: Gedrehtes Datenkabel (links zwei alternative Stecker für 3 ½-Zoll oder 5 ¼-Zoll)

Wird ein **gedrehtes** Kabel benutzt (Abb. 5.12), so ist die Situation für das am mittleren Stecker angeschlossene Laufwerk ganz genauso. Das Laufwerk am Ende des Kabels aber empfängt auf seinem „A:-Ohr" jetzt das „rufe B:"-Signal, da ja die Rufleitungen gedreht ankommen. Wenn es also auf „rufe A:" reagieren soll, muß es sein Ohr an den *unteren* Leitungen haben: Es muß sich selbst „wie B: fühlen". Technisch gesprochen:

→ Wird ein gedrehtes Datenkabel benutzt, so muß das Laufwerk am Ende des Kabels über seinen Drive-Select-Jumper (Laufwerksauswahl-Steckbrücke **DS**) als **B:** (Laufwerk mit der zweitniedrigsten Nummer) eingerichtet werden. Dann empfängt es das „rufe A:"-Signal vom Controller korrekt: Es wird im PC-System als A: benutzt.

→ Das Vorbereiten eines Laufwerks (oder einer Schnittstelle) mittels Jumper (oder DIP-Schalter) heißt **konfigurieren.**

Die Anordnung der DS-Jumper ist je nach Hersteller des Laufwerks unterschiedlich. In etwa finden Sie aber stets das Bild aus Abb. 5.13 wieder.

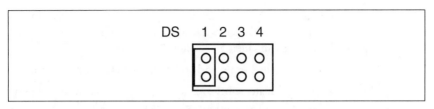

Abb. 5.13: Drive-Select-Jumper, konfiguriert als „A:"

Die Datensignale werden also über *ein* Kabel zu *beiden* Laufwerken geschickt. Es werden einfach Elektronen durch ein Kabel geleitet, das irgendwo auch ein Ende hat. Gerade dieses Ende kann dazu führen, daß die Elektronen wie ein Echo auch wieder zurückfließen: die Signale können dadurch gestört werden. Dieses Problem löst man mit einem sogenannten **Abschlußwiderstand**, der die Elektronen sozusagen „auffängt", ihnen ein *endlos* langes Kabel vorgaukelt. Wenn ein Abschlußwiderstand in Form eines Jumpers am Laufwerk angebracht werden muß, so stets nur am *letzten* Laufwerk in der Reihe. Es gibt aber auch Bauvarianten, in denen jedes beteiligte Laufwerk einen „Teilwiderstand" enthält, so daß für das letzte Laufwerk keine besondere Vorkehrung getroffen werden muß. Genaueres finden Sie im Datenblatt des Laufwerks.

5.4.5 Einbau eines zweiten Diskettenlaufwerkes

Hier folgen nun die einzelnen Schritte, um den PC mit einem zweiten Diskettenlaufwerk zu ergänzen. In jedem Fall sollte aber zuvor der Abschnitt 5.4 ganz gelesen werden.

Vorbereitung: Schraubenzieher, Schachteln, Notizblock bereitlegen,
                   PC auf einen genügend großen Tisch stellen,
                   Stromanschluß in Reichweite.

1. Schritt   PC-Netzstecker ziehen, Kabel zu den Peripheriegeräten abschrauben und abziehen.

2. Schritt   Gehäuseschrauben lösen und sofort (in Schachteln) ablegen, Gehäuse öffnen, regelmäßiges **Erden nicht vergessen (metallene Gehäuseteile berühren)!**

3. Schritt   Prüfen:

   • Ist Platz für ein zweites Laufwerk da (Schacht, also Schraubhalterung mit Frontblende)?

- Falls ein 3 ½-Zoll-Laufwerk eingebaut werden soll: Ist ein entsprechend kleiner Schacht vorhanden, oder ist ein Einbaurahmen für einen 5 ¼-Zoll-Schacht nötig?

- Ist ein freies Stromkabel vorhanden? Steckerform notieren.

- Hat das Datenkabel zu Laufwerk 1 einen zweiten Anschluß (in der Mitte)? Anschlußform notieren (falls nicht zwei Anschlußformen vorhanden).

4. Schritt   Einkauf des geeigneten Laufwerks:

Größe	3 ½ Zoll oder 5 ¼ Zoll
Typ	HD (oder DD bei einem 8086-PC)
bei Bedarf	Einbaurahmen für ein 3 ½-Zoll-Laufwerk,
	Stromkabeladapter für die Buchse am 3 ½-Zoll-Laufwerk,
	Y-Weiche, falls kein freies Stromkabel mehr vorhanden,
	Datenkabel mit *zwei* Anschlüssen,
	Datenkabeladapter für Buchse am 3 ½-Zoll-Laufwerk.

Achten Sie auf genügend viele Schrauben für den Einbau und Jumper für die Konfigurierung.
Datenblatt oder technisches Handbuch sowie Einbauanleitung nicht vergessen, auch für den Einbaurahmen!

5. Schritt   Stromkabeladapter oder -weiche an ein Stromkabel stecken.

Datenkabel am Controller (Steckkarte) austauschen oder Kabeladapter anschließen. Auf die Form achten, da mit Hilfe von Nasen oder Brücken die korrekte Polung von Stecker und Buchse vorgegeben ist. Die Pin-1-Kante des Kabels muß an der Pin-1-Markierung der Steckbuchse liegen.

6. Schritt   Mit Hilfe der Einbauanleitung am Laufwerk nach den DS-Jumpern (Drive Select = Laufwerksauswahl) suchen (siehe auch Abb. 5.13).

Ist das Datenkabel **gerade**: Auf dem Laufwerk am Ende den Jumper so stecken, daß die Kontaktstifte mit der niedrigsten Nummer verbunden sind. Am Laufwerk in der Mitte werden die Stifte mit der zweitniedrigsten Nummer verbunden.

Ist das Datenkabel **gedreht**: Auf beiden Laufwerken die Jumper so stecken, daß die Stifte mit der zweitniedrigsten Nummer verbunden sind.

Eventuell muß am Laufwerk in der Mitte ein **Abschlußwiderstand** (Jumper) entfernt oder am hinteren Laufwerk ein **Abschlußwiderstand** aufgesteckt werden. Das entnehmen Sie bitte der Einbauanleitung. Ebenso prüfen Sie hier bitte, ob (herstellerbedingt) weitere Jumper oder Schalter zu setzen sind.

Alle Jumper-Veränderungen notieren!

7. Schritt   Gegebenenfalls das Laufwerk in den Einbaurahmen gemäß Anleitung montieren.

8. Schritt   Strom- und Datenkabel gemäß Form und Pin-1-Markierung auf die Laufwerksbuchsen stecken (siehe Abb. 5.6 und 5.8).

9. Schritt   Alle Kabelverbindungen sorgfältig prüfen, keine Schrauben oder Schraubenzieher im offenen PC lassen.

10. Schritt   Nun ist das Laufwerk angekoppelt, aber noch nicht eingebaut. Legen Sie es waagerecht ab. Jetzt den PC ans Netz anschließen, starten. Das BIOS-Setup (je nach Aufforderung mit <Entf> oder <F1> etc.) aufrufen.

11. Schritt   Im **Standard CMOS Setup** den „Floppy Drive" A: oder B: mit Hilfe der Bewegungstasten (Tastenhinweise am unteren Bildschirmrand) typgerecht anmelden (z.B.: 1.44 MB, 3 ½ Zoll), CMOS je nach Angabe am Bildschirmrand beenden und PC „booten" (nicht vergessen: die Rückfrage „write … and exit" mit „Z" statt „Y" beantworten!).

12. Schritt   Im Betriebssystem beide Laufwerke testen, z.B. mit DIR.

13. Schritt   Bei Erfolg: Abschalten, Netzstecker ziehen, weiter bei Schritt 14.

Bei Mißerfolg: Abschalten, Netzstecker ziehen, alle Kabelverbindungen, Jumper, auch die Einbauanleitung noch einmal prüfen. Obige Schritte wiederholen. (Bei 3 ½-Zoll-Laufwerken oder auch auf der Controllerkarte kann das **Datenkabel verkehrt herum** aufgesteckt sein!)

14. Schritt   Falls zum Einsetzen oder Verschrauben des Laufwerks in seinem Schacht weitere Laufwerke oder Steckkarten im Weg sind, für jedes davon einzeln folgende Schritte erledigen:

- äußere Kabelverbindungen notieren und entfernen,

- abschrauben, Schrauben aufsammeln,

- Stellung des zu entfernenden Bauteils und aller inneren Kabelverbindungen notieren,

- Steckkarten an den Schmalseiten anfassen und (kräftig) senkrecht nach oben ziehen,

- Laufwerke sorgfältig beiseite legen.

15. Schritt   Gehäuseblende vor dem Laufwerksschacht entfernen.

16. Schritt   Laufwerk in den Schacht einsetzen, so daß die Frontblende das Gehäuse schließt, verschrauben.

17. Schritt   Die in Schritt 14 entfernten Steckkarten und Laufwerke in umgekehrter Reihenfolge wieder einbauen. Karten sorgfältig auf den Sockel setzen, so daß die Blende am Gehäuseschlitz anliegt, kräftig eindrücken, Blende verschrauben, Kabel einstecken. Auf die Pin-1-Marken achten.

18. Schritt   PC-Gehäuse schließen, verschrauben, starten, abschließender Test im Betriebssystem.

Notieren Sie sich lieber einen Arbeitsgang mehr als zu wenig, um bei Problemen alle Schritte noch einmal nachvollziehen oder rückgängig machen zu können. Der Einbau ist durchaus von Laien machbar – nur kann der PC Ihnen höchstens melden, *daß* etwas nicht stimmt, aber nie, *was* nicht stimmt!

➝ Benutzen Sie zum **Test** eines Laufwerks nie eine Diskette mit wichtigem Inhalt: Ein falsch angeschlossenes Datenkabel kann zum Verlust der Daten führen.

5.4.6 Kontrolle der Diskettenlaufwerke im Problemfall

Ist ein PC schon längere Zeit in Benutzung, so können gelegentlich Laufwerksprobleme auftreten. In der Regel zeigen sie sich darin, daß eine eingeschobene Diskette vom Betriebssystem als „nicht lesbar" bezeichnet wird mit einer der folgenden (oder ähnlichen) Meldungen:

Meldung deutsch	Meldung englisch
Allgemeiner Fehler beim Lesen von Laufwerk x	General error reading drive x
Nicht bereit beim Lesen von Laufwerk x	not ready error drive x
(beim Formatieren:) Spur 0 fehlerhaft	track 0 bad
Falsches Medium	wrong medium

Verschiedene Ursachen können Sie selbst abklären. Wundern Sie sich nicht über die simplen Ursachen: Im Eifer des „Gefechts" mit dem PC passieren einem die wunderlichsten Dinge.

➜ Irrtümer:

Falsches Laufwerk angesprochen:

Die Diskette ist in Laufwerk B:, Sie aber haben einen Befehl für A: gegeben.

Wiederholen Sie den Befehl und beobachten Sie die Kontrollampen der Laufwerke!

Laufwerk nicht oder nicht korrekt verriegelt:

Nehmen Sie die Diskette heraus, schieben Sie sie erneut ein, prüfen Sie die Verriegelung, wiederholen Sie den Befehl.

Diskette verkehrt herum eingeschoben:

Vorsicht: bei 3 ½-Zoll-Disketten geht das nur mit Gewalt und zerstört die Laufwerksmechanik!

Nehmen Sie die Diskette heraus und prüfen Sie die Oberseite:

5 ¼-Zoll-Diskettenhüllen haben die „Schweißnähte" *unten,*

3 ½-Zoll-Diskettenhüllen haben die metallene Antriebsplatte *unten.*

Bei senkrecht angebrachten 3 ½-Zoll-Laufwerken: „unten" ist diejenige Seite des Schlitzes, an der auch die Auswurftaste zu finden ist!

Diskette nicht formatiert:

Eine unformatierte oder mit einem anderen Computertyp formatierte (z.B. auf einem Atari oder Apple Macintosh) Diskette erzeugt einen Lesefehler, da für DOS keine Spuren und Sektoren zu finden sind. Die Diskette ist nicht benutzbar (außer nach erneuter Formatierung).

Diskette mit „unpassender" Magnetschichtqualität:

Ein „normaler" Formatbefehl kann, angewandt auf eine DD-Diskette in einem HD-Laufwerk, zu einer Fehlermeldung führen. Modifizieren Sie den Befehl gemäß Ihrem DOS-Handbuch für DD-Disketten.

DOS ab Version 4: FORMAT x: /F:kilobytezahl.

➜ Technische Fehler:

Laufwerk nicht ansprechbar, obwohl die Kontrollampe leuchtet:

Leuchten an allen vorhandenen Diskettenlaufwerken die Kontrollampen, aber Sie erhalten keine Reaktion auf Ihren Befehl (eventuell hören Sie sogar ein Klappern), so kann das an einem **verkehrt aufgesteckten Datenkabel** am 3 ½-Zoll-Laufwerk liegen.

Laufwerk ist verschmutzt:

Haben Sie alle Irrtümer gemäß dieser Checkliste ausgeschlossen, können Sie die Problemdiskette sogar auf einem anderen (gleichwertigen) PC lesen, so ist das Laufwerk möglicherweise verschmutzt. **Reinigungsdisketten** sind (mit Anleitung) im Fachhandel erhältlich.

(Ältere) Diskette ist auf *keinem* PC lesbar:

Die Schreib-Lese-Köpfe im Diskettenlaufwerk **schleifen** auf der Platte. Dadurch wird die Magnetschicht mit der Zeit abgenutzt: Daten werden unlesbar. Vielbenutzte Disketten sollten also rechtzeitig ersetzt werden. Formatieren Sie gebrauchte Disketten, deren Inhalt nicht mehr benötigt wird, stets neu vor Benutzung: das FORMAT-Programm erkennt und markiert unbrauchbar gewordene Stellen der Oberfläche.

Zuletzt: Ist in einem Laufwerk *keine* Diskette ansprechbar, hilft auch Reinigen nichts, so muß der Techniker her.

5.5 PC-Standardausrüstung: Festplattenlaufwerk(e)

Festplatten, „Hard disks" (engl. hard: hart, fest; disk: Scheibe), gehören seit Entwicklung des **AT**-Computers, also ab 80286-CPU, zur Normalausstattung eines PCs. Sie sind mit ihrem Laufwerk fest verbunden, müssen keine Verschmutzung durch Umwelteinflüsse berücksichtigen und können sich daher eine hochkapazitive, sehr enge Speicherung erlauben.

Das Laufwerk braucht zwar einen **Einbauschacht** im PC, aber keinen Zugang von außen. Festplattengehäuse bergen oftmals einen ganzen Plattenturm (der nach außen hin als *eine* Platte benutzt wird) mit einem „Kamm" von Schreib-Lese-Köpfen, so daß auf engstem Raum Millionen von Bytes gespeichert werden können (Abb. 5.15). Die Ausmaße eines Festplattenlaufwerks sind heutzutage höchstens die eines 3 ½-Zoll-Diskettenlaufwerks, und das bei Kapazitäten von einigen 100 MB (Abb. 5.14).

Abb. 5.14: 3 ½-Zoll-Festplattenlaufwerk mit Anschlußkontakten

Die Technologie solcher Platten ist sehr kompliziert und auf höchste Präzisionsarbeit zwischen Ansteuerung durch die Zentrale, Motor- und Schreib-Lese-Kopf-Bewegung abgestimmt. Öffnet man ein Festplattenlaufwerk, so bedeutet das die **sichere Zerstörung der empfindlichen Daten.**

Abb. 5.15: Festplattenlaufwerk von innen

Im Laufe der Jahre sind verschiedene Ansteuerungsverfahren entwickelt worden, die sich nicht unbedingt miteinander vertragen.

→ Faustregel: In einem PC sollten nur Festplatten mit **demselben** Ansteuerungsverfahren und vom **gleichen Hersteller** verwendet werden, um unnötige Komplikationen zu vermeiden.

5.5.1 Festplattenansteuerung

Auch eine Festplatte braucht zum Datenaustausch mit der PC-Zentrale eine **Schnittstelle**, einen „Signalübersetzer", den sogenannten **Festplattencontroller** (engl. control: steuern). Er übernimmt die Umwandlung elektrischer in magnetische Codierung und die Ansteuerung des Motors zur korrekten Positionierung des Schreib-Lese-Kopfes im Laufwerk.

Festplatten älteren Typs haben einen Controller auf einer Steckkarte, sozusagen parallel zum Diskettencontroller. Vielfach findet man auch Disketten- und Festplattencontroller auf einer einzigen **Kombikarte**. Sie ist daran zu erkennen, daß von ihr Datenkabel zu sämtlichen Laufwerken ausgehen.

→ Ein vieladriges Flachband-Datenkabel (die Anzahl der Adern ist vom Typ des Controllers abhängig) verbindet Karte und Laufwerk. Das Laufwerk erhält Strom vom Netzteil über ein vierpoliges Kabel, die Steckkarte erhält Strom und Daten über ihren Bus-Steckplatz.

Abb. 5.16: Stromanschluß am Laufwerk

Abb 5.16 zeigt, daß das Stromkabel aufgrund der unregelmäßigen Form nicht falsch herum aufgesetzt werden kann.

Der Controller leistet nicht nur die magnetisch-elektrische Umcodierung der Daten, sondern er weist auch den Motor für die Schreib-Lese-Köpfe ein, der sehr präzise und schnell die einzelnen Spuren anfahren muß. Bei der sehr hohen Drehgeschwindigkeit solcher Platten (ca. 3600 Umdrehungen pro Minute gegenüber 300 Umdrehungen pro Minute bei Disketten) muß der Controller sehr schnell den richtigen Sektor erkennen und dann sofort Daten schreiben oder lesen. Muß ein Steuersignal dabei zwischen Controller und Platte zuerst einmal 30 cm Kabel überwinden, dann zeigt sich schon ein Verzögerungsproblem: beim nachfolgenden Signal ist der nächste gesuchte Sektor schon „vorbeigedreht".

Daher wurde ein anderes Konzept entwickelt: der Controller wird direkt *auf* dem Laufwerk untergebracht, damit die Motoransteuerung und nachfolgende Datencodierung und -speicherung auf dem *kürzesten* Weg geschehen kann. Die elektrischen, CPU-lesbaren Bytes werden über ein Datenkabel von einer Steckkarte zum Laufwerkscontroller übertragen und dort zwischengespeichert, bis der richtige Sektor gefunden ist. Umgekehrt werden die von der Festplatte gelesenen Daten in einem Zwischenspeicher im Controller gesammelt und – fertig umcodiert – über das Datenkabel zurück zur Zentrale geschickt. Die Steckkarte hat fast nichts mehr zu tun, sie stellt nur noch so etwas wie eine „Busabzweigung" zum Laufwerk dar. Solche Steckkarten heißen dann **Adapter**. Laufwerke mit integriertem Controller werden als **intelligent** bezeichnet, da sie alle Umwandlungsarbeit selbständig erledigen.

Es gibt auch dafür verschiedene Strategien, die unterschiedliche Vor- und Nachteile haben. Die gebräuchlichsten Laufwerkstypen und ihre Unterschiede betreffend Einbau und „Aufrüstung" wollen wir ab Abschnitt 5.5.6 kurz vorstellen.

Soweit sie den Einbau betreffen, beziehen sich diese Unterschiede weniger auf die Festplatte selbst als auf die **Schnittstelle**, also die Art der Ansteuerung des Laufwerks. Ob im Laufwerk tatsächlich eine oder drei Platten, pro Platte 1000 oder 2000 Spuren benutzt werden, muß die Anwender bei den „intelligenteren" Laufwerken gar nicht mehr interessieren. Nach außen hin vermittelt die Festplatte jeweils das Bild *einer* Platte mit der Kapazität von x MB, und die Anzahl und Verteilung der Spuren interessiert nur BIOS und Betriebssystem.

5.5.2 Bushaltestelle und Ansteuerung mit BIOS

Zunächst einmal ist auch die Festplattenschnittstelle einfach eines der Geräte, die an den Systembus der Hauptplatine angeschlossen werden. Wie ein jedes erhält sie eine freie **Adresse** aus dem E/A-Adreßbereich und, wenn nötig, auch einen **DMA-** und einen **Interrupt-Kanal**. In der Regel ist die Festplattenschnittstelle auf einer Steckkarte untergebracht, oft auf einer Kombikarte zusammen mit dem Diskettencontroller. Ist die Festplattenschnittstelle zu einem simplen **Adapter** geschrumpft, weil die eigentliche Ansteuerung, der **Controller**, auf dem Laufwerk untergebracht ist, so besteht sie nur noch aus wenigen Schaltungen. Einige Hersteller haben einen solchen Adapter dann schon direkt auf der Hauptplatine untergebracht. Der Nachteil dieser Methode ist, daß der Adapter dann nicht mehr gegen einen anderen (besseren, schnelleren) austauschbar ist, wie das bei einer Steckkarte der Fall ist. Erkennen kann ich einen solchen Sonderfall leicht: der Anfang des Datenkabels zum Festplattenlaufwerk steckt dann direkt auf der Hauptplatine.

Auch die Festplatte(n) können mit Hilfe von **BIOS-Routinen** bedient werden, also im ROM angesiedelten Hilfsprogramme, die von allen weiteren Programmen aufgerufen werden können. Die BIOS-Routinen müssen die Einteilung der Platte in Spuren (bzw. Zylinder, also übereinanderliegende Spuren) und Sektoren kennen, um die Sektoren korrekt aufzufinden. Da es sehr unterschiedliche Festplatten gibt, kennt ein BIOS eine ganze Reihe von Festplatten**typen** mit unterschiedlicher „Geometrie". Jeder Typ ist mit einer Typnummer versehen. Im **BIOS-Setup** kann der Typ für die jeweils eingebaute Festplatte ausgewählt werden. Ein Beispiel dazu zeigt Abb. 5.17. Beim Selbsteinbau einer Festplatte müssen diese Zahlen dem Datenblatt der Platte entnommen werden.

```
                          Cyln  Head  WPCom  LZone  Sect  Size
Hard disk C: type  : 17   977   5     300    977    17    41 MB
```

Abb. 5.17: Ausschnitt aus dem Standard-CMOS-Setup: Festplattentyp

Englisch-Lesehilfe zu Abb. 5.17:

Hard disk	Festplatte
Type	Typ
Cyln	Zylinder(anzahl)
Head	Kopf(anzahl)
WPCom	Write Precompensation: Schreibvorkompensation – siehe 5.5.3
LZone	Landing Zone: Zone mit vermindertem Schreibstrom – siehe 5.5.3
Sect	Sektor(anzahl)
Size	Größe, Kapazität

Leider gibt es immer noch mehr Festplattentypen als im BIOS voreingestellt. Dafür bietet das BIOS-Setup an, einen **USER TYPE**, also **benutzerdefinierten Typ**, einzurichten (Abb. 5.18). Im allgemeinen ist das Typ Nr. 47; manchmal sind auch zwei Benutzertypen vorgesehen (falls zwei Laufwerke von unterschiedlichem Typ eingerichtet werden sollen). Wähle ich den USER-Typ für eine neue Festplatte, so muß ich die „Plattengeometrie" selbst eintragen: ohne Datenblatt eine Unmöglichkeit.

➜ Kennen Sie die genaue Geometrie der Platte nicht, können Sie versuchsweise einen Typ anmelden mit etwas **kleinerer Kapazität**, aber **gleicher Kopfzahl**.

```
                              Cyln  Head  WPCom  LZone  Sect  Size
Hard disk C: type : 47=USER TYPE  1024  10    1024   1025   17    85 MB
```

Abb. 5.18: Standard-CMOS-Setup (Ausschnitt): Benutzerdefinierter Festplattentyp

Ein BIOS unterstützt **maximal zwei Festplatten**, wie wir dem Setup-Bildschirm entnehmen können. Um mehr als zwei Festplatten einzubauen, brauche ich spezielle Controllerarten, die das unterstützen, die also selbständig mehrere Festplatten an das System anbinden. Dazu mehr in den Abschnitten über die gängigen Controllertypen.

➡ **Notieren** Sie sich die Geometriedaten Ihrer Festplatte, um sie nach einem (BIOS-) Fehlerfall, der die Peripheriedaten aus dem CMOS-RAM gelöscht hat, wieder im Setup eintragen zu können.

Auch das Betriebssystem (DOS) umfaßt die notwendigen **Treiber,** um (mit Hilfe des BIOS) bis zu zwei Festplatten zu betreuen, die es mit C: und D: bezeichnet.

5.5.3 Kritische Eigenschaften und Probleme bei Festplatten

Mechanische Zerstörung der Oberfläche

Festplatten speichern Daten in großer Dichte und mit hoher Geschwindigkeit. Damit der Schreib-Lese-Kopf die Bits nicht selbst wieder zerstört, berührt er die Plattenoberfläche gar nicht während der Arbeit: die Plattendrehung erzeugt ein kleines **Luftpolster** (nur Tausendstel von Millimetern), auf dem der Kopf *fliegt.* Die elektrischen und magnetischen Felder, mit denen er Bits schreibt und liest, breiten sich über diesen Spalt hinweg aus.

Wird nun die Platte **gebremst,** so landet der Kopf auf der Oberfläche.

➡ Eine sehr plötzliche Landung oder eine heftige äußere Erschütterung des Laufwerks, die den Kopf zum „Hopsen" bringt, kann dazu führen, daß der Kopf auf der Platte **kratzt** und damit sehr schnell und sehr endgültig **Daten zerstört.**

Gegen diesen gefürchteten **Head crash** (engl. head: Kopf und crash: Absturz) hilft nur,

➡ den PC während des Betriebs keinen heftigen Erschütterungen auszusetzen und

➡ die Schreib-Lese-Köpfe vor dem Abschalten zu **parken,** das heißt, sie zu einer reservierten (Park-)Spur zu fahren, die keine Daten enthält.

Moderne Festplatten haben einen **automatischen Parkmechanismus**; insbesondere Festplatten in Notebooks oder Laptops, die ja auch in Fahrzeugen, also in bewegter Umgebung noch benutzbar sein sollen, parken ihre Schreib-Lese-Köpfe rechtzeitig automatisch, z.B. mit Hilfe einer Rückhaltefeder. Ein PC mit einer älteren Festplatte ist meistens mit einem Programm namens **PARK** oder **DISKPARK** ausgerüstet, welches zumindest **vor einem PC-Transport unbedingt aufgerufen werden** sollte.

→ Einen Tisch- oder Turm-PC bitte nur **abgeschaltet** bewegen und transportieren!

Magnetische Probleme

Einige Festplattentypen (mit bestimmter Magnetschicht) kämpfen mit dem Problem, daß die Bits auf den inneren Spuren, die ja sehr dicht beieinander liegen, „ins Schwimmen geraten" können, also von ihrer eigentlichen Position abrutschen. Diesem Problem kann der Controller begegnen, indem er entweder im Innenbereich der Platte mit **vermindertem Schreibstrom** arbeitet oder die Bits dort etwas anders ablegt, bildlich gesprochen: „etwas höher" – da sie ja von selbst „abrutschen". Dieses Verfahren heißt **Schreibvorkompensation**. Nur bei einigen Festplatten ist es Aufgabe der Anwenderin, darauf Einfluß zu nehmen. Festplatten mit eingebautem Controller regeln diese Probleme selbständig. Ist der Controller vollständig auf einer Steckkarte, so müssen dem **BIOS** die Spuren (bzw. Zylinder) angegeben werden, ab denen vorkompensiert bzw. mit vermindertem Strom geschrieben wird. Dazu dient der Eintrag im BIOS-Setup, der den Festplattentyp festlegt (siehe Abb. 5.17 und 5.18). Die Felder **WPCom** (Write Precompensation: Schreibvorkompensation) und **LZone** (Zone mit vermindertem Schreibstrom) müssen mit einer Zylindernummer (gemäß Datenblatt der Festplatte) belegt werden. Benötigt die Platte hier keine Sonderbehandlung, so steht in einem oder beiden Feldern 0 oder der Maximalwert an Zylindern oder gar ein Wert, der größer ist als die höchste Zylindernummer (in Abb. 5.17 ist unter LZone die Anzahl der Zylinder, 977, eingetragen). Paßt die Festplatte zu einem der vordefinierten BIOS-Typen, so sind diese beiden Zahlen bereits vorgegeben. Bei einem benutzerdefinierten Festplattentyp muß ich mich an das Datenblatt der Festplatte halten, um hier die richtigen Werte einzutragen.

Positionieren und Korrigieren

Da auf wenigen Quadratzentimetern Plattenfläche über 1000 Spuren untergebracht sind, passiert es sehr leicht, daß der Motor den Schreib-Lese-Kopf über die anzufahrende Spur „hinausschießen" läßt: Er muß ihn dann zurückziehen und **neu positionieren**. Das geschieht automatisch und wird in der Regel von der Benutzerin gar nicht bemerkt. Auch können dermaßen dicht gespeicherte Bits gelegentlich „verlorengehen": Statt 1 steht 0 da oder umgekehrt. Damit auch solche Fehler möglichst automatisch behoben werden, speichert der Controller die Bytes in einem speziellen **fehlerkorrigierenden Code** (im Fachenglisch „Error Correcting Code" oder ECC genannt). Der ergänzt ein Datenbyte so geschickt um einige weitere Bits, daß die Verfälschung *einzelner* Bits erkannt und sogar automatisch behoben werden kann. Eine geeignete Prüf- und Korrekturschaltung ist Teil des Festplattencontrollers.

Bei *jedem* Plattenzugriff können Fehlpositionierungen ausgeglichen und Fehlerbits korrigiert werden, ohne daß das Programm oder gar die Anwenderin etwas davon bemerkt. Mit dem Alterungsprozeß der Festplatte können sich diese Effekte aber häufen.

→ Dauern sämtliche Lese- und Schreib-Aufträge an die Festplatte deutlich länger als früher und sind sie von deutlichen **Festplatten***motorgeräuschen* („Rappeln") begleitet, so *kann* das ein Indiz dafür sein, daß die Festplatte erheblich mehr Fehlpositionierungen korrigieren muß als es normal ist. Ein Techniker sollte konsultiert werden.

Batterieprobleme

Wenn die PC-Batterie, die die Konfigurationsdaten im CMOS-RAM am Leben erhält, zu schwach wird, kann es passieren, daß die Laufwerke „abgemeldet" sind. Sie müssen dann im BIOS-Setup wieder angemeldet werden.

→ Notieren Sie sich unbedingt die Daten Ihrer Festplatte(n) im BIOS-Setup, so daß Sie sie im Bedarfsfall wieder eintragen können. Haben Sie das Setup aufgerufen (<Entf> oder <F1>), so können sie den Standard-Setup-Bildschirm durch Druck auf die Druck- oder PrtScr-Taste auf einen angeschlossenen Drucker ausgeben.

Softwarebedingte Probleme

Langdauernde Lese- und Schreib-Vorgänge können auch auf eine sehr fragmentierte Festplatte hinweisen: Ist eine Festplatte sehr voll, so können neue Dateien nur stückweise (sektorweise) auf kleine Lücken verteilt werden. Eine „gestückelte" Datei zu speichern oder zu lesen dauert erheblich länger als die Übertragung einer zusammenhängenden Datei.

→ Geeignete **Defragmentierungsprogramme** sortieren die Dateiteile neu, was die Übertragungsvorgänge erheblich beschleunigt.

→ Gewöhnen Sie sich vorsichtshalber sorgfältige **Datensicherung** an:

● vor jeder Defragmentierung,

● vor einem größeren PC-Transport,

- vor einer Generalüberholung in der Werkstatt,

- am besten in gleichbleibenden Abständen (je nach Arbeitsintensität täglich, wöchentlich, monatlich o.ä.)

  sollte die Festplatte **gesichert** werden. Um für alle Fälle gerüstet zu sein, sollten Sie

- alle **Programme** auf Originaldisketten bereithalten,

- alle **Daten** in regelmäßigen Abständen auf Disketten (oder Bändern) sichern, also duplizieren,

- eine **Systemdiskette** für Laufwerk A: bereithalten, mit der Sie den PC bei Ausfall der Festplatte starten können. Unter DOS bedeutet das:

  FORMAT A:/S, dann Kopieren der Dateien AUTOEXEC.BAT, CONFIG.SYS, FORMAT.*, FDISK.* und aller wichtigen Treiberdateien auf diese Diskette.

➜ Treiberdateien erkenne ich an der Namensergänzung .SYS und an einer Zeile der Art „**DEVICE**=Treiberdatei" in der Datei CONFIG.SYS.

5.5.4 Leistungsmerkmale

Heutzutage wird auch die größte Festplatte erschreckend schnell voll. Vor Neuanschaffung einer Festplatte (oder Installation einer zweiten) informieren Sie sich natürlich über deren Qualitäten. Dabei werden Sie vor allem mit den folgenden Merkmalen konfrontiert:

- Kapazität

- mittlere Zugriffszeit

- Datenübertragungsrate

Die **Kapazität** ist dabei im allgemeinen ausschlaggebend. Bei den heutigen Programmen genügen 40-MB-Platten oft nicht einmal mehr für die Software, geschweige denn für die Daten. Arbeite ich dazu noch mit Grafiken, so sind einige Hundert Megabyte Platz nicht zuviel. Beachten Sie bei Kapazitätsangaben, daß MB (1024x1024 Byte) mehr sind als *Millionen* Bytes, und daß die *formatierte* Kapazität bis zu 20% unter der unformatierten liegen kann, da das Formatieren, das Abteilen der Sektoren, mit Hilfe einiger Organisationsbytes geschieht.

➜ Nur die **formatierte** Kapazität einer Festplatte, angegeben in **Megabyte**, ist ein brauchbarer Vergleichswert.

Die **mittlere Zugriffszeit** gibt die durchschnittliche Zeit an, in der ein beliebiger Sektor vom Schreib-Lese-Kopf erreicht wird. Im günstigsten Fall steht der Schreib-

Lese-Kopf direkt vor dem Sektor, im ungünstigsten ist fast eine ganze Plattendrehung und eine Kopfverschiebung quer über die Platte erforderlich. Beide Zeiten werden gemessen und der Mittelwert gebildet. „Schnelle" Platten brauchen heute nur noch etwa 12 ms (Millisekunden, also Tausendstel Sekunden) im Durchschnitt. Diese Zahl ist vor allem wichtig, wenn Sie viele Such- und Sortiervorgänge auf Ihrer Platte auszuführen haben (typischerweise in Datenbanken, also Karteiverwaltungen größeren Umfangs).

Die **Datenübertragungsrate** ist die Anzahl übertragener Bytes pro Sekunde. Sie ist nicht nur davon abhängig, wie schnell der Schreib-Lese-Kopf die Bytes schreiben oder lesen kann, sondern auch von der Umcodierzeit im Controller und der Übertragungszeit zwischen RAM und Controller über den Systembus. Gerade die Übertragung vom/zum RAM muß schnell genug sein, damit der Controller die erste „Fuhre" Daten (einen Sektorinhalt) bereits abgeliefert hat, wenn der Schreib-Lese-Kopf über dem nächsten Sektor schwebt. Der Systembus kann sich da als gewaltige Bremse erweisen. Deswegen halten manche Fachleute die tatsächliche, *gemessene* Datenübertragungsrate für wichtiger zur Beurteilung der Plattengeschwindigkeit als die Zugriffszeit.

Schnelle Festplatten haben daher einen **Cache** (sprich „käsch"; von französisch cacher: verbergen), einen Auffangspeicher im Controller, der (z.B.) eine ganze Spur Daten aufnehmen kann. Damit wird die Übertragung zwischen Platte und RAM im Cache **gepuffert**: Während Schreib-Lese-Kopf und Controller den Cache schnell füllen, kann er im Tempo des Systembusses zum RAM hin entleert werden. Andersherum kann natürlich der Cache vom RAM her gefüllt werden, während noch der nächste freie Plattensektor gesucht wird. Ohne Cache muß der PC notfalls zwischen zwei einzulesenden oder zu beschreibenden Sektoren eine ganze Plattenumdrehung abwarten.

5.5.5 Einbau einer Festplatte

Wir gehen hier davon aus, daß Ihr PC bereits eine Festplatte enthält. Um eine weitere einzubauen, sollten Sie den Typ und die Merkmale des ersten Laufwerks identifizieren können, da der Einbau eines ganz anderen Typs Festplatte mit erheblichem Konfigurationsaufwand (freie E/A-Adressen auswählen u.ä.) verbunden ist.

➜ Die zweite Festplatte in einem PC sollte vom gleichen Hersteller und Controllertyp sein wie die erste.

In diesem Abschnitt beschreiben wir die *gemeinsamen, controllerunabhängigen* Schritte des Festplatteneinbaus. Lesen Sie also zusätzlich den Abschnitt, der sich auf den

Controllertyp in *Ihrem* PC bezieht, um dessen Eigenheiten beim Einbau zu berücksichtigen.

Vorbereitung: **Systemdiskette** erstellen, Daten der Festplatte komplett **sichern.**
Schraubenzieher, Schachteln, Notizblock bereitlegen,
PC auf einen genügend großen Tisch stellen,
Stromanschluß in Reichweite.

1. Schritt PC-Netzstecker ziehen, Kabel zu den Peripheriegeräten abschrauben und abziehen.

2. Schritt Gehäuseschrauben lösen und sofort (in Schachteln) ablegen,
Gehäuse öffnen, regelmäßiges **Erden nicht vergessen (metallene
Gehäuseteile berühren)!**

3. Schritt Prüfen:

- Ist Platz für ein zweites Laufwerk da (Schacht)? Oftmals ist
  unter dem ersten Laufwerk ein freier Platz, so daß die andere
  Festplatte zuerst ausgebaut werden muß.

- Ist ein freies Stromkabel vorhanden? Steckerform notieren.

- Hat das Datenkabel zu Laufwerk 1 einen zweiten Anschluß?

4. Schritt Einkauf des geeigneten Laufwerks:

Gleicher Hersteller, gleicher Controllertyp;

Datenblatt des ersten Laufwerks beim Einkauf mitnehmen!

bei Bedarf Einbaurahmen für ein Laufwerk mit
3 ½-Zoll-Maßen, das in einem 5 ¼-Zoll-Schacht
Platz finden muß;

Y-Weiche, falls kein freies Stromkabel mehr
vorhanden;

Datenkabel mit *zwei* Anschlüssen, passend zum
Controllertyp;

Achten Sie auf genügend viele Schrauben für den Einbau und
Jumper für die Konfigurierung.

Datenblatt oder technisches Handbuch sowie Einbauanleitung
nicht vergessen, auch für den Einbaurahmen!

5. Schritt   Bei Bedarf Stromkabelweiche an ein Stromkabel stecken.

Bei Bedarf Datenkabel am Controller (Steckkarte) austauschen. Auf die Form achten, da mit Hilfe von Nasen oder Brücken die korrekte Polung von Stecker und Buchse vorgegeben ist. Die Pin-1-Kante des Kabels muß an der Pin-1-Markierung der Steckbuchse liegen.

→   Hat Ihr Kabel keine Pin-1-Markierung, so probieren Sie eine Stellung aus. Läßt sich das Laufwerk dann nicht ansprechen (Schritt 12), drehen Sie als erstes (im abgeschalteten Zustand) das Kabel um.

6. Schritt   Mit Hilfe der Einbauanleitung am Laufwerk die nötigen Jumper/ Schalter einstellen. Das ist abhängig vom **Controllertyp!**

Eventuell muß am Laufwerk in der Mitte ein **Abschlußwiderstand** (Jumper) entfernt oder am hinteren Laufwerk ein **Abschlußwiderstand** aufgesteckt werden. Das entnehmen Sie bitte der Ein bauanleitung.

Ein Abschlußwiderstand spiegelt den elektrischen Signalen ein endlos langes Kabel vor und verhindert somit ein – signalveränderndes – Echo im Kabel durch Zurücklaufen des Stroms.

Alle Jumper-Veränderungen notieren, um sie eventuell rückgängig machen zu können!

7. Schritt   Gegebenenfalls das Laufwerk in den Einbaurahmen gemäß Anleitung montieren.

8. Schritt   Strom- und Datenkabel gemäß Form und Pin-1-Markierung auf die Laufwerksbuchsen stecken (siehe auch Abb 5.14 und 5.16).

9. Schritt   Alle Kabelverbindungen sorgfältig prüfen, keine Schrauben oder Schraubenzieher im offenen PC lassen.

10. Schritt   Nun ist das Laufwerk angekoppelt, aber noch nicht eingebaut. Legen Sie es waagerecht ab. Jetzt den PC ans Netz anschließen, starten. Das BIOS-Setup (je nach Aufforderung mit <Entf> oder <F1> etc.) aufrufen.

11. Schritt   Im **Standard CMOS Setup** den neuen Festplattentyp **je nach Controller** und Datenblatt anmelden, CMOS je nach Angabe am Bildschirmrand beenden und PC „booten" (nicht vergessen: die Rückfrage „write ... and exit" mit „Z" statt „Y" beantworten!).

12. Schritt   Im Betriebssystem das neue Laufwerk **formatieren** (DOS: FDISK, FORMAT). Auch dabei ist der Controllertyp zu beachten, da eventuell eine Vorformatierung nötig ist, die DOS nicht ausführen kann (siehe unten).

13. Schritt   Bei Erfolg: Abschalten, Netzstecker ziehen, weiter bei Schritt 14.

Bei Mißerfolg: Abschalten, Netzstecker ziehen, alle Kabelverbindungen, Jumper, auch die Einbauanleitung noch einmal prüfen. Obige Schritte wiederholen.

14. Schritt   Falls zum Einsetzen oder Verschrauben des Laufwerks in seinem Schacht weitere Laufwerke oder Steckkarten im Weg sind, für jedes davon einzeln folgende Schritte erledigen:

- äußere Kabelverbindungen notieren und entfernen,

- abschrauben, Schrauben aufsammeln,

- Stellung des zu entfernenden Bauteils und aller inneren Kabelverbindungen notieren,

- Steckkarten an den Schmalseiten anfasssen und (kräftig) senkrecht nach oben ziehen,

- Laufwerke sorgfältig beiseite legen.

15. Schritt   Laufwerk in den Schacht einsetzen, verschrauben.

16. Schritt   Die in Schritt 14 entfernten Steckkarten und Laufwerke in umgekehrter Reihenfolge wieder einbauen. Karten sorgfältig auf den Sockel setzen, so daß die Blende am Gehäuseschlitz anliegt, kräftig eindrücken, Blende verschrauben, Kabel einstecken. Auf die Pin-1-Marken achten.

17. Schritt   PC-Gehäuse schließen, verschrauben, starten, abschließender Test im Betriebssystem.

Notieren Sie sich lieber einen Arbeitsgang mehr als einen zu wenig, um bei Problemen alle Schritte noch einmal nachvollziehen oder rückgängig machen zu können. Der

Einbau ist durchaus von Laien machbar – nur kann der PC Ihnen höchstens melden, *daß* etwas nicht stimmt, aber nie, *was* nicht stimmt!

Leider sind die Einbauanleitungen für Festplatten häufig sehr knapp gehalten. Außerdem muß meistens ein gemeinsames Datenblatt für mehrere verwandte Modelle des Herstellers herhalten. Dabei passiert es dann, daß die im Datenblatt geschilderten Jumper gar nicht in derselben Konstellation auf dem Laufwerk zu finden sind. Halten Sie sich in einem solchen Fall an die „Minimalforderungen" des jeweiligen Controllertyps, die in den nächsten Abschnitten angegeben werden und machen Sie einen Test.

Eine neue Festplatte wird mit dem DOS-Befehl **FDISK** partitioniert (Schritt 12) und gleichzeitig beim System angemeldet. Ist die Platte die erste im System, so muß FDISK von einer Systemdiskette aus aufgerufen werden; die Festplatte wird dann mit einer System-Partition ausgestattet. Ist die Festplatte die zweite im PC, so wird sie unter FDISK als 2. Laufwerk angemeldet. Dadurch erhält sie den Laufwerkskennbuchstaben D:. Sie muß natürlich auch **formatiert** werden. Der Betriebssystem-Formatbefehl wirkt auf Festplatten nur als ein reiner „Organisationsbefehl": Er legt die betriebssystemtypischen Sektor- und Dateiverwaltungstabellen an und trägt alle Sektoren als „frei" ein. Die eigentliche Unterteilung der Magnetschicht in Sektoren mit Hilfe von speziellen Codebytes heißt **Low-level-Formatierung** (engl. low level: niedrige Ebene) und wird für Festplatten stets mit Spezialprogrammen durchgeführt, da jeder Festplattentyp eine andere „Geometrie", also eine andere Spur- und Sektoraufteilung, aufweist. Je nach **Controllertyp** wird die Low-level-Formatierung von einer BIOS-Routine, von einem Zusatz-BIOS (siehe ESDI- und SCSI-Abschnitte) oder mit einer vom Hersteller auf Diskette mitgelieferten Routine durchgeführt. In jedem Fall halten Sie sich an die Einbauanleitung des Herstellers. Es gibt aber auch fertig low-level-formatierte Festplatten (siehe auch IDE-Abschnitt). Erwerben Sie nach Möglichkeit eine solche **vorformatierte** Festplatte. Andernfalls achten Sie darauf, daß das Datenblatt Ihnen genaue Auskunft gibt, wie die Low-level-Formatierung durchzuführen ist. Als Besitzerin des zur Zeit verbreitetsten Festplattentyps IDE brauchen Sie sich um Vorformatierung keine Gedanken zu machen.

Im folgenden stellen wir die wichtigsten Festplattencontrollertypen vor. Die gängigste Technik ist immer noch die IDE- oder AT-Bus-Festplatte. Ältere Geräte arbeiten mit ST412/506- oder ESDI-, moderne Hochleistungs-PCs auch mit SCSI-Festplatten.

5.5.6 Die Festplattenschnittstelle ST412/506

Die Bezeichnung **ST412/506** stammt von zwei ganz frühen Festplatten der Firma Seagate. Bitte beachten Sie das Datenblatt *Ihres* Laufwerks und *Ihres* Controllers, um ein ST412/506-Laufwerk anzuschließen. Die grundlegenden Eigenschaften sind die folgenden:

Controller: Der ST412/506-Controller ist auf einer **Steckkarte** untergebracht. Er unterstützt maximal zwei Festplattenlaufwerke.

Kabel: Controller und Laufwerk werden über ein **34adriges Steuerkabel** und ein **20adriges Datenkabel** verbunden, beide in Flachbandausführung. Jede angeschlossene Festplatte erhält eine *eigene* Datenkabelverbindung zum Controller, an das Steuerkabel werden *beide* angeschlossen. Das Steuerkabel darf auf keinen Fall mit dem (ebenfalls 34adrigen) Diskettenkabel verwechselt werden.

Es gibt **gerade und gedrehte** Steuerkabel. Bei letzteren werden zwischen mittlerem und hinterem Anschluß die Adern 25 bis 29 einmal um ihre Achse gedreht. Sie führen die Signale zur Laufwerksauswahl. Bei gedrehtem Kabel kommt das Signal „Rufe 1. Laufwerk" beim hinteren an denjenigen Pins an, die eigentlich „Rufe 2. Laufwerk" bedeuten. Daher müssen beide Laufwerke als „2." konfiguriert werden (siehe unter „Jumper")

Reihenfolge für zwei Laufwerke:

Jede Festplatte hat ihr eigenes Datenkabel, dabei ist also keine Reihenfolge zu beachten. Das Steuerkabel wird an seinem **Ende** mit der **ersten** Festplatte (DOS: Laufwerk **C**:) verbunden, am **mittleren** Anschluß mit der **zweiten** (Laufwerk D:). Entsprechend führt das Datenkabel vom Controlleranschluß für C: stets zum hinteren Laufwerk.

Jumper: Jedes Laufwerk hat **Drive-Select-Jumper** (engl. drive: Laufwerk, select: auswählen). Benutzen Sie ein Steuerkabel mit **gedrehten** Adern, so setzten Sie die DS-Jumper bei beiden Laufwerken auf das Kontaktpaar mit der **zweitniedrigsten** Nummer (DS1 statt 0). Das hintere Laufwerk empfängt das Signal, das der Controller an „C:" aussendet, an den Eingängen, die es nur „abhört", wenn es sich selbst als D: empfindet (Abb. 5.19).

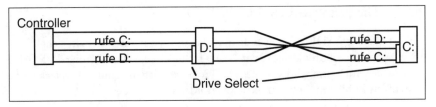

Abb. 5.19: Signale im gedrehten Festplatten-Steuerkabel der ST412/506-Schnittstelle

Bei **geradem** Steuerkabel wird ganz normal das Laufwerk am Ende mit dem Jumper als C: (DS0) und das in der Mitte als D: (DS1) gekennzeichnet, „konfiguriert".

Besonderheiten: ST412/506-Laufwerke und -Controller gibt es sowohl für die Magnetschrift MFM als auch für RLL-Codierung.

→ Beachten Sie, daß Sie nie eine MFM-Platte an einen RLL-Controller oder umgekehrt anschließen dürfen.

BIOS-Anmeldung: Das System-BIOS akzeptiert die Daten für zwei Festplatten. Es bietet bis zu 46 verschiedene Laufwerkstypen an sowie ein oder zwei benutzerdefinierte Typen („User type"), bei denen die **Laufwerksgeometrie** (Anzahl Köpfe, Zylinder, Sektoren usw.) von der Benutzerin selbst eingetragen werden muß. Welche Typnummer bzw. welche Geometrie ihrem Laufwerk entspricht, entnehmen Sie Ihrem Datenblatt.

Für ein ST412/506-Laufwerk muß, wenn es laut Datenblatt erforderlich ist, ein Startzylinder für Schreibvorkompensation (WPCom) oder verminderten Schreibstrom (LZone) eingetragen werden. Müssen Sie es als „User type" anmelden und finden keine Angaben über diese Bereiche, so tragen Sie eine Zahl ein, die gut 2/3 der Zylinderzahl entspricht.

Formatierung: Die Low-level-Formatierung, also die Unterteilung in Sektoren, wird mit dem BIOS vorgenommen. Dazu konsultieren Sie bitte Ihr Handbuch oder Datenblatt.

Danach wird die Platte mit den DOS-Befehlen FDISK und FORMAT organisatorisch vorbereitet.

5.5.7 Die Festplattenschnittstelle ESDI

Die Abkürzung **ESDI** bedeutet **Enhanced Small Device Interface**, also (engl.) „erweiterte Schnittstelle für kleine Geräte". Die Technik ist eine Erweiterung der ST412/506-Ansteuerung und wird vor allem für große Festplatten genutzt. Das technische Datenblatt ist für den Einbau unbedingt erforderlich.

Controller: Der ESDI-Controller ist auf einer **Steckkarte** untergebracht. Er unterstützt bis zu **sieben** Festplattenlaufwerke. Bei Lesevorgängen wird ein Teil der Datenumcodierung bereits im Laufwerk vorgenommen, daher ist die Übertragung nicht so zeitkritisch wie bei der ST412/506-Schnittstelle.

Kabel: Ein 34adriges Steuerkabel verbindet Controller und alle angeschlossenen Laufwerke. Jedes Laufwerk wird mit einem eigenen 20adrigen Datenkabel an den Controller angeschlossen.

Reihenfolge der Laufwerke: beliebig.

Jumper: Jedes Laufwerk hat einen **Drive-Select**-Jumper und muß eine **unterschiedliche Nummer** erhalten. Gemäß dieser Nummer muß das Datenkabel mit dem passenden Stecker auf dem Controller verbunden werden.

BIOS-Anmeldung: Ein ESDI-Controller hat ein eigenes **Zusatz-BIOS**. Es ist in einem (EP)ROM-Baustein auf der Controllerkarte untergebracht und benutzt einige der freigehaltenen Speicheradressen zwischen 640+128 K bzw. C0000h (hexadezimale Adresse) und 1 M, im **Adaptersegment** des Systemspeicheradreßraums. Dieses Zusatz-BIOS enthält alle Routinen (Programme), um die ESDI-Platten korrekt anzusprechen. Beim PC-Start „klinkt" das Zusatz-BIOS seine Routinen in die Systemarbeit ein (vergleiche Kapitel 4). Im **System-BIOS** wird nur eingetragen „**Keine Festplatte**" (hard disk: not installed).

➡   Ein **Zusatz-BIOS** erkennt man beim PC-Start daran, daß es sich *vor* dem eigentlichen System-BIOS auf dem Bildschirm meldet.

Formatierung: Die Low-level-Formatierung, also die Unterteilung in Sektoren, wird mit dem BIOS vorgenommen. Dazu konsultieren Sie bitte Ihr Handbuch oder Datenblatt.

Danach wird die Platte mit den DOS-Befehlen FDISK und FORMAT organisatorisch vorbereitet.

5.5.8 Die Festplattenschnittstelle IDE (AT-Bus)

Die zur Zeit **verbreitetste** Festplattentechnik ist die **IDE** oder **AT-Bus** genannte Ansteuerung. IDE bedeutet Intelligent Drive Electronics, also „intelligente Laufwerkselektronik" oder auch Integrated Drive Electronics, das heißt „im Laufwerk eingebaute Elektronik". Die Bezeichnung AT-Bus steht einfach als Zeichen dafür, daß diese Schnittstelle direkt an den AT-Bus, also den Systembus eines PCs vom 286er aufwärts, anschließbar ist. IDE-Laufwerke sind preiswert, schnell und relativ leicht zu installieren. Daher sind sie vom PC-Markt nicht wegzudenken.

Hier ist der Controller vollständig auf dem Laufwerk untergebracht (integriert). Auf einer Steckkarte – gelegentlich auch direkt auf der Hauptplatine – befindet sich ein einfacher Adapter als „Bushaltestelle", der eigentlich nur Adresse und Daten vom Bus übernimmt oder Daten vom Controller auf den Bus leitet. Seine E/A-Adresse ist fest eingestellt.

Der Nachteil des IDE-Controllers ist, daß der PC nicht auf beliebig viele Laufwerke erweitert werden kann, da ja jedes seinen eigenen Controller mitbringt und die gleiche Busadresse beanspruchen würde. Lediglich ein *zweites* Laufwerk kann ergänzt werden: das IDE-Laufwerk kennt eine „Master-Slave-Kombination" (engl.: Herr-Sklave). Einem Laufwerk kann mit Hilfe von **Jumpern** mitgeteilt werden, daß es das erste von zwei angeschlossenen ist (der Master). Dann empfindet es sich selbst als Laufwerk C: und leitet alle Aufträge an Laufwerk D: an das andere (den Sklaven) weiter.

Controller: Jedes IDE- oder AT-Bus-Laufwerk hat einen eigenen **integrierten Controller**, der nur für dieses Laufwerk zuständig ist. Ein **Adapter** verbindet Laufwerk+Controller mit dem Bus auf der Hauptplatine. Der Adapter kann auf einer Steckkarte (oftmals Kombikarte mit Diskettencontroller) oder direkt Bestandteil der Hauptplatinenschaltungen sein.

Kabel: Adapter und Laufwerk+Controller werden über ein **40-adriges Flachbandkabel** verbunden. Eine Aussparung für einen Pin verhindert, daß das Kabel falsch herum eingesetzt wird.

Reihenfolge für zwei Laufwerke:

     Das erste Laufwerk (C:) wird in der **Mitte** des Kabels angeschlossen, das zweite (D:) am **Ende**. Mehr als zwei Laufwerke können nicht betrieben werden.

Jumper:

Je nach Hersteller können die Konfigurationsjumper recht unterschiedlich ausfallen (ein Beispiel zeigt Abb. 5.20). Ein Datenblatt ist zur korrekten Jumperbehandlung unbedingt erforderlich. In der Regel finden Sie mindestens zwei Jumper:

DM = „Drive is Master" (Laufwerk ist „Herr"),
(auch MS, DS oder CD möglich)

SP = „Slave Present" (Sklave ist angeschlossen)

Mit der Bedeutung:

DM gesetzt: Laufwerk ist erstes oder einziges

SP gesetzt: Laufwerk ist erstes von zwei

DM wie SP nicht gesetzt: Laufwerk ist zweites von zwei

Weitere Jumper entnehmen Sie dem Datenblatt.

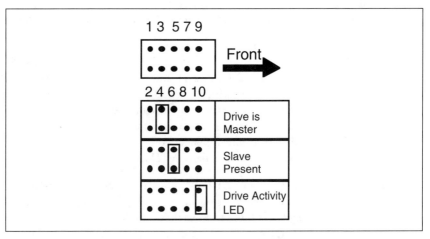

Abb. 5.20: Jumper an einem Seagate-IDE-Laufwerk (Auszug aus dem Datenblatt)

Besonderheiten:

Zwei IDE-Laufwerke sollten vom gleichen Hersteller sein und nach Möglichkeit auch von der gleichen Beschaffenheit (gleicher Festplattentyp). Ansonsten ist es möglich, daß sie nicht konfliktfrei über dasselbe Kabel versorgt werden können. Es kommt auch vor, daß zwei unterschiedlich große IDE-Festplatten nur in einer bestimmten Reihenfolge arbeiten können. Das läßt sich durch Umstecken des Datenkabels (und Jumper-Umsetzen) herausfinden.

BIOS-Anmeldung: Das System-BIOS akzeptiert die Daten für zwei Festplatten. Es bietet bis zu 46 verschiedene Laufwerkstypen an sowie ein oder zwei benutzerdefinierte Typen („User type"), bei denen die **Laufwerksgeometrie** (Anzahl Köpfe, Zylinder, Sektoren usw.) von der Benutzerin selbst eingetragen werden muß. Welche Typnummer bzw. welche Geometrie ihrem Laufwerk entspricht, entnehmen Sie Ihrem Datenblatt. Die angemeldete Geometrie muß dabei nicht mit der tatsächlichen übereinstimmen, nur die **Kapazität** von Typ und Platte muß übereinstimmen. Der „intelligente" Controller erledigt die Ansteuerung dann schon korrekt. Muß ein „User type" benutzt werden in einem BIOS, das nur *einen* solchen anbietet, so müssen *zwei* angeschlossene Festplatten vom gleichen Typ sein.

Formatierung: IDE-Festplatten sind stets **vorformatiert**. Sie werden nur noch organisatorisch mit den DOS-Befehlen FDISK und FOR-MAT vorbereitet.

5.5.9 Die Massenspeicherschnittstelle SCSI

Die Bezeichnung **SCSI** steht für Small Computer Systems Interface, also „Schnittstelle für Kleincomputersysteme". SCSI ist mehr als eine Festplattenschnittstelle: Es ist die Definition eines eigenen **Busses für Peripheriegeräte**, der über einen **Adapter** (auch **Hostadapter** genannt, von engl. host: Wirt) an den PC-Systembus gekoppelt wird. Der Adapter (auf einer Steckkarte) ist sozusagen eine „Bus-Umsteigehaltestelle", vom Systembus zum SCSI-Bus. Er wird von der Zentrale über eine E/A-Adresse angesprochen.

SCSI-Geräte, also auch SCSI-Festplatten, haben stets einen **integrierten Controller**. Über das spezielle SCSI-Kabel sind sie mit dem Adapter verbunden. Der SCSI-Bus kennt bis zu acht „Haltestellen", eine davon ist der Adapter, sozusagen die „Endhaltestelle". Also können maximal sieben Geräte angeschlossen werden.

SCSI-Schnittstellen werden in sehr leistungsfähigen PCs eingesetzt. Passende Geräte gibt es nicht nur aus dem Bereich der Festplatten, sondern auch bei Bandgeräten, CD-ROM-Laufwerken (Nur-Lese-Kompakt-Disks, siehe Kapitel 7) und weiteren nicht zur Standardausrüstung zählenden Geräten.

Ein SCSI-Gerät hat eine Gruppe von Jumpern (einen Jumperblock), auf dem ihm eine „SCSI-Id" (Id=Identifikationsnummer), also eine „Haltestelle", zwischen 0 und 7 zugeordnet wird. Auch der Adapter erhält eine Identifikationsnummer. An einem

SCSI-Bus muß *jedes* Gerät unbedingt eine *andere* Nummer erhalten, denn nur über sie läuft die Identifizierung, also die Adressierung der angeschlossenen Geräte. Die **Reihenfolge** der Geräte am Buskabel ist **beliebig**. Die Stärke dieser Technik ist ihre Flexibilität und Ausbaufähigkeit.

Controller: Jedes SCSI-Gerät hat einen **integrierten Controller.** Ein **Adapter** (auf einer Steckkarte) bindet den SCSI-Bus an den PC-Bus.

Kabel: Das SCSI-Kabel ist **50adrig**. Es verbindet Adapter und bis zu sieben Geräte.

Reihenfolge der Geräte:
beliebig. Die Identifikation läuft nur über SCSI-Adressen bzw. SCSI-"Ids". Das jeweils letzte Gerät in der Reihe braucht einen **Abschlußwiderstand** (Jumper).

Jumper: Adapter und jedes SCSI-Gerät erhalten per Jumper eine **SCSI-Adresse zwischen 0 und 7.** Ein weiterer Jumper stellt die **Parität** ein, regelt also, ob die übertragenen Bytes mit dem Paritätsbit auf gerade oder ungerade Anzahl von 1-Bits ergänzt wird. Bei allen angeschlossenen SCSI-Geräten muß die Parität in gleicher Weise eingestellt werden.

Der Adapter selbst hat Jumper zur Wahl einer **E/A-Adresse** aus dem E/A-Adreßbereich des PCs, eines **DMA-** und eines **Interrupt**-Kanals. Diese Jumper sind wichtig, da je nach Ausbau des PCs möglicherweise die werkseitig voreingestellten Adressen und Kanäle bereits von anderen Geräten benutzt werden.

➤ Es empfiehlt sich, beim Einbau mehrerer Nicht-Standard-Steckkarten jeweils die verwendeten Adressen und Kanäle sofort zu notieren, um die bereits belegten zu kennen. Jede weitere Karte muß auf neue (freie) Adressen und Kanäle umgestellt werden. Nicht-Standard-Steckkarten, deren Adressen nicht frei einstellbar sind, sind möglicherweise nicht konfliktfrei einzubauen.

➤ Vor jeder Änderung eines Jumpers notieren Sie sich bitte die · alte Stellung. Stets nur **einen** Jumper ändern, dann einen Test machen. Ist das Gerät nicht ansprechbar, schalten Sie alles ab und versuchen die nächste Änderung.

Besonderheiten: SCSI-Gerät und -Adapter sollten nach Möglichkeit vom gleichen Hersteller sein, sonst kann es zu Konflikten in der Zusammenarbeit kommen.

BIOS-Anmeldung: Ein SCSI-Adapter hat ein eigenes **Zusatz-BIOS**. Es ist in einem (EP)ROM-Baustein auf der Adapterkarte untergebracht
und benutzt einige der freigehaltenen Speicheradressen zwischen 640+128 K bzw. C0000h (hexadezimale Adresse) und
1M, im **Adaptersegment** des Systemspeicheradreßraums. Dieses Zusatz-BIOS enthält alle Routinen (Programme), um den
SCSI-Adapter und damit die angeschlossenen Geräte korrekt
anzusprechen. Beim PC-Start „klinkt" das Zusatz-BIOS seine
Routinen in die Systemarbeit ein (vergleiche Kapitel 4). Im
System-BIOS wird eingetragen „**Keine Festplatte**" (hard disk:
not installed).

➡   Ein **Zusatz-BIOS** erkennt man beim PC-Start daran, daß es
sich *vor* dem eigentlichen System-BIOS auf dem Bildschirm
meldet.

Formatierung: Die Low-level-Formatierung, also die Unterteilung in Sektoren, wird mit einer BIOS-Routine oder Spezialprogrammen
des Laufwerkherstellers vorgenommen. Dazu konsultieren Sie
bitte Ihr Handbuch oder Datenblatt.

Danach wird die Platte mit den DOS-Befehlen FDISK und
FORMAT organisatorisch vorbereitet.

5.5.10 Kontrolle der Festplatte im Problemfall

Aufgrund der Ausführungen der bisherigen Abschnitte sollten Sie in der Lage sein,

- Typ und Kapazität Ihrer Festplatte zu erkennen: am BIOS, am Controller, am
  Kabel, am Datenblatt,

- Ausbaumöglichkeiten zu prüfen (zwei Laufwerke sind mindestens möglich),

- eine Festplatte einzubauen und zu **konfigurieren**, also ihr über Jumper ihre
  Stellung im Gesamtsystem zuzuweisen,

- die BIOS-Anmeldung zu prüfen und gegebenenfalls zu ändern.

Außerdem können Sie aufgrund des Laufwerkverhaltens entscheiden über die Notwendigkeit von

- Defragmentierung (wenn das Speichern/Öffnen neuerdings deutlich länger dauert),

- Konsultation eines Technikers (wenn trotz Defragmentieren das Speichern und Öffnen von Dateien unerwartet lange dauert und deutliche Motorgeräusche verursacht).

Notieren Sie sich vorsorglich die BIOS-Daten Ihrer Festplatte, um sie bei einer Batterieschwäche oder einem BIOS-Fehler erneut eintragen zu können.

➡ **Sichern** Sie Ihre Daten regelmäßig, um bei einem Festplattenausfall nicht alles zu verlieren.

➡ Wenn das BIOS meldet, daß keine Festplatte installiert ist, so ist sie

- eine ESDI oder SCSI-Platte mit Zusatz-BIOS, das sich vor dem eigentlichen System-BIOS auf dem Bildschirm meldet,

- bei anderen Controllern selten kaputt, sondern in der Regel nur „abgemeldet".

➡ Gelegentlich meldet das BIOS beim PC-Start einen „H(ard) D(isk) D(rive) controller failure", also „Festplattenansteuerungsversagen", weil es Aufwärmprobleme gegeben hat: Drücken Sie dann einfach die Reset-Taste an Ihrem PC. Tritt der Fehler gehäuft auf, konsultieren Sie einen Techniker.

➡ Erstellen Sie sich stets eine **Systemdiskette** (Bootdiskette) für Laufwerk A:, mit der Sie Ihren PC bei Bedarf **booten**, also starten können. Fällt Ihre Festplatte aus oder ist sie abgemeldet, so können Sie mit dieser Diskette einen „Notbetrieb" aufrechterhalten. Unter DOS wird sie mit FORMAT A:/S bootfähig vorbereitet. Sie müssen aber selbst dafür sorgen, daß Ihre Konfigurationsdateien (AUTOEXEC.BAT, CONFIG.SYS) sowie alle nötigen **Treiber** – das sind in der Regel Dateien mit der Endung „.SYS", die in der CONFIG.SYS-Datei mit einem Befehl „DEVICE=.." angefordert werden – auch auf die Diskette kopiert werden. Vergessen Sie nicht die Dateien KEYB.COM und KEYBOARD.SYS, da Sie sonst mit einer amerikanischen Tastaturbelegung kämpfen müssen. (Das bedeutet unter anderem, daß „:" und „\" nicht auf den üblichen Tasten zu finden sind!)

➡ Nach Möglichkeit sollte diese (oder eine weitere vorbereitete) Diskette auch ein **Antivirenprogramm** enthalten (und natürlich selbst auf Virenfreiheit geprüft sein).

➡ Aktivieren Sie an der Systemdiskette den **Schreibschutz:**

bei 5 ¼-Zoll-Disketten die seitliche Kerbe zukleben,

bei 3 ½-Zoll-Disketten das Schiebefensterchen öffnen.

→ Eine Festplatte, die noch benutzbar, aber nicht mehr bootfähig ist (zerstörte Systemdateien), können Sie mit einer Bootdiskette restaurieren. Sie erkennen diese Situation daran, daß Sie von A: booten und dann mit „C:<Enter>" umschalten können. Mit dem Befehl „SYS A: C:<Enter>" restaurieren Sie die (versteckten) Systemdateien auf der Festplatte.

→ Prüfen Sie Ihre Festplatte regelmäßig auf **Virenbefall**, spätestens, wenn Sie über Disketten oder über ein Kabel Kontakt mit einem anderen Computer hatten.

Zur Erinnerung: Ein **Computervirus** ist ein kleines Programm, das Teil eines ganz unauffälligen Anwendungsprogramms ist oder im **Bootsektor** einer Platte steht (Bootvirus). Seine Aufgabe ist es, jedesmal, wenn das Anwendungsprogramm läuft (bei Bootviren: wenn das Betriebssystem von der Platte gestartet werden soll), sich selbst in andere Programme (in Bootsektoren anderer Platten) hineinzukopieren. Darüber hinaus zerstören viele Viren Datendateien oder Verzeichnisse. Leistungsfähige Antivirenprogramme sind nicht teuer.

5.6 Externe und Wechsellaufwerke

5.6.1 Externe Laufwerke

Es kann nötig werden, einen PC um ein Plattenlaufwerk aufzurüsten, dessen Gehäuse schon komplett ausgefüllt ist:

- ein Tisch-PC mit extrem schmalem Gehäuse (Slimline, Pizza-Box),
- ein Laptop oder Notebook.

Betrachten wir auch hier den Fall, daß die jeweiligen Controller bzw. Adapter für das erste Plattenlaufwerk vorhanden sind und noch ein weiteres (zweites) Laufwerk zulassen.

Wenn das neue Laufwerk nicht im PC-Gehäuse Platz hat, müssen zwei Bedingungen erfüllt sein:

1. Das benötigte Laufwerk (also vom passenden Controllertyp) muß in einem **Extra-Gehäuse** zu kaufen sein;

2. die Controller-bzw. Adapterkarte muß eine **Gehäuseschlitzblende** mit **Anschluß-buchse** für ein externes Steuer- und Datenkabel haben – oder die alte Karte muß gegen eine entsprechende austauschbar sein.

Sind diese Punkte geklärt, so ist der Anschluß des externen Laufwerks natürlich ein Kinderspiel: ein geeignetes Kabel verbindet PC-Controller-Anschlußbuchse und externes Laufwerksgehäuse, ein **Netzkabel** das Laufwerksgehäuse mit dem Stromnetz. Beide Laufwerke werden gemäß Controller konfiguriert. Im BIOS-Setup wird das neue Laufwerk typgerecht (auch je nach Controller) angemeldet, denn dem BIOS ist es egal, ob das Gerät *im* oder *neben* dem PC steht. Die Controllertypen sind in den Abschnitten 5.5.6 bis 5.5.9 beschrieben.

Insbesondere Laptops und Notebooks haben oftmals bereits eine solche Anschlußbuchse für ein (zweites) Diskettenlaufwerk. Es ist anschließbar, ohne daß der PC geöffnet werden müßte.

Ist ein Austausch der Controllerkarte erforderlich, so achten Sie auf folgende Punkte: die neue Karte muß

● die Anschlußbuchse für ein externes Laufwerk aufweisen,

● das alte, interne Laufwerk weiter betreuen können (einigermaßen Sicherheit dafür bietet in der Regel nur der gleiche Hersteller),

● mit derselben Bus-Adresse arbeiten, damit alle Programme sie weiterhin ansprechen können.

Auch hier sind wir Anwenderinnen oftmals die Leidtragenden der schnellen Innovationsschübe auf dem Computermarkt. Ein ein bis zwei Jahre alter PC enthält gelegentlich leider schon „hoffnungslos veraltete" Teilgeräte. Ich kann Ihnen nur empfehlen, nicht einen Billig-PC im Discount an der Ecke zu erstehen, da Sie bei einem späteren Ausbau von diesen Läden meistens im Stich gelassen werden. Bei diesen Händlern heißt die Devise: Ist der alte PC zu „klein", dann kaufen Sie eben einen neuen! Zahlen Sie dagegen den höheren Preis bei einem Markenhändler oder erstehen einen „No-name"-PC (also ohne Markennamen) in einem Fachhandel, der seine PCs selbst zusammenbaut, so haben Sie eine gute Chance, auch bei der Aufrüstung betreut zu werden.

5.6.2 Wechselfestplatten

Einige PCs haben eine besondere Mechanik für ihre Festplattenlaufwerke: Es sind mit einem eigenen Gehäuse versehene Kästen, die mit einem „Schubladengriff" in eine spezielle Gehäuseöffnung eingeschoben und dann verriegelt werden. Diese Laufwerke führen den Namen **Wechselfestplatte**, ihre Einschubvorrichtung heißt **Wechselplattenrahmen**. Diese Mechanik hat keinen Einfluß auf die Festplattenansteuerung: Prinzipiell ist für jeden Controllertyp eine Wechselplatte möglich. Ebenso können Sie – wenn das PC-Gehäuse es zuläßt – als zweite Festplatte eine Wechselplatte nachrüsten.

Der Vorteil einer Wechselfestplatte zeigt sich am ehesten bei PC-Arbeitsplätzen, die abwechselnd von mehreren Personen benutzt werden: Jede kann ihre eigene Festplatte mit Betriebssystem, Anwendungsprogramm und vor allem Daten mitbringen. Handelt es sich um die *zweite* Festplatte des PCs, können sogar die Programme selbst stets auf der ersten, der Systemplatte, bereitstehen, und jede Benutzerin bringt ihre persönliche **Datenfestplatte** mit. Gegenüber dem Arbeiten mit Datendisketten hat dieser Betrieb den Vorteil, daß er erheblich schneller und natürlich nicht mit dauerndem Plattenwechsel verbunden ist, da ja eine Festplatte ein Vielfaches der Kapazität einer Diskette hat. Trotzdem sollte ein regelmäßiges (zusätzliches) Sichern der Daten auf Disketten nicht vernachlässigt werden.

➔ Festplatten, die in ein und denselben Wechselrahmen gesteckt werden sollen, müssen unbedingt vom **gleichen Controller- und BIOS-Typ** sein!

Leider gibt es eine Reihe von Billiganbietern, die die Wechselplattentechnik eigentlich nur zur Preisverschleierung benutzt: Die PCs werden zu einem niedrigen Preis angeboten mit einer Ausstattung, die nur den Begriff „Wechselplatten*rahmen*" umfaßt – die Platte selbst muß dabei separat gekauft und natürlich bezahlt werden!

5.7   Zusammenfassung

Für die PC-Zentrale gehören auch Laufwerke für Massenspeicher bereits zur Peripherie. Sie werden über Adressen des E/A-Adreßbereichs angesprochen und mit Routinen aus dem BIOS, dem Ein-Ausgabe-System des PCs, bedient. Zwischen Zentrale und Laufwerk steht jeweils eine **Schnittstelle**, die die Umcodierung der elektrischen Bytes und die Ansteuerung des jeweiligen Geräts vornimmt. Schnittstellen werden auch mit **Controller** (von engl. control: steuern) bezeichnet. In der Regel sind die Schnittstellen **Steckkarten im PC-Bus**, die per Kabel mit ihrem Laufwerk verbunden sind. **Integrierte Controller** sind Teil des Laufwerks selbst. Ihre Anbindung an den PC-Bus erhalten sie über eine Steckkarte mit einer **Adapterschaltung** (engl. adapt: anpassen). Um konfliktfreie Ein- und Ausgabe durchführen zu können, muß jede Schnittstelle eine **eigene** E/A-Adresse, und wenn nötig, auch einen eigenen DMA-Kanal (DMA: direkter Speicherzugriff ohne Umweg über die CPU) und einen eigenen Interrupt-Kanal (Interrupt: Unterbrechung der CPU-Arbeit, um ihre Aufmerksamkeit anzufordern) haben.

Die **Standardlaufwerke**, also die Diskettenlaufwerke, sind von vornherein mit Adressen, Kanälen und BIOS-Routinen versorgt. **Festplattenlaufwerke** können vom BIOS versorgt werden und haben einen Platz im E/A-Adreßbereich. Aufgrund der unterschiedlichen Ansteuerungstechnologien sind aber ganz verschiedenartige Anmeldevorgänge nötig. Die zur Zeit gängigste Technik für Festplattenschnittstellen ist der **IDE-** oder **AT-Bus**-Controller, der nur zwei Laufwerke erlaubt. Eine ausbaufähige Technik ist **SCSI**, da hier an *einem* Adapter über ein eigenes SCSI-Buskabel bis zu sieben (auch verschiedenartige) Laufwerke angesprochen werden können.

Nicht-Standard-Laufwerke können ihre speziellen E/A-Programme in das System-BIOS „einklinken", indem sie ein eigenes **Zusatz-BIOS** auf ihrer Schnittstellenkarte liefern. Es muß freie Adressen im Systemspeicherbereich benutzen (zwischen 640+128 K und 1 M), dann wird es mit dem „Normal"-BIOS zusammen abgearbeitet und benutzt.

Nicht-Standard-Geräte werden auch vom **Betriebssystem** nicht bedient, da es sie nicht „kennt". Dazu liefern die Hersteller eigene **Gerätetreiber**, die mit einer Anweisung in der Datei CONFIG.SYS („DEVICE=Treiberdatei") in DOS eingebunden werden.

6 Die (Standard-)Peripherie

Unter **Peripherie** verstehen wir alle Geräte, die an einem PC angeschlossen werden, um die Kommunikation „Mensch – Maschine" zu ermöglichen. Der Computer „spricht" einfach elektrisch; der Mensch aber hat Augen und Ohren, um Signale entgegenzunehmen, Mund, Hände und Füße, um sich mitzuteilen. Jedes Gerät, das ein Mensch sinnvoll bedienen oder auch nur „lesen" kann, muß mit einer „Übersetzermaschine", also einer **Schnittstelle**, an den Computer angeschlossen werden. Diejenigen Peripheriegeräte, die jeder PC ohne Umbauaufwand bedienen kann, für die bereits Anschlüsse und auch Ansteuerungsmechanismen vorgesehen sind, bilden die **Standardperipherie**.

Da auch bei Peripheriegeräten die Entwicklung nicht stehenbleibt, ist es mitunter sinnvoll, ein altes durch ein neueres zu ersetzen, z.B. einen besseren Drucker anzuschließen oder einen farbigen Bildschirm. Dieses Kapitel soll Ihnen helfen, zu entscheiden,

- welches Peripheriegerät wie anzuschließen ist,
- welche **Schnittstellen**, also „Signalübersetzer", zuständig sind,
- welche Voraussetzungen jeweils für den Betrieb erfüllt sein müssen.

Grundsätzlich gibt es drei **Ebenen**, auf denen Geräte **angesprochen** werden:

- Die niedrigste Ebene ist die Ein- und Ausgabe über die **E/A-Ports**, also das Senden und Empfangen von Bytes über die E/A-Adressen. Da aber zu jedem Senden/Empfangen von Daten auch dazugehört, das Gerät zuerst einmal auf Bereitschaft zu prüfen, ihm dann zu sagen, in welche Richtung die Übertragung vorgehen soll (E oder A), nach der Übertragung auch noch Fehlercodes zu entschlüsseln und darauf zu reagieren, erfordert die E/A über Ports eine Menge Programmieraufwand.

  Stellen Sie sich zum Vergleich einfach vor, Sie haben einige Tausend Briefe zu schreiben und müssen jeden von Hand adressieren!

- Die nächstkomfortablere Ebene ist die Benutzung von Routinen des **BIOS**, die bereits die notwendigen Einzelschritte einer jeden Ein- oder Ausgabe fertig programmiert enthalten. Aber diese Standardroutinen arbeiten erstens nur für die

Standardperipherie, also für die Geräte, die bereits beim PC-Bau als normale E/A-Geräte vorgesehen waren, und zweitens erfüllen sie nur mäßige Ansprüche. Alle Spezialgeräte, die an einen Standardanschluß gesteckt werden können, aber eine besondere Arbeitsweise haben, werden vom BIOS nicht mehr genügend bedient.

Stellen Sie sich hier als Vergleich vor, Sie haben jemanden angestellt, der Ihnen Adressen auf Briefumschläge tippt, aber nicht in der Lage ist, gelegentlich auch einmal ein Päckchen mit Adresse zu versehen.

- Die flexiblere Art, ein Peripheriegerät zu bedienen, ist es, für jedes Gerät ein **Programm** zu schreiben, das die Eigenarten dieses Gerätes genau berücksichtigt. Ein solches Programm kann seinerseits BIOS-Routinen benutzen, muß aber vor allem mit dem **Betriebssystem** zusammenarbeiten, da es allen Anwendungsprogrammen zur Verfügung stehen soll. Solche – prinzipiell auch austauschbaren – Programme zur Gerätebedienung heißen **Treiber**.

Noch einmal zurück zum Sekretariatsvergleich: mit dem Treiber haben Sie eine intelligente Mitarbeiterin, der Sie einen Auftrag geben, eine bestimmte Sendung auf bestimmte Art zu adressieren, und dann klappt es.

Abb. 6.1 zeigt die verschiedenen „Mitarbeiter" im PC, die nacheinander an der Abwicklung eines E/A-Auftrags beteiligt sind.

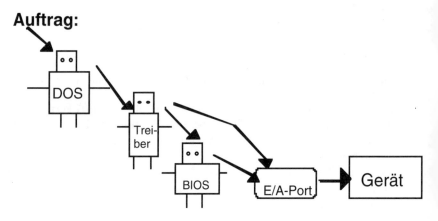

Abb. 6.1: Ein E/A-Auftrag wird „durchgereicht"

Jede Schnittstelle zu einem Peripheriegerät hat eine Portadresse oder E/A-Adresse. Die „niedrigste" E/A funktioniert also immer. Das BIOS ist nur auf Standardperipherie vorbereitet. Im Betriebssystem DOS integriert sind auch nur Treiber für Standardperipherie. Zusatzgeräte aber werden zusammen mit qualifizierten Treibern ausgeliefert, die dann auf die Festplatte kopiert und mit einem Befehl in der Datei CONFIG.SYS in DOS eingegliedert werden. Ein solcher Befehl lautet stets

DEVICE=Treiberdateiname

Betrachten wir nun die Geräte und ihre Schnittstellen im einzelnen.

6.1 Tastatur

Die **Tastatur** ist das unkomplizierteste Peripheriegerät. Aufgrund der Normierung der letzten Jahre haben moderne deutsche Tastaturen alle die gleiche Aufteilung (Abb. 6.2) und die gleiche Arbeitsweise. Die Notwendigkeit zum Austausch taucht nur in drei Fällen auf und ist auch da recht leicht zu bewältigen:

• eine qualitative schlecht ausgeführte Tastatur (Tastenkappen lösen sich o.ä.) oder eine (z.B. durch Sturz) beschädigte soll durch eine neue ersetzt werden,

• eine englischsprachige Tastatur soll durch eine deutschsprachige ersetzt werden,

• eine sehr enge Notebook-Tastatur soll an einem festen Arbeitsplatz durch eine externe, große ergänzt werden.

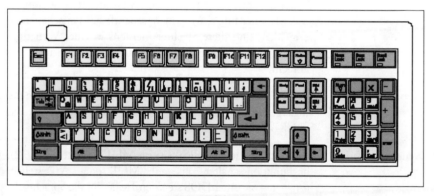

Abb. 6.2: Multifunktionstastatur MF II

Betrachten wir dafür die Anschlußvoraussetzungen.

Schnittstelle: Die Tastaturschnittstelle ist bereits in die **Hauptplatine** integriert. Tastaturkabel werden mit einem runden Stecker in eine unverwechselbare Buchse gesteckt. E/A-Adresse und Interrupt-Kanal sind fest zugeordnet.

BIOS:	Das BIOS bedient die Tastatur selbständig. Im BIOS-Setup kann nur eine Tastaturprüfung an- oder abgeschaltet werden.
Treiber:	DOS besitzt eine Auswahl von Tastaturtreiberdateien, die die Signale der Tasten **länderspezifisch** auswerten. Jede Taste gibt an die Schnittstelle nur einen Code „Taste aus Reihe x, Position y". Das Betriebssystem entscheidet dann mittels Tabellen, welches Zeichen im angemeldeten Land zu dieser Tastenposition gehört. Der Tastaturtreiber wird unter DOS mit dem Programm KEYB.COM und der Tabellendatei KEYBOARD.SYS vorbereitet (Befehl KEYB GR für **German**=deutsch).
Gerätevarianten:	Auch die Tastatur hat eine historische Entwicklung hinter sich. Die Anordnung und Anzahl der Funktionstasten und der separate Ziffernblock sind Veränderungen unterworfen worden. Es gibt heute im Prinzip drei Arten von Tastaturen: die **XT**-Version, die **AT**-Version und die genormte Multifunktionstastatur **MFII**. Eine XT-Tastatur ist nicht an einem PC ab AT (ab 286-CPU) benutzbar: die Tasten würden einfach falsch verstanden. Eine moderne MFII-Tastatur dagegen ist **umschaltbar** auf XT-Betrieb. Dazu finden Sie am Boden der Tastatur Schalter mit zwei oder drei Stellungen (X,A,MF oder nur X,A). Um versehentliches Umschalten zu vermeiden, sind diese Schalter meistens in einer Vertiefung oder auch unter den aufstellbaren Füßen der Tastatur untergebracht.
Besonderheiten:	Viele PCs haben am Gehäuse ein **Tastaturschloß**, mit dem der Zugang zum PC abgeriegelt werden kann. Nur wenn das Schloß offen ist, erreichen die Tastensignale die Zentrale.
Neuanschluß:	Benutzen Sie nach Möglichkeit eine MFII-Tastatur (Abb. 6.2). Ihr Funktionsschalter sollte auf „MFII" oder „AT" stehen. Installieren Sie unter DOS stets den Treiber für die Sprache, die der Tastatur entspricht (z.B. KEYB GR für deutsche Tastatur). **Laptops** und **Notebooks** haben in der Regel einen Anschluß für eine externe Tastatur, in den der normale Tastaturstecker direkt oder über ein kleines Adapterkabel paßt (vergleiche Kapitel 2).

Kontrolle im Fehlerfall:

→ Um Strom- und Datenverbindung zu haben, muß der Tastaturstecker fest in der entsprechenden Buchse stecken und das Tastaturschloß **offen** sein.

→ Zeigt eine korrekt angeschlossene Tastatur kein oder nur seltsames Echo auf dem Bildschirm, so prüfen Sie, ob ihr **Funktionsschalter** (Unterseite) zum PC-Typ paßt: Stellung „XT" kann nur mit einem XT-PC, also 8088- oder 8086-CPU benutzt werden.

Verschmutzung:

→ Eine Tastatur kann mit einem leicht feuchten (nicht tropfenden) Lappen gereinigt werden. Der PC sollte dabei abgeschaltet sein. Nie Flüssigkeit in die Tastatur gießen!

→ Drehen Sie die Tastatur gelegentlich um und schütteln Sie sie aus.

6.2 Bildschirm und Grafikkarte

Der **Bildschirm** des PCs ist das Hauptausgabegerät: Auf ihm beobachten wir die Reaktionen der Programme, weswegen er auch **Monitor** („Überwachungsgerät") genannt wird. Auf ihn schauen wir fast ununterbrochen während der PC-Arbeit, also ist ein qualitativ hochwertiges, augenschonendes Bild ein wichtiges Merkmal des ganzen PCs. Bei der Auswahl des richtigen Bildschirms spielen eine ganze Reihe von Kriterien mit:

● Farbe oder schwarzweiß (monochrom),

● Größe des Bildschirms, angegeben in Zoll Bildschirmdiagonale,

● Auflösung in Bildpunkten,

● Strahlung,

● Bildwiederholfrequenz,

● Art der Ansteuerung (Schnittstelle).

Die ersten fünf Punkte beziehen sich auf den Bildschirm selbst, der letzte betrifft die Auswahl der sogenannten **Grafikkarte**, wie die Bildschirmschnittstelle meistens genannt wird. Natürlich müssen Bildschirm und Schnittstelle zueinander passen, die Schnittstellenkarte wiederum muß zum PC-Bus passen. Beim Nachkauf eines besser ausgestatteten Bildschirms muß darauf geachtet werden, daß die vorhandene Schnittstelle ihn ansteuern kann, beim Nachkauf einer „schnelleren" (siehe 6.2.2) Schnittstelle muß auf vorhandene Bussteckplätze und Bildschirmtyp geachtet werden.

6.2.1 Technische Daten des Bildschirms

Die zuerst ins Auge fallenden Eigenschaften eines PC-Bildschirms sind stets seine Farben und seine Bildgröße. **Schwarzweiß-Bildschirme**, auch **Monochrom**-Bildschirme genannt (d.h. „einfarbig") sind in den letzten Jahren ganz „aus der Mode" gekommen, leider zu Unrecht, da ein qualitativ hochwertiger Monochromschirm, mit tatsächlich **schwarzer Schrift** auf weißem bzw. **hellem Untergrund** oftmals augenschonender ist als ein Farbschirm zum gleichen Preis mit unscharfen Kontrasten und anderen Schwächen. Gerade bei Billig-PCs ist der zugehörige Farbbildschirm oftmals das erste Teilgerät, das die Besitzerin zu ersetzen wünscht, weil er sich bei längerer Arbeit als Problemkind entpuppt. Welche technischen Einzelheiten ihn problematisch machen, werden wir hier besprechen.

Arbeitet die Besitzerin nur mit Zahlen und Buchstaben, so ist ein Monochromschirm völlig ausreichend. Leider spielen die modernen grafischen Benutzungsoberflächen (Windows!) so intensiv mit Farben zur Darstellung sämtlicher Bildinformationen, daß es schwerfällt, auf einen Farbschirm zu verzichten.

Zunächst einmal sollte jede sich vor dem Kauf eines PCs oder auch nur eines Bildschirms das gewünschte Gerät wirklich im Betrieb **anschauen**, da auch der subjektive Eindruck der Farben wichtig ist. Monochromschirme sollten wirklich dunkel auf hell schreiben, so daß das Auge das Bild nicht anders aufnehmen muß als eine Papiervorlage. Die Farben eines **Farbbildschirms** sollten klar zu unterscheiden und nicht zu grell sein. Vor allem darf ein heller Hintergrund nicht den Eindruck hinterlassen, daß er flimmere: Dann ist der Bildschirm mit Sicherheit schlecht. Getippte Zeichen sollten deutlich erscheinen, nicht in ein grobes Punktraster aufgelöst.

Bei einer schwarzweißen Ausgabe auf einem Farbschirm (z.B. Befehlseingabe unter DOS) dürfen weiße Flächen keine Farbtupfer an den Rändern aufweisen. Das deutet auf eine mangelhafte **Farbkonvergenz** (Zusammenführung) hin: ein Farbschirm erzeugt alle Bildpunkte durch Mischungen der Grundfarben Rot, Grün und Blau. Zeigt ein weißer Bildpunkt farbige Ränder, so hat der Elektronenstrahl die drei zu mischenden Farbpunkte auf der Bildschirmfläche nicht exakt getroffen. Für die Augen sind diese flimmernden Ränder unangenehm.

Über das rein subjektive Prüfen des Bildes hinaus spielen auch etliche technische Merkmale eine Rolle. Die **Kontrast- und Helligkeitsregler** (Abb. 6.3 oben) sollten bequem zu erreichen sein (Vorder- oder Seitenfront). Auch die Bildjustierungsregler (für Größe und Lage, vergleiche Kapitel 2 und Abb. 6.3) müssen gut zu finden sein.

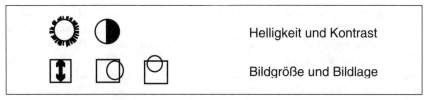

Abb. 6.3: Kennzeichen von Bildschirmreglern

Die **Bildschirmdiagonale** ist das gängige Maß für die **Bildgröße**. Zur Zeit sind 14-Zoll-Schirme „alltäglich", 15-Zoll-Schirme werden preislich immer günstiger und bilden den neuesten Standard für grafisch genutzte Bildschirme, 17-Zoll-Schirme sind eine hochwertige, doch recht teure Ergänzung für Anwendungen aus dem Bereich des technischen Zeichnens oder der Bildverarbeitung. In diesen Bereichen spielt auch die **Auflösung** des Bildschirms eine große Rolle: das Bild wird stets aus vielen kleinen, in einem gleichmäßigen Gitter angeordneten Punkten zusammengesetzt, den **Pixels** (von engl. **picture element**: Bildelement), und ein darstellbarer *Bild*punkt kann natürlich nie kleiner sein als ein Bild*schirm*punkt. Bei Farbschirmen kommt noch hinzu, daß jeder Bildpunkt, jedes Pixel aus einer Mischung von **drei** Farbpunkten entsteht: je einem roten, grünen, blauen, die mit unterschiedlicher Intensität angeleuchtet werden.

→ Die **Auflösung** eines Bildschirms ist die Anzahl der Pixel pro Zeile mal Anzahl der Zeilen.

Bildschirme, die sich für grafische Oberflächen eignen, haben in der Regel eine Auflösung von **1024x768** Bildpunkten (bei 17-Zoll-Diagonale), Spezialgeräte auch mehr. Eine Auflösung von **640x480** Bildpunkten ist das Minimum, um die Einzelelemente des Bildes gut zu erkennen.

Ein Gesichtspunkt, der den Käuferinnen von PC-Bildschirmen in letzter Zeit immer wichtiger geworden ist, ist die **Strahlung**, die das Gerät freisetzt. Es handelt sich dabei um elektrostatische und elektromagnetische Strahlungen, also Einflüsse, die ich dem Gerät nicht ansehe. Um beides einzugrenzen, sind **Normen** entwickelt worden, also Strahlungsgrenzwerte, die ein Bildschirm einhalten muß, um gemäß dieser Norm als strahlungsarm zu gelten. Die heutigen Bildschirme sind beinahe alle „strahlungsarm gemäß **MPR II**", was in Verkaufsanzeigen und Prospekten auch deutlich hervorgehoben wird. Diese Normgenzen werden in dem Maße verschärft, wie die Industrie in der Lage ist, noch bessere Abschirmungen zu konstruieren. Die Abkürzung MPR steht für „schwedische Meß- und Prüfstelle", die Norm MPR II wurde 1990 festgesetzt. Mittlerweile gibt es die noch strengeren Grenzwerte der Norm **TCO 91**. Einige teurere Bildschirme erfüllen auch diese Grenzen.

Im Zuge der Strahlungsdiskussion ist leider eine andere, auch nicht unmittelbar sichtbare Eigenschaft der Bildschirme etwas ins Hintertreffen geraten: die **Bildwiederholfrequenz**. Der Begriff beruht auf der Tatsache, daß das Bild von einem Elektronenstrahl zeilenweise immer wieder auf den Bildschirm geschrieben werden muß; technischer gesprochen: die Phosphorschicht des Bildschirms wird zeilenweise angeregt, so daß sie leuchtet. Der Phosphor leuchtet für eine gewisse Zeit nach, dann muß das Bild aufgefrischt werden. Geschieht das nicht schnell genug (Frequenz heißt Häufigkeit, also Zahl der Auffrischungen in einer bestimmten Zeit), so beginnt das Bild zu **flimmern**. Gerade die großen *hellen* Flächen sind es, die rechtzeitig aufgefrischt werden müssen. Ein leichtes Flimmern wird oft vom Auge gar nicht *bewußt* gemerkt, es belastet aber bei dauernder Arbeit ungemein und verursacht Kopfschmerzen. Mit Sicherheit kann man sagen: ein gesundes, **stehendes Bild** wird erst bei Bildwiederholfrequenzen von **70 Hz** (Hz=Hertz, das ist Wiederholungen *pro Sekunde*) oder mehr erzeugt.

Bei einigen Bildschirmen hängt die erreichbare Bildwiederholfrequenz von der – umschaltbaren – Auflösung ab: bei 640x480 Bildpunkten werden vielleicht 90 Hz erreicht, bei 1024x768 nur noch knapp 70 Hz. In einem Verkaufsprospekt wird meistens nur der bessere Wert ausgedruckt. Um hier herauszufinden, ob der Bildschirm ein gesundes Bild erzeugt, muß ich zusätzlich wissen, in welcher Auflösung das Gerät betrieben wird.

Eine weitere Besonderheit sind Bildschirme, die ihr Bild **interlaced** (engl.), also **versetzt**, erzeugen: Hier wird in *einem* Bildwiederholdurchgang nur jede *zweite* Zeile neu erzeugt; um das ganze Bild aufzufrischen, sind zwei Wiederholdurchgänge nötig. Angegeben ist aber stets die Frequenz (die Häufigkeit) der *Durchgänge*. Ein Bildschirm mit 70 Hz Bildwiederholfrequenz „interlaced" erzeugt das ganze Bild also nur *35 mal pro Sekunde*, was entschieden zu wenig ist für ein stehendes Bild. In Prospekten ist der Zusatz „interlaced" jedoch nicht immer zu finden.

➜ Ein Bildschirm erzeugt dann ein gesundes Bild, wenn er in **jeder** Auflösung eine Bildwiederholfrequenz von mindestens **70 Hz non interlaced** durchhält.

➜ Faustregel beim Einkauf: Wenn von mehreren ähnlichen angebotenen Bildschirmen einige (teurere) explizit als „non interlaced" ausgewiesen sind, so arbeiten die übrigen vermutlich interlaced; die angegebene Bildwiederholfrequenz ist also effektiv nur halb so hoch.

Eine ganz andere Arbeitsweise haben Bildschirme in **Laptops** und **Notebooks**. Hier handelt es sich in der Regel um **LCDs**, das sind Flüssigkristall-Bildschirme (Liquid Crystal Display = Flüssigkristallanzeige). LCDs sind flach, nicht zerbrechlich und sparsamer im Stromverbrauch, daher geeignet für Reise-PCs. Generell ermöglichen solche Bildschirme nicht ein so scharfes Bild wie eine Bildröhre. Auch kann das Bild auf schnelle Veränderungen nicht so prompt reagieren. Ein typisches Beispiel dafür ist das „Wegtauchen" eines Mauszeigers, wenn die Maus schnell bewegt wird. Erst wenn sie zum Stillstand kommt, taucht der Zeiger wieder auf, und die Kontrolle, wo das sein wird, ist nur mäßig. Gerade bei LCD-Schirmen ist es sehr wichtig, nicht nur die technischen Daten (Art der Schnittstelle, Auflösung, Bildwiederholfrequenz) nachzulesen, sondern zusätzlich das Bild einfach mal anzuschauen, ob es überhaupt ein schmerzfreies Arbeiten erlaubt. In der Regel haben solche PCs einen **Anschluß für einen Zweitbildschirm**, so daß ein stationäres Arbeiten nicht unbedingt mit dem LCD erfolgen muß.

6.2.2 Bildschirmschnittstellen

Die Bildschirmschnittstelle ist natürlich im Adreßbuch der E/A-Adressen von vornherein vorgesehen, sie hat also eine feste Adresse und auch einen Interrupt-Kanal.

Bildschirmschnittstellen sind auf Steckkarten untergebracht, die in Sockel des PC-Systembusses eingesteckt werden. Von hier erhalten sie Strom und Daten. Ein zentraler Steuerchip erledigt die Abarbeitung des Bildes, also den Bildaufbau und die Bildwiederholung aus den Bilddaten. Die Bilddaten selbst stehen in einem eigenen Schreib-Lese-Speicher, dem **Video-RAM**. Er ist auf der Schnittstellenkarte untergebracht und bei alten Schnittstellen ziemlich klein. Damit die CPU die neuen Bilddaten problemlos in den Video-RAM schreiben kann, hat dieser Speicher ganz normale **Speicheradressen**. Sie liegen im **Speicheradreßbereich ab der 640K-Grenze** (128K sind dafür reserviert) und sind natürlich nicht gleichzeitig für Zellen des üblichen Arbeitsspeichers zu benutzen.

Es gibt beinahe ebenso viele Generationen von Bildschirmschnittstellen wie von CPUs. Hier soll nur ein kurzer historischer Abriß stehen, damit Sie die Leistungsfähigkeit und auch die Ausbaumöglichkeit einer bestimmten Schnittstelle einordnen können.

MDA und CGA

Die ersten PCs arbeiteten mit einem *Monochromen Display Adapter* namens MDA. Er schrieb nur **Zeichen** auf den Bildschirm, also Buchstaben, Zahlen, Sonderzeichen und gewisse Strichelemente, aus denen z.B. Rahmen aufbaubar sind. Die Ansteuerung ist schnell und problemlos: Jedes Zeichen hat einen Code aus 2 Bytes (Nummer des Zeichens und Darstellungsattribute wie z.B. Helligkeit), der im Bildspeicher hinterlegt wird, und der Steuerchip auf der Schnittstellenkarte erzeugt wie mit einer Schablone das zugehörige Zeichen auf dem Bildschirm. Dabei wird der Bildschirm

nicht Punkt für Punkt angesteuert, sondern immer kleine Rechtecke von Bildpunkten auf einmal, gerade so groß, daß jedes zulässige Zeichen darin dargestellt
werden kann. Diese Ansteuerung wird **Textmodus** genannt und ist auch heute noch
die schnellste Bilddarstellungsmethode. Die MDA-Schnittstelle schrieb auf diese Art
25 Zeilen mit je 80 Zeichen auf den Schirm.

Für Zeichnungen dagegen muß jeder Bildpunkt, jedes Pixel einzeln angesteuert
werden, um beliebige Linien- und Flächenelemente darstellen zu können. Das geschieht im **Grafikmodus**. Natürlich ist hier ein erheblich größerer Video-RAM nötig,
da die einzelnen **Punkte** und ihre Leuchteigenschaften (bzw. Farben) gespeichert
werden müssen.

Parallel zum MDA kam der **CGA**, der **Color Graphics Adapter** (engl.: Farbgrafik-
Anpassungsgerät), auf den Markt. Er schaffte es, acht Farben in je zwei Intensitäten
darzustellen, aber bei einer sehr schwachen Auflösung. Text war schlechter zu lesen als
in der MDA-Darstellung.

Hercules

Die genannten Schnittstellen wurden von IBM unterstützt und weiterentwickelt, so
daß sie immer mit Vorgängern und Nachfolgern, mit der restlichen PC-Hardware
und den üblichen Programmen kompatibel, also verträglich blieben. Gleichzeitig
wurde noch eine andere – nie von IBM unterstützte – Ansteuerung entwickelt: die
Hercules-Karte, gelegentlich auch **HGC** (Hercules Graphic Card) genannt. Sie war
die erste breit eingesetzte Schnittstelle mit guten Grafikfähigkeiten, allerdings einfarbig (monochrom). Im Textmodus ist sie voll kompatibel zur MDA-Ansteuerung, im
Grafikmodus erreicht sie eine Auflösung von 720x350 Punkten. Seit der Hercules-
Karte hat sich der Begriff **Grafikkarte** als Synonym für „Bildschirmschnittstelle"
eingebürgert, da jetzt „Grafik", also freie Bildgestaltung unabhängig von einzelnen
Zeichen, eine Selbstverständlichkeit wurde.

EGA

Natürlich ließ auch IBM die Entwicklung nicht ruhen. Der nächste Schritt bei den
voll kompatiblen Schnittstellen war die **EGA** (engl. *Enhanced Graphics Adapter*:
erweitertes Grafikanpassungsgerät). Sie konnte bei genügend hoher Bildschirmauf-
lösung (640x350 Pixel) auch 43 Zeilen zu je 80 Zeichen darstellen, im Grafikmodus
schon 16 Farben bei einer Auflösung von 640x200 Pixel. Die Fähigkeiten der EGA-
Schnittstelle werden vom System-BIOS schon nicht mehr ausreichend bedient.
Daher klinkt sich die EGA-Schnittstelle (und auch ihre Nachfolgerinnen) mit einem
Zusatz-BIOS in die Systemarbeit ein.

VGA

Die Entwicklung der Schnittstellen erreichte einen gewissen Höhepunkt mit der VGA (engl. *Video Graphics Adapter* oder *Video Graphics Array:* etwa „fernsehartige Grafikanpassung"). Sie ist die erste 16-Bit-Steckkarte unter den Bildschirmschnittstellen gewesen, nur einsteckbar in einen *langen* Bussteckplatz, also in einem PC mit 8086-CPU gar nicht benutzbar (siehe Abb. 6.4). Mit VGA wurde ein ganz neuer Weg beschritten: Die Schnittstelle sendet **analoge** Signale an den Bildschirm statt **digitaler.** Ein digitales Signal codiert eine bestimmte Information in einem bestimmten Muster (Beispiel Morsecode: dreimal kurz bedeutet „S"). Ein analoges Signal dagegen unterscheidet Informationen einfach durch die Signal**intensität** (Beispiel Heizungsregler: *mehr* aufdrehen bewirkt *größere* Wärme). Damit ist eine viel größere Feinabstimmung der Farben und Intensitäten möglich, aber auch eine ganz andere Bildschirmtechnik erforderlich. Sie ist direkt vergleichbar mit der Fernsehtechnik, daher auch der Name „Video". Trotzdem bleibt eine VGA-Karte abwärtskompatibel zu EGA, MDA und CGA (nie zu Hercules!), und ist meistens mittels **DIP-Schaltern** auf Bildschirme der älteren Ansteuerungsgenerationen umschaltbar.

Die VGA-Karte kann eine Auflösung von bis zu 1024x768 Punkten mit bis zu 256 Farben erreichen. Der hier sehr große Video-RAM (mindestens 256 KB; 1MB ist Voraussetzung für die höchste Auflösung) wird „seitenweise" mit den Adressen im Systemspeicherbereich verbunden, man sagt auch, er wird „eingeblendet". Da nur 128K Adressen für den Video-RAM zur Verfügung stehen, wird er in Abschnitte (die „Seiten") dieser Größe eingeteilt, und die PC-Zentrale adressiert dann „Seite x, Adresse y". Um das Beispiel der menschlichen Adressen noch einmal zu bemühen: Zu jeder Adresse gehören einfach mehrere Etagen, deren Nummern bei der Adressierung mit angegeben werden müssen. Das ist natürlich recht komplex und ohne das **Zusatz-BIOS** der VGA-Karte gar nicht mehr zu bewältigen. Die VGA-Karten werden auch von einem eigenen Quarz getaktet, der auf die Leistungsfähigkeiten ihrer Chips abgestimmt ist.

Moderne Grafikkarten benutzen speziell entwickelte Chips für den Video-RAM, sogenannte **VRAM**-Chips mit zwei Zugängen, die gleichzeitig für den Bildaufbau gefüllt und von der Bildwiederholungsschaltung gelesen werden können. Dadurch wird das Bild reibungsloser und schneller erzeugt als bei der Verwendung von normalen (D)RAM-Chips.

→ Die VGA-Karte kann verbessert werden, indem der Video-RAM vergrößert wird, wenn freie Sockel dafür vorhanden sind. Die zulässigen Chips werden im VGA-Handbuch ausgewiesen. Beachten Sie, ob Jumper/Schalter für die neue Größe verändert werden müssen.

Auf Abb. 6.4 ist links der Video-RAM zu sehen; der große, quadratische Chip daneben ist der Grafik-Steuerchip, darunter ist der silberne Quarz zu erkennen, der der VGA-Karte einen ganz eigenen Arbeitstakt verschafft. Die Chips mit den Aufklebern sind auch hier wieder EPROMS, die das **VGA-BIOS** enthalten.

Abb. 6.4: VGA-Karte

Die Abarbeitung der VGA-BIOS-Programme für die Bildschirmausgabe kann, bedingt durch die EPROM-Technologie, relativ langsam sein. Das VGA-BIOS kann daher aus den langsamen EPROMS in einen Bereich des normalen Arbeitsspeichers kopiert werden. Diesen nennt man dann **Video Shadow RAM**, also Video-Schattenspeicher. RAM-Bausteine, die als Schattenspeicher benutzt werden, stehen natürlich den Programmen nicht mehr zur Verfügung. Auch Video-Shadow-RAM kann mit Hilfe des (System-)**BIOS-Setup**-Programms eingerichtet („enabled") oder abgeschaltet („disabled") werden, im allgemeinen in den Menüs des „Easy Chipset Setup". In Abschnitt 4.5 haben wir diesen Vorgang erklärt.

➡ Richten Sie nur dann Video-Shadow-RAM ein, wenn Sie genügend viele RAM-Bausteine haben (mindestens 4 MB).

VGA ist heute der Minimalstandard für PC-Bildschirme, da die modernen grafisch orientierten Programme diese komplexe Ansteuerung voraussetzen. Zu beachten ist, daß bei hoher **Bildauflösung** (der Elektronenstrahl hat viele Zeilen zu schreiben) die **Bildwiederholfrequenz** sinkt – gelegentlich auch unter den sinnvollen Wert von 70 Hz!

Weiterentwicklungen

Weiterentwicklungen wie **Super-VGA** oder **SVGA** ändern am *Prinzip* der VGA-Ansteuerung nichts, sie verbessern es nur. Andere Hersteller haben Grafikkarten entwickelt, die einen eigenen **Grafikprozessor** enthalten (z.B. **TIGA** von Texas Instruments oder **8514/A** von IBM). Der Vorteil ist, daß die CPU diesem Hilfsprozessor komplexe Aufträge erteilen kann wie „grüner Kreis um Punkt x, Durchmesser 3 cm". Der Grafikprozessor (und nicht mehr die CPU) berechnet dann selbst, welche Pixel wie angesteuert werden müssen: die CPU ist entlastet. Wird ein solches Teilbild verschoben, vergrößert oder verkleinert, so übermittelt die CPU dem Grafikprozessor wiederum nur, *was* sich ändert (neuer Mittelpunkt, neuer Durchmesser). Alles andere erledigt der Grafikprozessor selbständig. Bei Bildbearbeitungsprogrammen oder technischen Zeichnungen bewirkt das eine deutliche Beschleunigung der Arbeitsvorgänge.

Die Geschwindigkeit des Bildaufbaus ist ohnehin der Reizpunkt aller Entwicklungen von modernen Grafikkarten. Gerade unter Windows werden die Grafikkarten extrem beansprucht. Daher sind auch **Beschleunigerkarten** (engl.: Accelerator Cards) entwickelt worden, die die vorhandene VGA-Karte **ersetzen** (also ihren Steckplatz und ihre E/A-Adresse benutzen und dem Bildschirm die geeignete Anschlußbuchse bieten). Eine Grafikprozessorkarte wie TIGA oder 8514/A kann aber auch **zusätzlich** installiert werden. Dann braucht sie einen **freien Steckplatz** und wird mittels eines **Kabels** mit der VGA-Karte verbunden, um auch Signale für die niedrigere VGA-Auflösung verarbeiten zu können. Zu diesem Zweck muß die VGA-Karte eine **Kontaktleiste** für den Kabelstecker an ihrer Oberkante haben, einen sogenannten **Feature Connector** (engl.: Merkmalanbindung).

Spezielle Grafikkarten sind nur voll ausnutzbar, wenn (vom Hersteller mitgelieferte) **Treiber** benutzt werden. Diese müssen ins Betriebssystem eingebunden werden. Das geschieht entweder automatisch über mitgelieferte Installationsprogramme oder mit einer Zeile „DEVICE=Treiberdatei" in der Datei CONFIG.SYS.

Local-Bus-Grafikkarten

Eine ganz neue Entwicklung bezüglich der Anschlüsse an die *Hauptplatine* (nicht an den Bildschirm!) stellen die **Local-Bus-Karten** dar: ein eigener („lokaler") Bus, also eine Leitungsstraße auf der Hauptplatine führt zu einem speziellen Steckplatz, der für (ebenfalls spezielle) Grafikkarten vorgesehen ist. Ein solcher Bus arbeitet erheblich schneller als der normale PC-Bus, dadurch empfängt und verarbeitet die Grafikkarte die Bilddaten schneller.

→ Hat eine Hauptplatine einen Local Bus, sollte auch eine passende Grafikkarte benutzt werden. Karten- und Bustyp müssen zueinander passen. Der zur Zeit verbreitetste Typ ist der **VESA Local Bus**; da es auch andere Bustypen gibt, muß beim Nachkauf genau auf die Busbezeichnung geachtet werden. Einige Hersteller von Grafikkarten bieten ihre Erzeugnisse wahlweise für mehrere Bustypen an.

6.2.3 Kontrolle und Neuanschluß

Bei der Auswahl eines geeigneten Bildschirms begegnen uns noch einige weitere Spezialbezeichnungen, die in der folgenden Tabelle aufgelistet werden.

Bildschirmbezeichnung	Geräteeigenschaft
Multisync-Monitor	Gerät, das an mehrere Grafikkarten anschließbar ist (umschaltbar zwischen Analog- und Digitalbetrieb)
Multifrequenz- oder Mehrfrequenz-Monitor	Gerät, das unterschiedliche Horizontalfrequenzen (Zeilenabtasthäufigkeiten) synchronisieren kann
TTL-Monitor	Digitalmonitor für MDA und Hercules-Schnittstelle
TTL-RGB-Monitor	Digitalfarbmonitor für maximal acht Farben (RGB bedeutet Rot-Grün-Blau)

Schnittstelle: Historisch bedingt existieren mehrere Schnittstellentypen:

MDA: nur Text,

CGA: erste, schwache Grafik, Farben.

Hercules: nicht IBM-kompatible monochrome Grafikkarte.

EGA: Grafikkarte mit Zusatz-BIOS.

VGA und Weiterentwicklungen: moderne fernsehverwandte grafische Ansteuerung, braucht 16-Bit-Steckplatz, hat Zusatz-BIOS.

Local-Bus-Karten: schnelle Grafikkarten nur für Spezialsteckplätze.

E/A-Adressen und Interrupt-Kanäle liegen fest.

VGA-Karten sind oftmals mit **DIP-Schaltern** auf Bildschirme mit anderer Betriebsart umschaltbar. Sie haben auf ihrer Rückseite zwei Steckbuchsen: eine **9-Loch-Buchse** für digitale Bildschirme (TTL-Monitor) und eine **15-Loch-Buchse** für Analogmonitore, also voll VGA-fähige Bildschirme.

Anschlüsse:

Die Datenversorgung des **Bildschirms** erledigt ein Datenkabel zwischen Bildschirm und Schnittstellenkarte. Strom kann vom PC-Netzteil kommen. Leistungsstarke Bildschirme haben ein eigenes Netzkabel für die Steckdose.

Die **Schnittstellenkarte** erhält Strom und Daten über die Leiterbahnen des Busses.

BIOS:

Ältere Bildschirmschnittstellen sind im BIOS anzumelden (im Standard-CMOS-Setup „display type" umschalten, siehe Abschnitt 4.5). EGA-Bildschirme oder noch jüngere Schnittstellentypen werden im BIOS einfach als „EGA oder VGA" angemeldet. Intelligente Schnittstellen wie EGA, VGA und jüngere haben auf der Schnittstellenkarte ein eigenes **Zusatz-BIOS**, das Adressen aus dem Systemadreßbereich zwischen 640+128K und 1M belegt. Beim PC-Start „klinkt" sich das Zusatz-BIOS in die Systemarbeit ein und stellt allen Anwendungsprogrammen seine Fähigkeiten (seine Routinen) zur Verfügung (vergleiche Kapitel 4).

→

Ein Zusatz-BIOS meldet sich auf dem Bildschirm vor dem eigentlichen System-BIOS, z.B. mit „**VGA-BIOS 1991 ...**"

Treiber:

Das Betriebssystem enthält Bildschirmtreiber, die bei Spezialschnittstellenkarten aber oftmals durch Spezialtreiber ergänzt oder ersetzt werden.

Gerätevarianten:

Zu empfehlen sind:

- Farb- oder Monochrom-(Schwarzweiß-)Schirme, letztere sollten wirklich dunkel auf hell schreiben,

- mindestens 14 Zoll Bilddiagonale, besser 15 Zoll,

- mindestens 70 Hz Bildwiederholfrequenz,

- strahlungsarm nach MPR II,

- die Auflösung von Bildschirm und Grafikkarte sollte für grafische Oberflächen (Windows) mindestens 800x600 Bildpunkte betragen.

Besonderheiten:

Die Bytes, die das Bild ausmachen und die beständig neu zur Bildwiederholung benutzt werden, stehen in einem eigenen RAM, dem **Video-RAM**, dessen Bausteine auf der Schnittstellenkarte untergebracht sind. Damit er von der PC-Zentrale stets mit den aktuellen Daten aufgefüllt werden kann, belegt der Video-RAM Adressen aus dem normalen Speicheradreßbereich, nämlich 128K von 640K aufwärts.

Auf Schnittstellenkarte und Hauptplatine ist möglicherweise durch **Jumper** oder **Schalter** einzustellen, ob ein Farb- oder Schwarzweiß-(Monochrom-)Bildschirm benutzt wird (Jumper-Bezeichnung: „monitor type selection", also Monitortypauswahl).

➡ **Neuanschluß eines Bildschirms:**

1. Bildschirm und Schnittstelle müssen in Typ, Auflösung und Bildwiederholfrequenz zueinander passen.

2. VGA-Schnittstelle: Ein TTL-Monitor muß an die 9er Buchse angeschlossen werden (Stecker prüfen). Mit den DIP-Schaltern und dem Handbuch zur **Schnittstelle** muß die korrekte Betriebsart gewählt werden. Ein Analog-Monitor wird an die 15er Buchse angeschlossen.

3. Beim Umstieg auf einen **Farb**monitor muß eventuell auf der **Hauptplatine** und auf der **Schnittstellenkarte** je ein Jumper/Schalter umgesetzt werden. Das entnehmen Sie den Handbüchern zu Hauptplatine und Karte.

4. Je nach Bildschirm-Stromkabel muß er mit dem PC-Netzteil oder einer Steckdose verbunden werden. Außerdem hat der Bildschirm einen eigenen Netzschalter. Dieser kann beständig eingeschaltet bleiben, wenn der Bildschirm den Strom vom PC erhält.

➡ **Installation einer Grafikkarte:**

1. Bildschirm und Schnittstelle müssen in Typ, Auflösung und Bildwiederholfrequenz zueinander passen.

2. Netzstecker von PC und Bildschirm ziehen. Peripheriekabel losschrauben und abziehen. Für genügend Arbeitsplatz sorgen, Schraubenzieher, Schachteln, **Handbücher** bereitlegen. Gehäuseschrauben lösen, sich regelmäßig erden (metallene Gehäuseteile berühren).

3. Wird die alte durch die neue Grafikkarte **ersetzt** (z.B. eine schnellere VGA-Karte), muß technisch nichts weiter beachtet werden. Die Schrauben der alten

Karte werden gelöst, sie wird an den Schmalseiten angefaßt und senkrecht aus ihrem Sockel gezogen.

4. Wird die alte durch eine Zusatzkarte ergänzt, müssen beide über einen **Feature Connector**, eine Kontaktleiste an der Grafikkarte, mittels Spezialkabel verbunden werden. Das Kabel erhalten Sie mit der Zusatzkarte. Für die Zusatzkarte muß ein (genügend langer) Steckplatz (möglichst nahe bei der alten Karte) frei sein. Bitte beachten Sie das Handbuch zur neuen Grafikkarte.

5. Müssen mehrere Karten umgesteckt werden, so lösen Sie alle störenden Kabelverbindungen und **notieren** ihre Stellung. Sammeln Sie alle Schrauben. Ziehen Sie alle Karten senkrecht aus ihren Sockeln, indem Sie sie an den Schmalseiten anfassen. Fassen Sie dabei nach Möglichkeit nicht auf die Chips und schon gar nicht auf die herausragenden elektrischen Bauteile wie Dioden, Widerstände, Kondensatoren. Sie könnten den Teilen Beine abbrechen. Vor jedem Griff an blanke Leitungsverbindungen das Metallgehäuse anfassen, um statische Elektrizität aus Ihrem Körper abzuleiten (erden).

Umstecken ist grundsätzlich möglich, solange der neue Steckplatz die gleiche Länge hat wie der alte. Die Zentrale identifiziert die Karten über ihre Adresse, nicht über ihren Steckplatz.

6. Betriebsart auf der neuen Karte gemäß Handbuch wählen.

Beispiel für das Datenblatt einer VGA-Karte (SW=Switch, engl. für Schalter, on/off: mögliche Schalterstellungen):

type of display	SW1	SW2	SW3	SW4
color 80x25 (multi frequency) (— Auszug —)	on	off	off	off

7. Bei mehreren Steckkarten mit **Zusatz-BIOS** muß eventuell auch die Start-Adresse des Zusatz-BIOS mit Jumpern auf der Karte eingestellt werden (vergleiche dazu Kapitel 7). Weitere **Jumper** (z.B. Farb-/Monochrombetrieb, Noninterlaced-Betrieb) entnehmen Sie ebenfalls dem Handbuch.

➡ **Notieren** Sie sich stets die von Zusatzkarten benutzten Adressen. Notieren Sie sich auch alle Jumper- oder Schalterstellungen, die Sie ändern.

8. Eine neue Karte wird senkrecht auf ihren Steckplatz gestellt, so daß ihre Schlitzblende an der Gehäuserückwand anliegt. Kontrollieren Sie den richtigen Sitz der Kontaktleisten über dem Sockel. Dann drücken Sie die Karte vom oberen Rand kräftig in den Sockel. Stets am Gehäuserand verschrauben.

9. Alle in Schritt 5 gelösten Kabel an ihren Platz stecken. Bildschirm wieder mit PC verbinden. Alle Schrauben, Werkzeuge, losen Bauteile aus dem PC-Gehäuse entfernen.

10. Den ersten **Test** mit geöffnetem PC durchführen, um im Fehlerfall gleich wieder an die Bauteile heranzukommen. Ein Zusatz-BIOS muß sich beim PC-Start als erstes auf dem Bildschirm melden. Im System-BIOS muß „EGA oder VGA" angemeldet werden.

11. Sind für die neue Karte spezielle **Treiber** notwendig, so werden diese gemäß Handbuch **installiert**. Im einfachsten Fall müssen sie auf die Festplatte kopiert und mit einer „DEVICE="-Anweisung in die Datei CONFIG.SYS eingefügt werden. Erst beim darauffolgenden Systemstart können sie aktiv werden.

12. Bei Fehlschlag: Ausschalten, Netzstecker ziehen. Alle Jumper- bzw. Schalterstellungen, Kabel, Steckverbindungen überprüfen. Mit Jumpern eingestellte BIOS-Adresse prüfen, evtl. ändern.

13. Bei Erfolg: Netzstecker ziehen, PC sorgfältig schließen und verschrauben.

➜ **Kontrollmöglichkeiten im Fehlerfall:**

Bei Bildstörungen:

• Stromkabel prüfen, eventuell Netzsteckdose prüfen. Datenkabel zur Schnittstelle prüfen. Stromschalter des Bildschirms muß auf „1" oder „ON" sein.

• Regler für Helligkeit, Kontrast, Bildgröße und -lage prüfen.

• Wenn alle Kabel fest sitzen: PC öffnen und den Sitz der Karte prüfen.

• Notfalls eine andere (gleichwertige) Karte probeweise einbauen. Wenn das Bild dann kommt: Karten vergleichen, insbesondere die Betriebsart-Jumper. Keine Unterschiede: Karte scheint defekt zu sein.

• Auch mit einer anderen Karte kein Bild: Bildschirm scheint defekt zu sein.

➜ **NIE einen Bildschirm öffnen!**

Verschmutzung:

➜ Der Bildschirm kann im abgeschalteten Zustand mit einem leicht feuchten (nicht tropfenden) Lappen abgewischt werden.

➜ LCD-Schirme sind sehr berührungsempfindlich. Sie sollten sie nach Möglichkeit nicht anfassen.

6.3 Parallele und serielle Schnittstelle

Ein PC hat in seiner Standardausrüstung zwei Schnittstellen, also Ansteuerungsgeräte, die so einfach und allgemein gehalten sind, daß grundsätzlich viele verschiedene Geräte angeschlossen werden können. Sie müssen nur die passende Steckbuchse haben und die Signale in der geeigneten Weise empfangen bzw. an den PC senden. Diese **Mehrzweck**-Schnittstellen heißen nach der Art, wie sie die Bits bzw. Bytes übermitteln, **parallele** und **serielle** Schnittstelle. Ihre Schaltungen sind nicht sehr aufwendig, daher sind mehrere solcher Schnittstellen in der Regel auf einer einzigen Steckkarte eingerichtet. Von der Zentrale aus werden die Schnittstellen selbst einfach als „Geräte" betrachtet. Die eigentlichen Geräte werden einfach – mit dem richtigen Kabel – außen am Gehäuse eingesteckt: fertig.

6.3.1 Die serielle Schnittstelle

Die **serielle** Schnittstelle übermittelt die Bits eines Bytes **nacheinander** an ein angeschlossenes Gerät (oder von ihm zum PC). Als neuntes Bit fügt sie ein **Paritätsbit** hinzu, welches angibt, ob die Anzahl der Einsen im Byte gerade oder ungerade ist. Für die Daten braucht sie also nur *eine* Leitung, oder besser zwei für den Fall, daß gleichzeitig in zwei Richtungen Daten übertragen werden sollen. Daneben existieren noch einige Steuerleitungen, z.B. zum Anfordern einer Übertragung und zum Bestimmen der Übertragungsrichtung. Wichtig ist auch eine **Taktleitung**, auf der parallel zu den Bits der Takt übertragen wird, in dem die Bits selber über die Leitung geschickt werden. Der Empfänger einer seriellen Botschaft muß ja auch bei mehreren gleichartigen Bits nacheinander unterscheiden können, wie viele ankommen.

Die Schnittstelle selbst besteht im wesentlichen aus einem **Puffer**, einer Art „Schublade", in der

• vor dem Senden von Daten jeweils das ganze Byte steht, um dann Bit für Bit übertragen zu werden, und

• beim Empfangen Bit für Bit aufgesammelt werden, bis ein Byte komplett ist.

Ist die serielle Schnittstelle mit der Übertragung fertig, unterbricht sie die CPU, um ihr Byte abzuliefern oder ein neues zu übernehmen.

Daraus ergibt sich, daß eine serielle Schnittstelle außer einer **E/A-Adresse**, über die die CPU sie anspricht, auch einen **Interrupt-Kanal** haben muß. Beides ist im Normal-PC für **zwei serielle Schnittstellen** fest zugeordnet, es können aber auch vier unterstützt werden.

Um weitere als die standardmäßig vorgesehenen seriellen Anschlüsse vorzusehen, muß in der Regel eine weitere Schnittstellenkarte eingebaut werden (siehe dazu Kapitel 7).

Diese Art der Datenübertragung ist zwar sehr langsam, aber anspruchslos und daher fast universell einsetzbar. Der ursprüngliche Einsatz serieller Übertragung war die **Kommunikation** zwischen zwei Geräten, also Datenaustausch zwischen zwei Computern. Daher rührt auch der Name der seriellen Schnittstellen: Sie werden unter DOS als Einheit (Gerät) **COM** mit einer laufenden Nummer bezeichnet. Gleich welches Gerät an der ersten seriellen Schnittstelle des PCs angeschlossen ist, das Betriebssystem spricht es als **COM1** an. BIOS und Betriebssystem können diese Schnittstelle bedienen.

Die serielle Schnittstelle im PC verhält sich in der Regel nach einem Standard, der mit **RS 232C** oder **V.24** bezeichnet wird. Daher findet man sowohl am PC selbst als auch in Programmen, die die serielle Schnittstelle verwenden, alle drei Bezeichnungen: COM, RS 232C oder V.24. Für diesen Standard ist eine 25-Pin-Buchse und ein 25-Loch-Stecker vorgesehen; da im PC aber nur wenige Signale benutzt werden, gibt es serielle Buchsen auch in der Ausführung mit nur neun Pins (Abb. 6.5).

Abb. 6.5: Anschlüsse einer seriellen Schnittstelle (Pins) und Parallelanschluß (Löcher)

Mit dem RS-232C-Standard wird eigentlich eine Übertragung von einem Computer zu einem **Modem** festgelegt. Ein Modem (von **Modulator-Demodulator**) ist ein Gerät, mit dem Computer-interne (digitale) Signale in solche umgewandelt werden, die z.B. über ein Telefonnetz übertragen werden können. Daher ist ein Modem bekannt als Verbindungsgerät, um einen PC ans Telefonnetz und am anderen Ende über ein weiteres Modem an einen anderen Computer zu koppeln. Zwei unterschiedliche Betriebsarten sind dabei möglich.

Im **asynchronen** Betrieb müssen Sender und Empfänger im gleichen Takt arbeiten. Dann erkennen sie die nacheinander eintreffenden Bits an ihrem eigenen Arbeitstakt. Zusätzlich übermittelte **Start- und Stopbits** helfen, den Beginn und das Ende eines jeden Bytes zu identifizieren. Im **synchronen** Betrieb muß ein Taktsignal parallel zu den Datenbits übertragen werden, um sie auseinanderzuhalten. Dabei können Sender und Empfänger aber mit unterschiedlichem Arbeitstakt betrieben werden.

Viel häufiger wird die serielle Schnittstelle eines PCs aber für zwei ganz andere Geräte genutzt: **Maus** und **Drucker**. Beide sind keine Datenübertragungsgeräte wie ein Modem, nutzen also die Signale auf ganz andere Art. Daher kann ein Datenübertragungskabel an der seriellen Schnittstelle *nicht* für eine Maus oder einen Drucker benutzt werden.

Ein **Drucker** (siehe auch Abschnitt 6.4) *empfängt* Daten über ein spezielles Druckerkabel an einer Buchse, die als „serieller Eingang" gekennzeichnet ist. Der **Druckertreiber** verwaltet die korrekte Datenausgabe über die Schnittstelle.

Eine **Maus** (siehe auch Abschnitt 6.5) *sendet* Daten über ein spezielles Mauskabel, aber in ganz anderer Form als es der Datenübertragungsstandard für die serielle Schnittstelle festlegt. Die Betriebssystemverwaltung des „Geräts" COM kann mit diesen Signalen nichts anfangen. Daher muß für eine Maus stets ein **Treiber** benutzt werden.

6.3.2 Die parallele Schnittstelle

Die **parallele Schnittstelle** übermittelt die Bits eines Bytes auf acht parallelen Drähten in einem gemeinsamen Kabel. Dazu kommen noch das **Paritätsbit**, welches angibt, ob die Anzahl der Einsen im Byte gerade oder ungerade ist, und etliche Steuerleitungen zur korrekten Abwicklung der Datenübertragung, die in beide Richtungen erlaubt ist.

Im allgemeinen wird an einer parallelen Schnittstelle nur ein **Drucker** (siehe auch Abschnitt 6.4) angeschlossen; daher hat sie als DOS-Einheit (Gerät) auch den Namen **LPT** (von engl. Line Printer: Zeilendrucker) plus eine laufende Nummer. In der

Regel sind bis zu vier parallele Schnittstellen möglich; der Standardausbau ist eine oder zwei. Die Schnittstelle LPT1 wird unter DOS auch mit **PRN** (von **Printer**) bezeichnet.

Den ersten **zwei Parallelschnittstellen** sind im PC **E/A-Adressen** und **Interrupt-Kanäle** fest zugeordnet. Um weitere als die standardmäßig vorgesehenen LPT-Anschlüsse vorzusehen, muß in der Regel eine weitere Schnittstellenkarte eingebaut werden (siehe dazu Kapitel 7).

Die parallele PC-Schnittstelle entspricht einem Standard, der mit **Centronics** bezeichnet wird. Daher heißt ein Druckerkabel, das zwischen paralleler PC-Schnittstelle und dem parallelen Eingang des Druckers benutzt wird, auch Centronics-Kabel. Der parallele Anschluß am PC hat **25 Löcher**, ist also nicht mit dem seriellen verwechselbar, der Pins hat (siehe auch Abb. 6.5). Das andere Ende des Centronics-Kabels hat eine Kontaktleiste, die nur in die entsprechende Druckerbuchse paßt (Abb. 6.6).

Abb. 6.6: Centronics-Kabel für die parallele Schnittstelle

Mit Spezialkabeln kann die parallele Schnittstelle auch zur Kopplung von zwei PCs genutzt werden. Hier geht die Datenübertragung natürlich erheblich schneller als beim seriellen Betrieb. Näheres dazu in Kapitel 7. Eine weitere Nutzung ist der Anschluß eines externen **Bandgeräts**, wie er in Kapitel 5.7 besprochen wird. Auch hier ist ein Spezialkabel erforderlich. In jedem Fall sorgt der geeignete **Treiber** für die korrekte Bedienung des angeschlossenen Geräts.

➜ Ein Kabel an der parallelen Schnittstelle darf nicht länger als 5 m sein, da die Signale sonst nicht störungsfrei ankommen.

6.4 Drucker

Ein **Drucker** ist im PC-Betrieb fast unerläßlich, da die Arbeitsergebnisse früher oder später stromunabhängig auf Papier erscheinen sollen. Daher ist der Anschluß und der Betrieb eines Druckers im PC schon vorbereitet. Das Gerät selbst wird aber normalerweise separat erworben. Der Hauptgrund dafür ist die Vielfalt von Druckertypen, aus denen jede PC-Benutzerin sich die geeignete Spielart für ihren Bedarf (und ihren Geldbeutel) heraussuchen sollte.

Das Betriebssystem DOS bedient standardmäßig einen Drucker, der an der Parallelschnittstelle angeschlossen ist. Die Zentrale übermittelt dabei die für alle Drucker einheitlichen Codebytes: die international normierten **ASCII**-Zeichen für Buchstaben, Zahlen, Sonderzeichen, auch für Zeilen- und Seitenvorschub. ASCII heißt **American Standard Code for Information Interchange** (amerikanischer Standardcode für Informationsaustausch) und ist die Basis dafür, daß zwei unterschiedliche Geräte (Computer oder Peripherie) überhaupt Daten austauschen können.

Da Drucker heute sehr viel mehr können (und auch sollen) als nur einfach Buchstaben und Ziffern ausdrucken, gehört zu jedem Drucker ein geeigneter **Treiber**, der zum einen seine Spezialfähigkeiten (z.B. Schriftauswahl) mit den Zeichencodes verbindet, zum anderen aber auch den Drucker **grafisch** ansteuern, also auf ihm **zeichnen** kann. Gerade diese Fähigkeit nutzen moderne **Schriftartmanager** oder **Fontmanager**. Das sind Programme, die auf Bildschirm *und* Drucker nahezu beliebige Schriftarten in allen möglichen Größenvarianten ausgeben, wodurch die Anwenderin von den eingebauten Schriftarten des einzelnen Druckers immer unabhängiger wird (Bsp.: Windows Truetype-Schriften).

6.4.1 Druckerbedienung

Die meisten Drucker haben heute ein ausführliches **Bedienfeld**, auf dem von Hand Betriebsarten, Schriftarten, Papierzufuhr und ähnliches umstellbar sind. Die meisten Umschaltungen kann auch ein guter Treiber erledigen, gelegentlich ist aber die Softwarebedienung unzureichend (z.B. mit dem PRINT-Befehl unter DOS). Um das Bedienfeld und die zugehörigen Kontrollanzeigen zu beherrschen, ist ein (gelegentliches) Handbuchstudium unvermeidlich. Druckerhandbücher gibt es heutzutage fast für alle Modelle in deutscher Sprache.

Drei Arten von Bedienfeldern sind anzutreffen:

- DIP-Schalter-Felder (meistens am Druckerboden oder unter seiner Abdeckung),
- Schalter bzw. Tipptasten mit zugehörigen Kontrollanzeigen,
- Tasten mit Anzeige (Display) und Menüfunktion.

DIP-Schalter (Abb. 6.7) sind vor allem (aber nicht nur) an älteren Druckermodellen zu finden. Mit einigen von ihnen wird z.b. einer von mehreren Zeichensätzen (US, deutsch, skandinavisch etc.) eingestellt. Die richtige Schalterstellung hier ist meistens Voraussetzung für die fehlerfreie Arbeit des Druckertreibers. Lesen Sie dazu Software- und Druckerhandbuch.

Abb. 6.7: DIP-Schalter-Bedienfeld in einem Nadeldrucker

Tasten mit Kontrollanzeige(lampe)n (Abb. 6.8) dienen vor allem folgenden Zwekken:

- Ein- und Ausschalten,
  Bezeichnungen: **Power, ON/OFF, 1/0.**

- An- und Abkoppeln der Datenverbindung zum PC,
  Bezeichnungen: **On line, Select, Ready.**

- Manueller Papiervorschub oder Papierauswurf (im allgemeinen nur möglich, wenn der Drucker abgekoppelt ist, also „off line", „nicht an der Leitung"),
  Bezeichnungen: **Feed** (Vorschub) oder **LF** (Linefeed) für Zeilenvorschub, **FF** (Formfeed) für Blattvorschub, bei Laserdruckern (siehe weiter unten) auch **Feed, Eject** (Auswurf) oder **Print** (Druck) zur Ausgabe der fertigen Seite.

- Zurücksetzen auf Standardeinstellungen (z.B. nach Abbruch des Drucks),
  Bezeichnung: **Reset.**

Die ersten drei dieser Schaltmöglichkeiten hat jeder Drucker, und die ersten beiden können auch nur von Hand geschaltet werden.

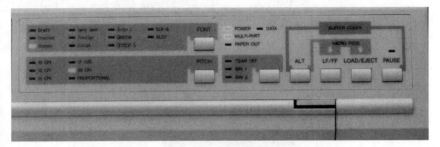

Abb. 6.8: Tasten und Kontrollanzeigen auf einem Nadeldrucker

Tasten mit Display, einer Anzeige des jeweiligen Betriebszustands, sind die modernste Art der Druckerbedienung. Durch Tasten mit Pfeilen darauf kann die Benutzerin sich durch tief verschachtelte Befehlsmenüs hindurchtippen. Der jeweilige Menüpunkt erscheint im Display. Ohne Handbuch, das immer einen **Überblick** über sämtliche Menüs enthält, ist kaum der richtige Weg zu einem bestimmten Befehl zu finden. Allerdings kann auf keine andere Art eine solche Vielfalt von Befehlen und Umschaltmöglichkeiten in einem kleinen Bedienfeld untergebracht werden.

6.4.2 Druckertypen

Um den für mich richtigen Drucker herauszufinden, muß ich Preise, Leistungen und meine Anforderungen an das Druckbild prüfen. Hier soll nur ein kurzer Überblick über die im PC-Bereich gängigsten Druckertypen stehen, um eine Grundlage für Ihre persönliche Druckerauswahl zu schaffen. Außer den Anschaffungskosten sollten Sie stets auch die **Verbrauchskosten** mitrechnen, und die unterscheiden sich je nach Typ *und* Modell.

Nadeldrucker (Abb. 6.9)

Bis vor einiger Zeit waren sie noch *die* PC-Drucker, da sie billig, robust und klein sind. Die Preisunterschiede, vor allem unter Berücksichtigung der laufenden Kosten für Verbrauchsteile, verschwimmen aber immer mehr. Nadeldrucker sind vor allem interessant, wenn **Durchschläge** gebraucht werden, und für preiswerten **Mehrfarbdruck**.

Preisklasse: Ab DM 300 aufwärts.

Verbrauchsteile: Farbband, selten Druckkopf.

Typ:	Zeilendrucker: druckt jede Zeile einzeln; sowie auch
	Matrixdrucker: setzt jedes Zeichen aus einem Raster (Gitter) von Punkten zusammen. Nadeln drücken das Farbband punktweise auf das Papier.
Vorteil:	Billig, robust, für mäßigen Aufpreis auch mehrfarbig, durchschlagfähig.
	Beliebiges Papier, auch Endlosformulare benutzbar.
Nachteil:	Laut, langsam.

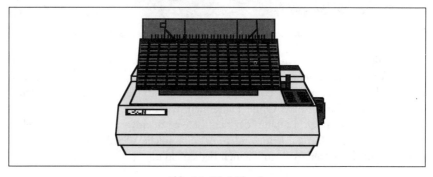

Abb. 6.9: Nadeldrucker

Tintenstrahldrucker (Abb. 6.10)

Sie sind die aktuellen Bürodrucker, die die Nadler ablösen. Für Texte und Zahlen liefern sie ein gestochen scharfes Druckbild. Grafiken werden eventuell zu naß und wellen das Papier.

Preisklasse:	Ab DM 600 aufwärts.
Verbrauchsteile:	Druckkopf und Tintenbehälter (meistens in einem).
Typ:	Zeilendrucker; Matrixdrucker.
	Tinte wird punktweise aus kleinen Düsen gespritzt.
Vorteil:	Leise, recht schnell, guter Druck, auch mehrfarbig möglich.
Nachteil:	Glattes Papier nötig. Bei Farbgrafiken mit vielen bunten Flächen wird das Papier zu naß.
	Durch Nachkauf der Druckköpfe relativ teuer im Verbrauch.

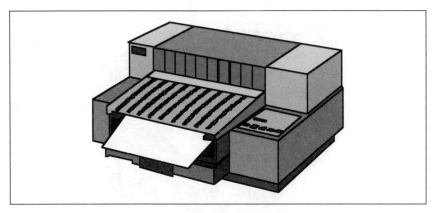

Abb. 6.10: Tintenstrahldrucker

Laserdrucker (Abb. 6.11)

Laser sind immer noch die Drucker für hohe Ansprüche, werden aber zusehends billiger. Mehrfarblaser sind die teuersten Drucker. Moderne Laserdrucker haben eine so hohe Lebensdauer, daß die Anschaffungskosten sich gut amortisieren. Die Verbrauchskosten sind mäßig, da eine Tonereinheit („Toner" ist das Farbpulver) für viele Drucke ausreicht.

Preisklasse:	Ab DM 1000 aufwärts.
Verbrauchsteile:	Toner, Filter, selten Drucktrommel.
Typ:	Seitendrucker: die Seite wird fotografisch auf einer Drucktrommel aufgebaut und dann gedruckt.
Vorteil:	Schnell, leise, hohe Druckqualität. Mehrere Kopien einer Seite unvergleichlich schnell.
Nachteil:	Teurer in der Anschaffung. Ozonausstoß belastet die Büroluft. Einigermaßen glattes Papier notwendig. In den Maßen muß es zum Einzugschacht passen.

181

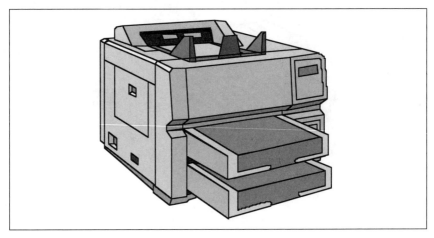

Abb. 6.11: Laserdrucker

➜ Beachten Sie bitte: Die Fähigkeiten eines Druckers können nur von einem auf ihn abgestimmten **Druckertreiber** vollständig genutzt werden. Die gängigen Softwareprodukte kommen mit einer Vielzahl von Druckertreibern auf den Markt, unterstützen aber vor allem die bekannten, gut eingeführten Druckermodelle. In jeder Druckerklasse gibt es ein paar „Prototypen", die mit ihrer Art der Ansteuerung eine Art **Druckersprache** festgelegt haben. Das sind auf dem Nadeldruckermarkt z.b. die Epson-Geräte, auf dem Laserdruckermarkt die Hewlett-Packard-Drucker mit ihrer Druckersprache PCL. Erwerben Sie einen „Exoten-Drucker", also ein Modell, das von der gängigen Software nicht unbedingt unterstützt wird, so sollten Sie darauf achten, daß das Gerät laut Handbuch eine HP- oder IBM- oder Epson-Betriebsart annehmen kann. Manche Handbücher nennen das **Emulation**. Dieses Wort bedeutet etwa „Simulation mittels technischer Schaltungen".

➜ Laserdrucker unterstützen oftmals eine druckerunabhängige Sprache namens **Postscript**. Postscript-Drucker sind teurer, aber mit jeder Software zu benutzen, die Postscript-Ausgabe erzeugen kann. In Postscript-Druckern steckt ein kleiner Computer, der vom Treiber ein in Postscript geschriebenes Programm erhält, aus dem er entnimmt, wie die Druckseite auszusehen hat.

➜ Ein DOS-PRINT-Befehl funktioniert **nicht** auf einem Postscript-Drucker.

6.4.3 Druckerschnittstellen

Die meisten Drucker haben zwei Eingangsbuchsen (Abb. 6.12):

- eine **25-Löcher-Buchse** für ein **serielles Druckerkabel**, das am anderen Ende in die serielle PC-Schnittstelle eingesteckt wird,

- eine Centronics-Buchse mit einer **Kontaktschiene**, in die nur ein Stecker des **Centronics-Druckerkabels** paßt. Hier wird der Drucker mit der **parallelen** PC-Schnittstelle verbunden.

In der Regel wird der Drucker über den parallelen Anschluß betrieben, da dieser Betrieb schneller ist. Außer der Verwendung des **korrekten Druckerkabels** ist nichts weiter zu beachten.

6.4.4 Kontrolle und Neuanschluß

Schnittstelle: **Parallele** oder **serielle** Mehrzweckschnittstelle, spezielles Druckerkabel.

Anschlüsse: Ein Drucker erhält Strom aus der **Netzsteckdose**, Daten über sein **Druckerkabel**. Ein Centronics-Kabel (Parallelkabel) wird mit Klammern an der Druckerbuchse befestigt, ein serielles Druckerkabel mit Schrauben.

BIOS: Das BIOS bedient lediglich die Schnittstelle auf ganz allgemeine Art.

Treiber: Druckertreiber sind Bestandteil der Anwendungsprogramme oder werden vom Druckerhersteller geliefert, um in die gängigen Programme eingegliedert zu werden. Ein Druckertreiber wird selten ins Betriebssystem (DOS) integriert, sondern direkt in die **Anwendungssoftware** (meistens bereits bei der Installation), um die Fähigkeiten von Anwendungsprogramm und Drucker optimal zu verbinden. Benutzen Sie **Windows**, so wird der Treiber nur hier angemeldet (Programm-Manager, Hauptgruppe, Systemsteuerung, Drucker), um allen Windows-Anwendungen gleichermaßen zur Verfügung zu stehen.

Gerätevarianten: Nadel- und Tintenstrahldrucker aus der Familie der Matrix- und Zeilendrucker, Laserdrucker aus der Familie der Seitendrucker.

Abb. 6.12: Dateneingänge eines Druckers (rechts für den parallelen Anschluß)

Neuanschluß

1. Prüfen, ob eine parallele oder alternativ eine serielle Schnittstelle frei ist. Notfalls eine Schnittstellenkarte kaufen, konfigurieren und einbauen (siehe dazu Kapitel 7).

2. Kauf eines geeigneten Druckers und eines Druckerkabels. Handbuch nicht vergessen! Kauf des geeigneten Papiers.

3. Anschluß des Druckers am Stromnetz. Versorgung mit Papier. Drucker haben im allgemeinen eine **Selbsttest**funktion: Wie sie ausgelöst wird, finden Sie im Handbuch des Druckers.

4. Anschluß des Kabels am PC und am Drucker (siehe auch Abb. 6.6 und 6.12). Der Drucker muß angeschaltet sein und Datenverbindung haben. Letzteres zeigt eine Kontrollanzeige am Drucker mit einer Bezeichnung wie **On line** oder **Select** oder **Ready**. Zu ihr gehört auch ein Schalter mit ähnlicher Bezeichnung. Mit diesem Schalter wird der Drucker vom PC „abgekoppelt": die Kontrollanzeige erlischt, der Drucker kann keine Daten empfangen.

5. In den DOS-Anwendungsprogrammen oder in Windows den Drucker bzw. seinen Treiber anmelden.

Wird Ihr Druckermodell nicht in der Auswahlliste der Software angeboten:

Entweder – wenn Sie herstellereigene Druckertreiber auf einer Diskette bekommen haben – die für Ihre Software passenden auf die Festplatte kopieren (Druckerhandbuch konsultieren), *oder* im Druckerhandbuch suchen, welchen gängigen (in der Software angebotenen) Druckertyp Ihr Drucker **emuliert**, d.h. wessen Betriebsart er ausführen kann, und den Drucker entsprechend anmelden.

Beispiel: Viele Laserdrucker lassen sich als „HP Laserjet IIIP" anmelden, Nadeldrucker vielfach als Epson LQ850 oder ähnlich.

Testausdruck durchführen.

6. Fehlschlag: Am Drucker selbst die DIP-Schalter oder das Menü im **Bedienfeld** mit Hilfe des Druckerhandbuchs prüfen und gegebenenfalls die Betriebsart umstellen. Das ist vor allem erforderlich, wenn die deutschen Umlaute fehlen. Unter den Betriebsartwahlmöglichkeiten gibt es in der Regel eine Umschaltung „Sprache" oder „Zeichensatz". Notieren Sie sich auch hier alle Stellungen, die Sie ändern!

   Eventuell einen alternativen Druckertreiber auswählen (z.B. Laserjet IIP statt IIIP, IBM Proprinter statt Epson etc.).

7. Stimmt der Kontrolldruck, sind Sie fertig.

8. Papier läßt sich in der Regel nur dann manuell mit Tastendruck (**FF, Formfeed** – Blattvorschub –, **Print, Eject**) auswerfen, wenn der Drucker „off line" ist, also abgekoppelt vom PC (engl. off: ab, weg). Betätigen Sie also für manuellen Papierauswurf zuerst die Select- oder On-line-Taste, dann die FF-, Formfeed-, Print- oder Eject-Taste.

Kontrollmöglichkeiten im Fehlerfall

Problem: Der Drucker reagiert nicht auf einen Druckbefehl.

➜ Hat der Drucker **Strom**? Ist er **angeschaltet**? Hat er **Papier**? Brennt die **On-line-**, **Ready-** oder **Select**-Lampe bzw. steht das entsprechende Wort im Display? (Zugehörigen Schalter probeweise betätigen.)

➜ Steckt das **Druckerkabel** an beiden Enden fest in seiner Buchse? Verschrauben bzw. klammern Sie es nach Möglichkeit fest.

➜ Beachten Sie die **Fehleranzeige** am Drucker selbst. Eine Meldung „paper" oder „paper jam" an einem Laserdrucker deutet auf einen **Papierstau** hin. Schalten Sie in diesem Fall ab und öffnen (nicht ohne Blick ins Handbuch) die Klappen, über die Sie an die Papierführung herankommen.

Einen Papierstau im Nadeldrucker erkennen Sie sofort am geknautschten Papier. Schalten Sie dann ab und beseitigen das gestaute Papier.

→ Öffnen Sie einen Drucker nur, wenn er **abgeschaltet** ist.

Problem: Ein Seitendrucker gibt das Papier nicht heraus.

● Ein Bildschirmabdruck mit der Druck- oder PrintScreen-Taste auf der PC-Tastatur oder auch ein Umleiten eines DOS-Befehls auf den Drucker (z.B. DIR>PRN) wird nie mit einem Befehl zum Papierauswurf abgeschlossen. Die Seite bleibt im Drucker, wenn sie nicht zufälligerweise voll ist.

→ Schalten Sie den Drucker „off line" (On-line-, Select- oder Ready-Taste), werfen Sie dann das Papier manuell aus (FF-, Formfeed-, Print-, Eject-Taste). Schalten Sie danach wieder auf „on line".

→ Ein Postscript-Drucker kann weder Bildschirmkopien (Druck-Taste) noch umgeleitete DOS-Befehle (...>PRN) bearbeiten.

Problem: Der Drucker druckt ungewöhnliche Zeichen.

→ Prüfen Sie den im Anwendungsprogramm angemeldeten Treiber. Prüfen Sie die DIP-Schalter, das Betriebsartbedienfeld oder -menü am Drucker. Zeichensatz, Betriebsart (Emulation), eventuell Auflösung muß mit dem Treiber übereinstimmen. Ziehen Sie dazu Ihr Handbuch zu Rate: Die Modelle sind zu unterschiedlich, als daß wir hier eine „Marschrichtung" vorgeben könnten.

Problem: Der Druck ist zu schwach.

→ Farbband, Tintenbehälter oder Toner erneuern. Zum Druckermodell passend kaufen!

Problem: Der Druck ist unregelmäßig.

→ Drucker auf **Verschmutzung** prüfen, bei Matrixdruckern insbesondere den Druckkopf. Nur im abgeschalteten Zustand und nur an zugänglichen Stellen! Elektrische Geräte niemals *naß* machen, höchstens mit einem leicht feuchten Tuch (z.B. Brillenreinigungstuch) behandeln.

→ Druckkopf bzw. Laserdruckertrommel auf Verschleiß prüfen. Dafür können Sie die im Handbuch angegebene Lebensdauer zugrunde legen. Moderne Laserdrucker haben auch eine spezielle Anzeige, die den Austausch von Verbrauchsteilen fordert.

Softwareprobleme:

- Falls Sie mit Windows arbeiten und der Drucker beim Erteilen des Druckauftrags nicht korrekt angekoppelt war, kann es sein, daß der Druckauftrag im Windows-Druckmanager „hängt" und von dort fortgesetzt werden muß.

- Generell gilt: die Software hat eine bestimmte Wartezeit (bei der Installation einstellbar) für Druckaufträge. Reagiert der Drucker nicht innerhalb dieser Zeit, so meldet die Software „Drucker nicht bereit". Stellen Sie dann den Normalzustand her (Tasten Reset und On line), müssen Sie den Druckauftrag in der Regel neu erteilen.

- Es kann auch vorkommen, daß ein Anwendungsprogramm gar nicht auf Druckerreaktionen wartet. Es schickt den Druckauftrag zum Anschluß hinaus, ob der Drucker bereit war oder nicht. Ist das Programm wieder arbeitsbereit, ohne daß Sie das Druckergebnis haben, kontrollieren Sie den Drucker und das Kabel und erteilen den Auftrag dann erneut.

- Ob der Drucker den gesamten Druckauftrag auf einmal übernehmen kann, hängt von der Größe seines eingebauten **Pufferspeichers** ab. Größere Druckaufträge, insbesondere mit Grafiken, müssen von der Software oftmals in mehreren Schüben zum Drucker übertragen werden. Es hängt vom verwendeten Programm ab, ob der PC währenddessen „blockiert" ist, oder ob ein Hintergrundprogramm drucken kann, ein sogenannter **Spooler.**

- Müssen Sie einen Druck von Hand abbrechen (z.B. weil es das falsche Dokument war), so betätigen Sie nacheinander die On-line- und die Reset-Taste. Hat Ihr Drucker keine Reset-Taste, so schalten Sie ihn aus und nach einer Weile wieder ein.

6.4.5 Mehrfach-Druckerankopplung

Häufig entstehen PC-Arbeitsplätze, in denen die Kombination „PC+Drucker" so nicht befriedigt. Stehen zum Beispiel in einem Büro mehrere PCs, so ist es meistens gar nicht notwendig, für jeden einzelnen einen Drucker anzuschaffen, da die gesamten Druckaufträge eigentlich gut abwechselnd auf demselben Gerät erledigt werden können. Andererseits gibt es auch Arbeitsplätze, die zwei Drucker brauchen: den Nadler für Rechnungen mit Durchschlag, den Laserdrucker für die vorzeigbaren Geschäftsgrafiken. Letzteres ist natürlich auch dadurch zu lösen, daß ein **LPT2**-Anschluß eingerichtet wird (siehe auch Kapitel 7), so daß beide Drucker gleichzeitig mit dem PC verbunden sind. Die Anwendungsprogramme müssen dann nur noch jeweils ihre Aufträge zum richtigen LPT-Anschluß senden. Anders sieht die Sache aus, wenn kein weiterer Druckeranschluß im PC selbst eingerichtet werden kann (an LPT2 hängt beispielsweise schon ein Bandgerät).

Um mehrere PCs an einen Drucker zu koppeln oder einen PC mit mehreren Druckern zu verbinden, gibt es die sogenannten **Druckerweichen**, auch **Druckerumschalter** oder einfach **T-Schalter** genannt. Das sind Geräte, die über mehrere (Parallel-)Ein- und -Ausgänge verfügen und mit geeigneten Kabeln sowohl mit mehreren PCs als auch mit mehreren Druckern verbunden werden können.

Der Markt bietet eine Vielzahl von Varianten an:

- Umschalter mit mehreren Daten**eingängen** (für mehrere **PCs**),
- Umschalter mit mehreren Daten**ausgängen** (für mehrere **Drucker**),
- Umschalter sowohl für **serielle** als auch für **parallele** Anschlüsse,
- **vollautomatische** Umschaltung oder mittels eines Schalters **von Hand**.

Vor dem Kauf eines solchen Umschalters sollten Sie genau wissen,

- wie viele Anschlüsse Sie auf welcher Seite brauchen (z.B.: zwei PCs und ein Drucker),
- welche Schnittstelle Ihr Drucker benutzt (seriell oder parallel) und
- ob Sie manuelle oder automatische Umschaltung bevorzugen (das ist unter anderem auch eine Preisfrage).

Mit dem Gerät erhalten Sie eine **Konfigurations- und Einbauanleitung.** Vergessen Sie nicht, auch gleich die geeigneten **Verbindungskabel** zu kaufen. Vor dem Anschließen prüfen Sie gemäß der Anleitung zu Ihrem Umschalter, ob er für Ihre Zwecke korrekt eingestellt (konfiguriert) ist. Es handelt sich in der Regel nur um wenige Schalter, die umgestellt werden könnten (z.B. Wahl von Ein- und Ausgängen). Danach werden die Verbindungskabel eingesteckt und verschraubt, und der Betrieb kann aufgenommen werden.

6.5   Die Maus

Die **Maus** ist ein Eingabegerät, auf das heute kaum ein Programm verzichtet. Im Mauskörper (Abb. 6.13) rollt eine mit Gummi überzogene **Stahlkugel** über eine bestimmte Strecke und in eine bestimmte Richtung. Über zwei Kontakte im Mauskörper werden Strecke und Richtung gemessen und Bit für Bit (also „seriell") an den

PC übermittelt. Es ist Sache der Software (des **Maustreibers**), diese Signale in die Bewegung eines **Mauszeigers** auf dem Bildschirm umzusetzen. Die Änderungen des Maus*zeigers* stimmen nur dann mit der Mausbewegung überein, wenn die Maus mit dem Kabel senkrecht von der Bedienerin weg zeigt.

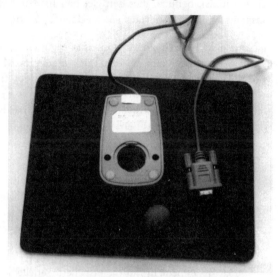

Abb. 6.13: Bestandteile und Kabel einer Maus

Des weiteren hat die Maus noch zwei oder drei Tasten. Ein Tastendruck erzeugt ein spezielles Codebyte, das ebenfalls an den Treiber weitergereicht wird. Der Treiber arbeitet direkt mit der **E/A-Adresse** der Mausschnittstelle. Damit eine Mausbewegung stets sofort bearbeitet und auf dem Bildschirm wiedergegeben wird, muß die Maus(schnittstelle) einen **Interrupt-Kanal** belegen. Ein Mausinterrupt wird dann vom Maustreiber „abgefangen" und bearbeitet.

Die meisten PC-Mäuse werden an der **seriellen Schnittstelle** betrieben, halten sich aber überhaupt nicht an deren Standard. Das BIOS kann daher mit Maussignalen nicht anfangen. Ohne speziellen Maustreiber, der sie mit der Anwendungssoftware verbindet, merke ich also gar nichts von meiner Maus.

Kabellose Mäuse arbeiten ebenfalls über die serielle Schnittstelle: Hier ersetzt eine Sender-Empfänger-Kombination das Kabel. Das Empfängerteil steckt direkt an der Schnittstelle, der (schwanzlose) Mauskörper enthält den Sender und eine Batterie.

Optische Mäuse berechnen die zurückgelegte Strecke einfach anders: Sie laufen auf einer speziellen Unterlage, deren Muster sie mit einem Sensor, sozusagen einem

„Auge" abtasten. Die überstrichenen Mustereinheiten ergeben die Strecke. Dieses Verfahren ist weniger verschmutzungsanfällig als das der Rollkugel.

Eine Sonderrolle spielt die **Busmaus**. Sie arbeitet mit einer eigenen Steckkarte (für die ein Steckplatz frei sein muß), benutzt aber den gleichen Interrupt wie die serielle Maus. Für eine Busmaus kaufe ich also Maus *plus* Steckkarte *plus* Treiberprogramm.

An **Laptops** oder **Notebooks** findet man oft statt einer Maus einen **Trackball** (von engl. track: Spur). Er ist eigentlich eine „auf den Rücken gelegte" Maus: die Kugel liegt oben und wird mit den Fingern bewegt. Liegt bzw. steckt der Trackball in der richtigen Position, so wird eine Kugelbewegung vom Treiber in eine gleichartige Bewegung des Mauszeigers übersetzt. Selbstverständlich hat ein Trackball einen eigenen Treiber, der statt des Maustreibers ins Betriebssystem eingebunden wird.

Schnittstelle:	Serielle Schnittstelle, im allgemeinen COM1.
Anschlüsse:	Strom und Daten leitet das Mauskabel zwischen Maus und Schnittstellenbuchse weiter. Eine kabellose Maus hat eine Batterie, die ihren Sender speist. Der Empfänger steckt in der seriellen Anschlußbuchse und wird von dort mit Strom versorgt.
BIOS:	Das BIOS bedient nur die installierte serielle Schnittstelle und kann Maussignale nicht auswerten.
Treiber:	Ein Maustreiber muß ins Betriebssystem integriert werden. Das geschieht mit einem „DEVICE="-Befehl in der Datei CONFIG.SYS. Für die als **Microsoft-kompatibel** ausgewiesenen Mäuse können die MOUSE-Treiber der Microsoft-Programme (z.B. Windows) benutzt werden. Andere Mäuse bzw. andere Software arbeiten oft mit den Treibern, die mit der Maus zusammen vom Hersteller erworben werden. Diese Treiber müssen dann auf die Festplatte kopiert werden. Oftmals enthält die zur Maus gehörige Diskette bereits ein automatisches Installationsprogramm namens INSTALL oder SETUP.
Gerätevarianten:	Kabelmaus, kabellose Maus, optische Maus, Busmaus, Trackball.
Besonderheiten:	Optische Mäuse brauchen spezielle Unterlagen, Busmäuse eigene Steckkarten.

Neuanschluß: Maus an seriellen Anschluß (oder den der eigenen Karte!) stecken, Treiber installieren (siehe oben). Falls nicht COM1 benutzt wird, muß das bei der **Treiberinstallation** angegeben werden (Treiber-Setup; nicht für alle Maustreiber möglich).

Kontrollmöglichkeiten im Fehlerfall

Problem: Mauszeiger reagiert nicht.

➔ Prüfen Sie, ob das **Kabel** fest in seiner Buchse sitzt. Schrauben Sie es vorsichtshalber fest. Prüfen Sie, ob die **Kugel** in der Maus ist und ob sie beweglich ist. Benutzen Sie für eine **Rollkugelmaus** eine glatte, saubere Unterlage, für eine **optische Maus** ihre Spezialunterlage. Prüfen Sie in einer **kabellosen Maus** die **Batterie**.

➔ Prüfen Sie, ob der benutzte Anschluß mit dem in der Software angegebenen übereinstimmt (Maus an COM1 *und* Treiber benutzt COM1). Wenn der Treiber nicht umstellbar ist, so *muß* COM1 benutzt werden.

➔ Prüfen Sie, ob ein **Datenübertragungsprogramm** (Terminalprogramm) versucht hat, über die Mausschnittstelle (COM1) ein Modem anzusprechen. Damit wird der Maustreiber „abgehängt", und er kann die nachfolgenden Maussignale nicht mehr erkennen. Starten Sie den PC und den Maustreiber neu.

➔ Nach der Behebung eines technischen Problems muß der **Maustreiber** – je nach Art der Maus-Software – neu aktiviert (Aufruf MOUSE<Enter>) oder auch neu ins Betriebssystem geladen werden. Letzteres gelingt nur bei einem Neustart (**Warmstart** mit <Strg>+<Alt>+<Entf>).

Problem: Mauszeiger reagiert nicht oder ist gar nicht vorhanden.

➔ Prüfen Sie, ob der Treiber geladen ist (CONFIG.SYS). Manche Maustreiber müssen durch einen Aufruf einer Datei **MOUSE.COM** (oder ähnlich) aktiviert werden (z.B. in der Datei AUTOEXEC.BAT).

➔ Manche PCs reagieren sehr empfindlich auf Signale, die sie schon während der **BIOS-Startphase** (Power On Self Test) erreichen. Im Klartext heißt das: möglicherweise „verschluckt" sich Ihr PC, wenn die Maus bewegt wird (und damit Signale sendet), während das BIOS startet. Nach Aufruf eines Anwendungsprogramms mit Mausbenutzung erscheint dann **kein oder ein unbeweglicher** Mauszeiger. Auch dann ist ein Neustart erforderlich.

➜ Wenn alle äußeren Möglichkeiten (Maus, Anschluß) und auch die Software überprüft ist ohne Ergebnis, so schalten Sie den PC ab, ziehen den Netzstecker und öffnen das Gehäuse. Prüfen Sie:

Sitzt die **Schnittstellenkarte** fest (und verschraubt) in ihrem Stecksockel?

Falls der Anschluß COM1 mit Hilfe eines **Flachbandkabels** an seine Schnittstellenkarte **gesteckt** ist: Vergleichen Sie das **Pin-1-Muster** am Kabelrand mit der Pin-1-Kennzeichnung am Platinenstecker: Beides muß auf derselben Seite sein! Fehlt die Pin-1-Marke am Kabel oder an der Karte, so drehen Sie den Stecker versuchsweise um und testen die Maus erneut.

Problem: Mauszeiger reagiert verzögert und unregelmäßig.

➜ Vermutlich ist die Maus **verschmutzt.** Öffnen Sie die Kugelhöhle und reinigen Sie alle Kontakte, z.B. mit einem benzingetränkten Pinsel oder Wattestäbchen. Halten Sie auch die Mausunterlage sauber. Das muß nicht unbedingt ein Spezial-**Mousepad** sein: Jede ebene, glatte, saubere Fläche eignet sich für Rollkugelmäuse.

Problem: Mauszeiger reagiert, aber Maustasten reagieren verkehrt.

➜ Manche Treiber, z.B. auch die Windows-Maus, erlauben es, die Tasten (für Linkshänder) **vertauscht** anzumelden. In einem Treiber-Setup-Programm oder in der Windows-Systemsteuerung, Programm „Maus", läßt sich das beheben.

6.6 Spieleadapter und Joystick

Ein **Spieleadapter,** auch **Gameport** (engl. game: Spiel) genannt, ist prinzipiell in jedem AT geplant. Eine E/A-Adresse dafür ist vorgesehen. Viele moderne PCs haben dann auch tatsächlich eine Gameport-Buchse an ihrer Rückseite: Die **15-Löcher-Buchse** ist mit keinem der anderen Standard-Anschlüsse zu verwechseln.

Am Spieleadapter können zwei **Joysticks** oder **Steuerknüppel** angeschlossen werden. Mit diesen Eingabegeräten werden die meisten Computerspiele bedient. Sie sind gut geeignet, um jede Art von Bewegung und Beschleunigung an den Computer weiterzugeben. So werden damit Autorennen, Flugzeug- und Raketenflüge simuliert. Zum Joystick gehören zwei Tasten, die üblicherweise in den Spielen als Auslöser für Schüsse benutzt werden. Ohne Computerspiele werten zu wollen, sollten Sie wissen, wofür dieser Anschluß zu benutzen ist, bzw. auch, was Sie nachrüsten müssen, falls Sie einen Joystick anschließen möchten: eine Schnittstellenkarte mit Spieleadapteranschluß. In der Regel sind Spieleadapter auch auf sogenannten **Soundkarten** vorgesehen. Der Einbau einer solchen Karte wird in Kapitel 7 beschrieben.

7 PC-Erweiterungen

Die bisher beschriebenen Aus- und Umbaumöglichkeiten am PC zielten auf einen verbesserten „klassischen" PC-Arbeitsplatz hin: gute Eingabegeräte, besseres Bild, optimaler Druck, möglichst viel Speicher, sowohl Arbeitsspeicher als auch Platte.

Steigen die Anforderungen an meinen PC, so versuche ich zunächst, die „natürlichen", bereits vorbereiteten Ergänzungen einzubauen: das zweite Diskettenlaufwerk, die zweite Festplatte, mehr oder bessere Geräte an den vorhandenen Anschlüssen. Je nach meinen Aufgaben oder Ansprüchen sind dabei die Grenzen schnell erreicht: dann heißt es im nächsten Schritt, die freien **Steckplätze** für **Erweiterungssteckkarten** auszunutzen, die dem PC **Schnittstellen**, also Signalübersetzungsgeräte, zu weiteren Geräten anbieten.

Eine neue Schnittstellenkarte ist *unbedingt* erforderlich, wenn Zusatzgeräte gebraucht werden, deren Arbeitsweise im Durchschnitts-PC nicht vorgesehen sind, die also nicht zur Standardperipherie gehören und auch nicht an sie angepaßt werden können.

Die wichtigsten Erweiterungen über den Standard-PC hinaus wollen wir hier beschreiben. Dabei geht es in erster Linie um Geräte, die **neue Aufgaben** erfüllen. Teilweise sind sie relativ problemlos anzuschließen oder einzubauen, teilweise sind eigene Schnittstellenkarten erforderlich. Lernen Sie daher zunächst die Maßnahmen kennen, um eine Erweiterungssteckkarte einzubauen.

7.1 Erweiterungssteckkarten

Der Einbau einer Erweiterungssteckkarte ist schon eine etwas umfangreichere Aktion und will daher gut überlegt sein. Beachten Sie bitte:

➜ Jede Nicht-Standard-Schnittstelle kann vom BIOS nicht bedient werden. Die Einbindung eines **Treibers** in das **Betriebssystem** ist unbedingt erforderlich.

➜ Für eine Steckkarte muß ein **passender** Steckplatz vorhanden sein. Das heißt insbesondere:

In XT-Geräten (8086) können nur **8-Bit-Steckkarten** eingebaut werden (kurze Steckplätze).

MCA, EISA, Local-Bus-Karten brauchen speziell ausgewiesene Steckplätze.

Und noch eine kleine Verständigungshilfe:

→ Schnittstellen(karten) werden in der PC-Fachsprache meistens mit **Controller** (von engl. control: steuern) oder **Adapter** (von engl. adapt: anpassen) bezeichnet.

Für jede Erweiterung des PC-Arbeitsplatzes sollten Sie die folgenden Vorüberlegungen (in dieser Reihenfolge!) anstellen.

7.1.1 Vorbereitung

1. Welche neue **Aufgabe** soll der PC erledigen?

2. Welche **Software**, welche Anwendungsprogramme kommen dafür in Frage?

3. Erfüllt mein PC die **Voraussetzungen** zum Einsatz dieser Software (angegeben in der Beschreibung der Software)?

   Das heißt im einzelnen:

   - Hardwarevoraussetzungen wie CPU-Typ, RAM-Größe, freier Plattenplatz, geeigneter Bildschirm,

   - Betriebssystemvoraussetzungen wie DOS-Version und/oder Windows-Version.

4. Welche **Zusatzgeräte** brauche ich für meine Aufgabe und diese Software (z.B. Scanner, Modem, Soundkarte – Begriffsklärungen folgen)?

5. Welche **Leistungsklasse** sollten die Geräte erfüllen?

   Es gibt jeweils ein breites Spektrum von „klein und billig für gelegentlichen Einsatz" bis „groß und teuer für professionelle Ansprüche".

Wenn dann einige Modelle des gewünschten Geräts zur Wahl stehen:

6. Welche Art von Anschluß an den PC – welche **Schnittstelle** – braucht das Gerät (serielle, parallele, SCSI, andere)?

7. Ist eine solche Schnittstelle vorhanden und frei?

8. Wenn nein: ist sie **nachrüstbar**?

Das heißt meistens:

- Gibt es einen **passenden freien Steckplatz** für eine Schnittstellenkarte?
- Ist für den zugehörigen **Treiber** noch genügend Plattenplatz vorhanden?
- Gibt es eine **geeignete** Schnittstellenkarte mit **Treibersoftware** und brauchbarer (deutscher) **Anleitung** zur Installation? Geräte mit Spezialschnittstelle liefern ihre eigene Karte in der Regel mit.

Ist eine Erweiterungssteckkarte zu installieren, so muß unbedingt (vor dem Kauf) geprüft werden:

9. Sind die Leitungen und Adressen, mit denen die Karte arbeiten kann, mit denen sie die Verbindung zur PC-Zentrale hält, in meinem PC frei?

Punkt 9 behandeln wir ausführlich im folgenden Abschnitt zur **Konfigurierung** einer Karte.

Erst nach Klärung all dieser Fragen sollten Gerät und Erweiterungssteckkarte gekauft werden. Erschrecken Sie nicht über die Länge dieses Fragenkatalogs: in vielen Fällen klären sich etliche der Punkte auf einen Schlag. Das zeigen Ihnen die folgenden Abschnitte, in denen wir spezielle PC-Erweiterungen besprechen.

Haben Sie dann Gerät, Schnittstellenkarte, passende Kabel (und natürlich auch die Software) erworben, folgt die Konfigurierung der Karte und des Geräts, der Einbau der Karte und zuletzt der Anschluß (oder bei Laufwerken: der Einbau) des Geräts und ein Testbetrieb.

Nehmen Sie sich die notwendige Zeit und Sorgfalt, da Sie sonst eventuell mehr Geld und Zeit in Fehlschläge investieren als nötig.

7.1.2 Konfigurierung einer Erweiterungssteckkarte

Jede zusätzliche Steckkarte im PC braucht – außer dem freien, geeignet langen Steckplatz – mindestens eine freie E/A-Adresse (Port-Adresse), in aller Regel einen freien **Interrupt-Kanal**, oftmals einen freien **DMA-Kanal** (vergleiche dazu auch Kapitel 4). Hat die Schnittstelle ein **Zusatz-BIOS**, dessen Programme sich in die Arbeit des System-BIOS einklinken sollen zur Bedienung der Schnittstelle, so braucht auch dieses Zusatz-BIOS einen freien Adreßbereich im **Adaptersegment** des Systemspeicheradreßraums, das ist – wie Sie aus Kapitel 4 wissen – der Adreßbereich zwischen den Video-RAM-Adressen (640+128K) und den Adressen des System-

BIOS (1M-128K). Hexadezimal ausgedrückt, wie Adreßangaben in Datenblättern nun einmal sind: Adressen zwischen C0000h und E0000h.

In der Regel sind Erweiterungssteckkarten so vorbereitet, daß sie wahlweise mit mehreren (aber nicht beliebigen!) Adressen und Kanälen arbeiten können. Mit **Jumpern, DIP-Schaltern** oder auch per **Installationsprogramm** ist dann eine(r) von zwei oder drei möglichen Adressen bzw. Kanälen einstellbar.

➡ Adreß- und Kanalauswahl auf einer Schnittstellenkarte heißt **Konfigurierung** der Karte.

➡ Notieren Sie sich für jede Zusatzsteckkarte die eingestellten Adressen/Kanäle, so daß Sie bei einer weiteren Zusatzkarte andere Stellungen vornehmen können.

➡ Zwei Geräte, die *nicht* gemeinsam betrieben werden (z.B. Drucker und Modem) können sich einen Interrupt **teilen**, also jedes von ihnen (bzw. jede Schnittstelle) kann denselben Interrupt-Kanal zugeordnet bekommen.

➡ Die in einem PC bereits fest belegten E/A-Adressen und Kanäle sind nicht unter den Wahlmöglichkeiten der Erweiterungskarten. Insbesondere gelten die Voreinstellungen der folgenden Tabellenauszüge für einen AT, also ab 286-CPU, an denen Sie ablesen können, welchen Spielraum Ihnen der PC noch läßt.

E/A-Adressen (h: hexa)	Verwendung im AT (Auszug)
000h bis 0FFh	Bausteine der Hauptplatine (Chipsatz)
200h bis 20Fh	Spieleadapter
2F8h bis 2FFh	COM2
3F8h bis 3FFh	COM1
278h bis 27Fh	LPT2
378h bis 37Fh	LPT1
3F0h bis 3F7h	Diskettencontroller
3D0h bis 3DFh	Farb-/Grafikadapter
100h bis 1EFh	verfügbar
Adr. ab 1F0h	AT-Bus-Schnittstelle
220h bis 26Fh	verfügbar
320h bis 36Fh	verfügbar

Interrupt-Kanal	Verwendung im AT (Auszug)
1	Tastatur
3, 4	COM2, COM1
5, 7	LPT2, LPT1
6	Diskettencontroller
14	Festplattencontroller
13	Coprozessor (NPU)
9,10,11,12,15	verfügbar

DMA-Kanal	Verwendung im AT (Auszug)
2	Diskettencontroller
5,6,7	verfügbar

Die beiden folgenden Abschnitte zeigen Ihnen anhand von zwei typischen Erweiterungssteckkarten Auszüge aus der Konfigurierung. Es handelt sich dabei um **Mehrzweckschnittstellen**, also Karten, an denen unterschiedliche Geräte angeschlossen werden können. Die Konfigurierung einer Spezialkarte folgt dem gleichen Schema. Die Beschreibungen hier sollen Ihnen helfen, die Konfigurationsjumper zu identifizieren und mit den Datenblättern der Steckkarten zurechtzukommen.

Moderne Installations**programme** für Erweiterungssteckkarten erlauben eine **menügesteuerte** Konfiguration am Bildschirm. Diese hat den Vorteil, daß die Karte für etwaige Änderungen der Adressen oder Kanäle nicht wieder ausgebaut werden muß. In einem solchen Fall wird die Konfiguration, also die eingestellten Adressen und Kanäle, in einem **EEPROM** gespeichert: einem elektrisch wiederbeschreibbaren EPROM, einem speziellen Speicherchip, der seinen Inhalt wie alle EPROMs ohne Strom behält. Löschen und Wiederbeschreiben eines EEPROMS geschieht mit *stärkerem* Strom als das Lesen der gespeicherten Daten.

➡ Müssen Sie mit Jumpern oder DIP-Schaltern konfigurieren, so nehmen Sie die ersten Tests bei **offenem PC** vor (Schrauben und Werkzeug beiseite legen), um etwa notwendige Änderungen bequemer durchführen zu können.

➡ *Nach* jedem Test und *vor* jeder Änderung im PC wieder den **Netzstecker ziehen!**

→ **Notieren** Sie sich alle Jumperstellungen, die Sie ändern, um eine Änderung notfalls rückgängig machen zu können.

→ Können Sie die Konfiguration mit einem **Programm** vornehmen, so wird zuerst die Karte eingebaut, dann die Software installiert und zuletzt die Karte konfiguriert.

7.1.3 Konfigurierung einer Kombisteckkarte

Abb. 7.1 zeigt die Datenblattskizze einer Kombisteckkarte, die zusätzlich auch noch Laufwerksschnittstellen enthält. Wir gehen davon aus, daß die Karte eingebaut werden soll, um je eine weitere **serielle** und **parallele** Schnittstelle vorzusehen in einem PC, der bereits COM1, COM2 und LPT1 hat. Die neuen Anschlüsse werden dann als Geräte **COM3** und **LPT2** benutzt.

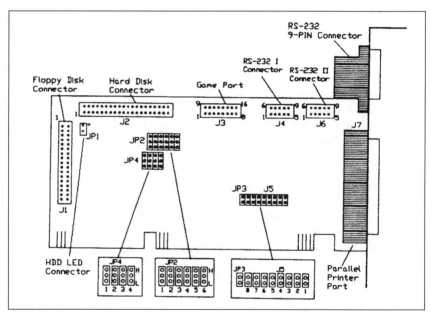

Abb. 7.1: Kombischnittstellenkarte mit einstellbaren COM- und LPT-Konfigurationen

Im **Datenblatt** der Steckkarte suchen wir nach den Jumpern für die Adreß- und Kanalwahl. Abb. 7.2 ist ein Auszug aus diesem Datenblatt. Die Karte bietet demnach zwei „Serial ports", also serielle Anschlüsse, und einen „Printer port", also Druckeroder Parallelanschluß, an.

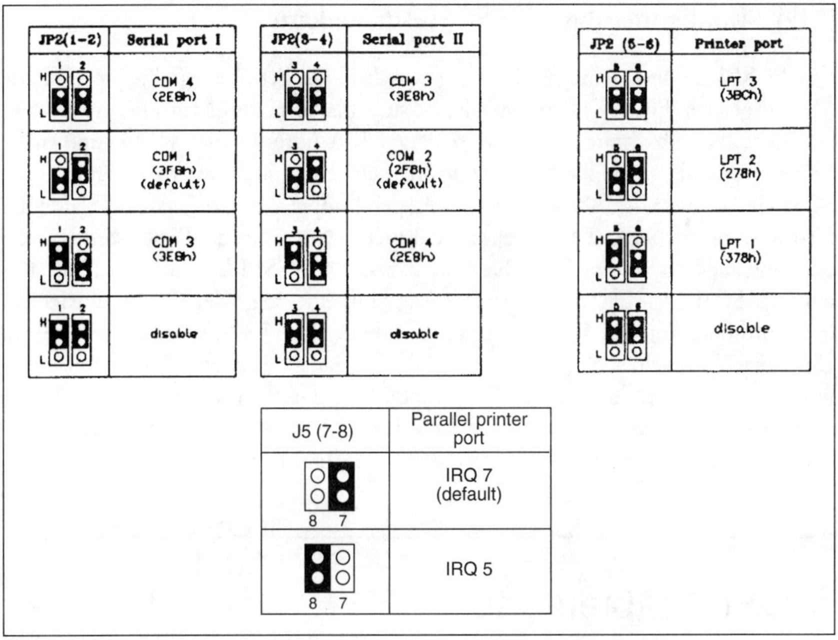

JP2(1-2)	Serial port I	JP2(3-4)	Serial port II	JP2 (5-6)	Printer port
	COM 4 (2E8h)		COM 3 (3E8h)		LPT 3 (3BCh)
	COM 1 (3F8h) (default)		COM 2 (2F8h) (default)		LPT 2 (278h)
	COM 3 (3E8h)		COM 4 (2E8h)		LPT 1 (378h)
	disable		disable		disable

J5 (7-8)	Parallel printer port
8 7	IRQ 7 (default)
8 7	IRQ 5

Abb. 7.2: Adressenauswahl mit Jumper für COM- und LPT-Konfigurationen

Soll nun ein **LPT2**-Anschluß konfiguriert werden, so muß im Jumperblock JP2 Jumper 5 auf die untere (L) und Jumper 6 auf die obere (H) Stellung gebracht werden. Damit ist die **E/A-Adresse** gewählt. Zusätzlich muß im separaten Jumperblock J5 der Interrupt-Kanal auf **IRQ 5** umgesetzt werden, da der „default", das ist die **Standardvoreinstellung** (engl. default: Schwäche), schon für die LPT1-Schnittstelle benutzt wird.

Soll eine **COM3** konfiguriert werden unter der Voraussetzung, daß COM1 und 2 schon existieren und der Anschluß „Serial port I" auf dieser Steckkarte benutzt wird (der 9-Pin-Anschluß), so werden zur Adreßauswahl im Block JP2 Jumper 1 auf die obere (H) und 2 auf die untere (L) Stellung gesteckt. Zusätzlich wird der zweite „Serial port" ganz abgestellt mit der Stellung „disable". Unter den Interrupt-Kanälen für „Serial port I" (hier nicht dargestellt) muß ebenfalls ein noch freier ausgewählt werden. Notfalls **teilen** COM3 und LPT2 sich Interrupt-Kanal 7, wenn sicher ist, daß die an diesen Anschlüssen betriebenen Geräte nie gleichzeitig arbeiten.

7.1.4 Konfigurierung einer SCSI-Adapterkarte

Der **SCSI-Standard** definiert einen eigenen **Bus für Peripheriegeräte**, speziell für Massenspeicher. Eine SCSI-**Adapter-Karte** stellt die Verbindung zum PC-Systembus her (siehe auch Abschnitt 5.5.9). Sie erhält eine E/A-Adresse, einen DMA- und einen Interrupt-Kanal. Doch für SCSI ist noch mehr Konfigurationsarbeit nötig: Jedes SCSI-Gerät, auch der Adapter, bekommt per **Jumper** eine von acht SCSI-Identifikationsnummern (SCSI-Adressen) zugeordnet sowie die Art des **Paritätsbits** (gerade oder ungerade Ergänzung der 1-Bits eines Bytes). Die **SCSI-Ids** dienen als „Haltestellen" am SCSI-Bus. Dabei ist die reale Anschlußreihenfolge der Geräte unwichtig, die Nummern müssen sich nur unterscheiden. Abb. 7.3 zeigt auszugsweise die Datenblattskizze eines SCSI-Adapters. In der Realität müssen Sie sich mit noch weiteren Jumperblöcken herumschlagen; diese hier stehen stellvertretend für die typischen Eigenschaften einer SCSI-Adapterkarte. Herstellerbedingte Besonderheiten der Installation entnehmen Sie dem Datenblatt Ihres Adapters.

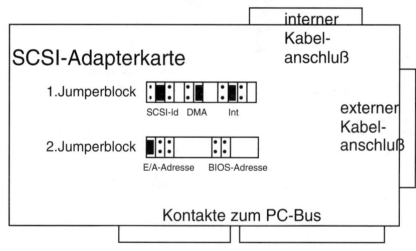

Abb. 7.3: Jumper auf einem SCSI-Adapter (Auszug)

Ist der SCSI-Adapter die *erste* Zusatzsteckkarte im PC, so kann die werksseitige Voreinstellung der Jumper meistens beibehalten werden. Jeder Jumperkombination entspricht eine ganz bestimmte PC-interne Adresse oder Kanalleitung. Betrachten wir zunächst den DMA-Kanal.

Die Auswahl eines von drei zulässigen **DMA-Kanälen** mit Hilfe von zwei Jumpern bzw. zwei Kontaktpaaren, auf die Jumper gesteckt werden können, wird ungefähr so beschrieben:

DMA-Kanal	7	6	5
JP0	offen	gesteckt	**offen**
JP1	offen	offen	**gesteckt**

... wobei „offen" durch „o" oder „removed" (entfernt) und gesteckt durch „x" oder „installed" (gesetzt) oder ähnliches ausgedrückt sein kann. Da in Abb. 7.3 der zweite DMA-Jumper gesteckt ist, wird für diese Karte Kanal 5 benutzt.

Die Auswahl der **SCSI-Adresse** oder besser des **SCSI-Ids** (der Adresse am speziellen SCSI-Bus-Kabel) mit Hilfe von drei Jumperkontaktpaaren wird dann folgendermaßen beschrieben:

SCSI-Id	7	6	5	4	3	2	1	0
JP0	o	x	o	x	o	x	o	x
JP1	o	o	x	x	o	o	x	x
JP2	o	o	o	o	x	x	x	x

Da in Abb. 7.3 der zweite SCSI-Id-Jumper gesteckt ist, wird für die Karte die SCSI-Bus-Adresse 5 benutzt.

Der **Interrupt-Kanal** wird hier mit Hilfe von drei Jumperkontaktpaaren aus sechs möglichen ausgewählt:

Interrupt-Kanal	9	10	11	12	14	15
JP0	o	x	o	x	o	x
JP1	o	o	x	x	o	o
JP2	o	o	o	o	x	x

Da in Abb. 7.3 der zweite Interrupt-Jumper gesteckt ist, wird für die Karte Kanal 11 benutzt.

Als drittes soll noch die Auswahl der I/O-Adresse betrachtet werden. Das Datenblatt könnte dazu folgende Tabelle anbieten:

E/A-Adresse	334h	**330h**	234h	230h	134h	130h
JP0	o	x	o	x	o	x
JP1	o	o	x	x	o	o
JP2	o	o	o	o	x	x

Mit dem ersten gesteckten Jumper wurde in Abb. 7.3 aus sechs möglichen die E/A-Adresse 330(hexa) ausgewählt.

Ein SCSI-Adapter hat ein eigenes **Zusatz-BIOS**, welches den Programmen Befehle zum Zugang auf den SCSI-Bus zur Verfügung stellt. Es ist in einem ROM-Baustein auf der Adapterkarte untergebracht und benutzt einige der freigehaltenen Speicheradressen zwischen 640+128K bzw. C0000h (hexadezimale Adresse) und 1M, im sogenannten **Adaptersegment**. Dieses Zusatz-BIOS enthält alle Routinen (Programme), um den SCSI-Adapter und damit die angeschlossenen Geräte korrekt anzusprechen. Da es bei mehreren Erweiterungskarten mit Zusatz-BIOS auch hier zu Konflikten kommen kann, ist möglicherweise auch die BIOS-Startadresse auf der Adapterkarte mit Jumpern wählbar (siehe Abb. 7.3). Das Datenblatt könnte Ihnen z.b. anbieten, mit zwei Jumpern auszuwählen zwischen

BIOS-Adresse	**DC000h**	CC000h	D8000h	C8000h
JP0	o	x	o	x
JP1	o	o	x	x

In Abb. 7.3 ist *kein* BIOS-Jumper gesteckt: Damit werden für das Zusatz-BIOS die Adressen ab DC000(hexa) benutzt.

Sie werden in den Datenblättern die Adressen stets hexadezimal angegeben finden, was Ihnen aber keine Sorgen zu bereiten braucht: Es geht nicht darum, daß Sie Adressen in verschiedene Darstellungen umrechnen, Sie sollten sie nur miteinander vergleichen können, um Konflikte zu erkennen.

7.1.5 Einbau einer Erweiterungssteckkarte

Wenn die Erweiterungssteckkarte konfiguriert ist, kann sie eingebaut werden. Hier sollen noch einmal sämtliche Schritte aufgeführt werden, um ohne Schaden eine Steckkarte in einem PC einzubauen.

Vorbereitung:	Sie sollten eine **Systemdiskette** vorbereiten (FORMAT A:/S, Treiber und weitere wichtige Systemdateien dazukopieren: siehe Abschnitt 5.5.3) und eine komplette **Datensicherung** Ihrer Festplatte vornehmen für den „Ernstfall". Aber keine unnötige Angst: auch eine Lebensversicherung schließen Sie ja nicht ab, weil Sie fürchten, in den nächsten 24 Stunden zu sterben.
1. Schritt	Netzstecker ziehen. Für genügend Arbeitsplatz sorgen, Schraubenzieher, Schachteln, **Handbücher** von Hauptplatine und Steckkarte bereitlegen. Gehäuseschrauben lösen, sich regelmäßig **erden** (metallene Gehäuseteile berühren).

2. Schritt   Geeigneten Steckplatz suchen: lang genug, mit (freiem) Schlitz an der Gehäuserückwand für den Anschluß externer Geräte. Falls innere Verbindungskabel nötig sind (z.B. zwischen Karte und Laufwerk), so muß bei der Wahl des Steckplatzes die Kabellänge beachtet werden!

3. Schritt   Müssen mehrere Karten umgesteckt werden, so lösen Sie alle störenden Kabelverbindungen und **notieren** Sie sich deren Stellung. Sammeln Sie alle Schrauben. Ziehen Sie alle Karten senkrecht aus ihren Sockeln, indem Sie sie an den Schmalseiten anfassen. Fassen Sie dabei nach Möglichkeit nicht auf die Chips und schon gar nicht auf die herausragenden elektrischen Bauteile wie Dioden, Widerstände, Kondensatoren. Sie könnten den Teilen Beine abbrechen. Vor jedem Griff an blanke Leitungsverbindungen das Metallgehäuse anfassen, um statische Elektrizität aus Ihrem Körper abzuleiten (erden).

4. Schritt   Innere **Kabel** werden auf die entsprechenden Kontaktleisten der Steckkarte aufgesteckt. Auf die Pin-1-Marken achten!

➡ Umstecken von Karten ist grundsätzlich möglich, solange der neue Steckplatz (mindestens) die gleiche Länge hat wie der alte. Die Zentrale identifiziert die Karten über ihre Adresse, nicht über ihren Steckplatz. Steckt eine 8-Bit-Karte in einem 16-Bit-Sockel, kann sie natürlich auf einen kurzen Sockel umgesteckt werden.

➡ Eine Steckkarte erhält Strom und Daten über Leiterbahnen des Systembusses.

➡ Eine Karte wie die von Abb. 7.1 hat drei Anschlüsse: einen parallelen und zwei serielle. Auf einer Schlitzblende haben aber nur zwei Anschlüsse Platz. Daher wird die Karte über ein kleines Kabel mit der dritten Anschlußbuchse (hier COM2) verbunden. Sie paßt entweder in eine spezielle **Buchsenaussparung** der Gehäuserückseite, oder sie ist mit einer zweiten Schlitzblende versehen. Für diese Blende muß natürlich ein **freier Gehäuseschlitz** (in der Nähe) da sein, an dem sie verschraubt wird. Abb. 7.4 zeigt den Stecker und die Anschlußbuchse einer solchen „Abzweigung".

Abb. 7.4: Serielle Anschlußbuchse mit Stecker zur Schnittstellenkarte

5. Schritt   Die neue Karte wird an den Schmalseiten gehalten und senkrecht auf ihren Steckplatz gestellt, so daß ihre Schlitzblende an der Gehäuserückwand anliegt. Kontrollieren Sie den richtigen Sitz der Kontaktleisten über dem Sockel. Dann drücken Sie die Karte vom oberen Rand kräftig in den Sockel. Stets am Gehäuserand verschrauben.

6. Schritt   Alle in Schritt 3 gelösten Kabel an ihren Platz stecken. Bildschirm wieder mit PC verbinden. Alle Schrauben, Werkzeuge, losen Bauteile aus dem PC-Gehäuse entfernen.

7. Schritt   Den ersten **Test** mit geöffnetem PC durchführen, um im Fehlerfall gleich wieder an die Bauteile heranzukommen. Gerätekabel an die neue Schnittstelle anstecken. Notwendige **Treiber** installieren (z.B. für ein SCSI-Gerät), eventuell den Anschluß im **Anwendungsprogramm** anmelden (z.B. „Drukker an Anschluß LPT2"). Danach das Gerät zum Test mit einem Befehl ansprechen.

8. Schritt   Bei Fehlschlag: Ausschalten, Netzstecker ziehen. Alle Jumperstellungen, Kabel, Steckverbindungen überprüfen. Mit Jum-

pern eingestellte Adressen und Kanäle auf Konflikte prüfen, eventuell ändern.

9. Schritt   Bei Erfolg: Netzstecker ziehen, PC sorgfältig schließen und verschrauben.

Um auch das neu anzuschließende **Gerät** mit *seinen* speziellen Schaltern geeignet zu konfigurieren, lesen Sie die nachfolgenden Abschnitte und die Datenblätter der Geräte.

7.2   Noch mehr Dauerspeicher

7.2.1   Bandlaufwerke

Für PCs, auf denen täglich große Mengen von Daten anfallen (z.b. Buchungen, Bestellungen), die auch täglich gesichert werden müssen, werden **Bandgeräte** als Hintergrundspeicher immer attraktiver. Auf einem Magnetband können große Mengen Daten auf einen Schlag relativ billig gespeichert werden. Um eine 120-MB-Platte auf Disketten zu sichern, spielen Sie etwa zehnmal Diskjockey, ein Band müssen Sie aber nur einmal einlegen.

Im PC-Bereich haben sich die **QIC-Streamer** durchgesetzt. QIC steht für „Quarter Inch Cartridge", also Viertelzoll-Bandkassette, wobei „Viertelzoll" die Breite des Bandes angibt. Streamer (engl. stream: strömen) ist der übliche Ausdruck für ein Magnetband, auf das die Bytes „fließen", also eines nach dem anderen aneinandergereiht werden. Mit der Bezeichnung QIC verbindet sich gleichzeitig ein internationaler Standard, sowohl für die Bandgrößen als auch für die Art der Ansteuerung und der Datenorganisation auf den Bändern.

Die Bänder sind in kleine **Bandkassetten** (engl. cartridge) eingebaut, die in ein **Laufwerk** eingeschoben werden. Die Handhabung ist also ähnlich einfach wie bei einem Kassettenrecorder. Je nach Fassungsvermögen der Bandkassetten zu einem bestimmten Laufwerk spricht man von QIC-40- (40 MB), QIC-80- (80 MB), QIC-80XL- (120 MB), QIC-128-Laufwerken usw.

Ein Bandlaufwerk gehört nicht zur PC-Standard-Peripherie, muß also nachgerüstet werden. QIC-Laufwerke passen je nach Hersteller in **Einbauschächte** für 5 ¼-Zoll- oder sogar 3 ½-Zoll-Laufwerke. Ist kein Schacht mehr frei, muß ein Laufwerk mit **externem Gehäuse** benutzt werden. Soll ein 3 ½-Zoll-Streamer-Laufwerk in einen 5 ¼-Zoll-Schacht eingebaut werden, so muß ein geeigneter Einbaurahmen zusammen mit dem Laufwerk erworben werden.

Für die **Ansteuerung** eines QIC-Streamers gibt es verschiedene Lösungen:

- Diskettencontroller,

- SCSI-Bus,

- Parallelport (Druckeranschluß),

- Spezialschnittstelle auf einer eigenen Erweiterungskarte.

➡ In jedem Fall muß die Ansteuerung durch ein **Treiberprogramm** ergänzt werden, da ein Bandgerät nicht zur Standardgeräteausrüstung des PCs gehört und damit vom BIOS und Betriebssystem nicht bedient werden kann.

➡ Ein **Treiber** wird in das Betriebssystem **eingebunden** (z.b. über eine Zeile „DEVICE=Treiberdatei" in der Datei CONFIG.SYS) und ergänzt die Systemfähigkeiten um die Bedienung eines speziellen Geräts.

➡ Zusätzlich brauchen Sie ein **Datensicherungs- und Rückgewinnungsprogramm.** In der Regel erhalten Sie es mit dem Streamerlaufwerk.

➡ Auch Bänder werden vor der ersten Benutzung **formatiert.** Das erledigen Sie mit der mitgelieferten Software. Testen Sie zuerst mit unwichtigen Dateien!

Allgemein zum Einbau eines zusätzlichen Laufwerks:

- Vor dem Öffnen des PCs Platz schaffen, Schraubenzieher und Notizpapier bereit legen. Regelmäßig **erden** (metallene Gehäuseteile berühren). Alle gelösten Schrauben sammeln.

- Lösen und entfernen Sie alle Kabelverbindungen, die stören, aber notieren Sie sich deren Stellungen.

- Kabel zu anderen Geräten, die vorher entfernt wurden, damit sie beim Einbau nicht stören, werden danach wieder an ihre Plätze gesteckt.

- Vor einem Test alle losen Teile aus dem PC entfernen.

Ein **Floppystreamer**, also ein am Diskettencontroller angeschlossenes Bandgerät, ist die billigste, aber auch die langsamste Lösung. Geschwindigkeit ist bei einer gelegentlichen Komplettsicherung und noch selteneren Datenrückgewinnung aber nicht das entscheidende Problem, zumal moderne Floppystreamer 100 MB in etwa 20 Minuten sichern. Sicherlich ist es günstig, einen Floppystreamer zu wählen, wenn nur ein Diskettenlaufwerk eingebaut ist: Platz und Anschlüsse für das Bandlaufwerk sind dann bereits vorhanden. Für voll (also mit zwei Laufwerken) belegte Diskettencontroller gibt es Spezialstreamer, die mit Hilfe einer **Y-Weiche** das Kabel vom

Controller **verzweigen**, so daß das Streamerlaufwerk als drittes Gerät an den Diskettencontroller angeschlossen werden kann. Dazu muß die mit dem Streamer mitgelieferte **Treibersoftware** die Ansteuerung des Streamers „am Diskettenlaufwerk vorbei" regeln.

→ **Anschluß eines Floppystreamers:**

- **Datenanschluß** (evtl. über eine spezielle Y-Weiche) am Diskettencontroller,

- **Stromanschluß** bei internen Laufwerken über ein Kabel vom PC-Netzteil, bei externen Laufwerken über ein eigenes Stromnetzkabel,

- Ansteuerung über eigene **Treibersoftware**, deren Installation das zugehörige Handbuch erklärt.

Ein **SCSI-Streamer** ist eine gute Lösung, wenn bereits ein SCSI-Bus in den PC integriert wurde, z.B. für eine Festplatte. Der SCSI-Standard definiert einen eigenen **Bus für Peripheriegeräte** bzw. **Massenspeicher**. Eine SCSI-**Adapterkarte** stellt die Verbindung zum PC-Systembus her (siehe auch Abschnitt 7.1.4). Der SCSI-Streamer hat einen eingebauten Controller. Per **Jumper** erhält er eine von acht SCSI-Identifikationsnummern (SCSI-Adressen) zugeordnet sowie die Art des **Paritätsbits** (gerade oder ungerade Ergänzung der 1-Bits eines Bytes). Die SCSI-**Ids** dienen als „Haltestellen" am SCSI-Bus. Dabei ist die reale Anschlußreihenfolge der Geräte unwichtig, die Nummern müssen sich nur unterscheiden. Besonderheiten der Installation entnehmen Sie dem Datenblatt.

→ **Anschluß eines SCSI-Streamers:**

- Vor dem Kauf: **freien Steckplatz** für die Schnittstelle suchen bzw. freien Anschlußplatz an einem vorhandenen **SCSI-Adapter**. Laufwerk und Adapter müssen zusammenarbeiten können. Wenn Sie ein SCSI-Gerät zu einem vorhandenen Adapter nachkaufen wollen, nehmen Sie das Datenblatt des Adapters beim Einkauf mit.

- Vor dem Öffnen des PCs Platz schaffen, Schraubenzieher und Notizpapier bereit legen. Regelmäßig erden (metallene Gehäuseteile berühren). Alle gelösten Schrauben sammeln. Lösen und entfernen Sie alle Kabelverbindungen, die stören, aber notieren Sie sich deren Stellungen.

- Der **Adapter** wird **konfiguriert** und eingebaut wie in den Abschnitten 7.1.4 und 7.1.5 beschrieben. Er erhält **Strom und Daten** über Leiterbahnen der Hauptplatine.

207

• Das **SCSI-Bus-Kabel** wird auf die obere Kontaktleiste der Adapterkarte aufgesteckt.

• Das **Streamerlaufwerk** erhält per Jumper eine **SCSI-Id**, eine Nummer zwischen 0 und 7, die bisher weder vom Adapter noch von einem anderen SCSI-Gerät am selben Bus benutzt wird. Außerdem wird per Jumper die Parität eingestellt. Sie muß für alle angeschlossenen SCSI-Geräte gleich sein.

• Das Laufwerk erhält **Daten** über das SCSI-Bus-Kabel, bei externen Geräten muß der SCSI-Adapter eine äußere Anschlußbuchse haben. Das Laufwerk erhält **Strom** über ein Kabel vom PC-Netzteil, bei externen Laufwerken über ein eigenes Stromnetzkabel.

Ein **internes** Laufwerk muß in einem Schacht eingebaut werden, der an der Gehäusefront eine Öffnung aufweist. Es wird, nachdem die Kabelverbindungen und Jumper fertig gesteckt sind, eingesetzt und verschraubt.

• Das jeweils **hinterste** Gerät an einem SCSI-Bus benötigt einen **Abschlußwiderstand** (Jumper), von allen anderen werden die Abschlußwiderstände entfernt.

• SCSI-Geräte werden über eigene **Treibersoftware** angesteuert. Der Treiber wird über einen „DEVICE=..."-Befehl in der Datei CONFIG.SYS in das Betriebssystem eingebunden. Moderne Geräte werden mit einem Installationsprogramm verkauft, das diese Zeile selbständig in die CONFIG.SYS-Datei einfügt. Konsultieren Sie Ihr Datenblatt.

Ein **Parallelstreamer** wird an den **Druckeranschluß** (Parallelport, parallele Schnittstelle) des PCs angesteckt. Er ist die schnellste Lösung, wenn ein externes Gerät verwendet werden soll: es ist kein Umbau des PCs notwendig. Die Daten werden mit derselben Geschwindigkeit übertragen wie an einen Drucker. Hat der PC nur *einen* Parallelanschluß (das ist die Standardausrüstung), so muß ich den Drucker ausstecken, um den Streamer anzuschließen. Das ist aber nur dann eine Zumutung, wenn der PC so aufgestellt ist, daß die Gehäuserückseite schwer zugänglich ist. Abb. 7.5 zeigt einen Parallelstreamer in einem externen Gehäuse.

➜ **Anschluß eines Parallelstreamers:**

• **Datenanschluß** am Druckeranschluß des PCs,

• **Stromanschluß** über ein eigenes Stromnetzkabel,

• Ansteuerung über eigene **Treibersoftware**.

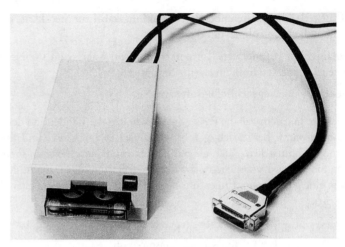

Abb. 7.5: Externer Parallelstreamer

Schließlich gibt es noch etliche Streamermodelle mit einer **eigenen Schnittstellen-karte**, die oftmals eine deutlich schnellere Übertragung versprechen als zum Beispiel die Benutzung einer Diskettenschnittstelle. Der Schwachpunkt einer Bandüber-tragung ist aber weniger der Controller, die Ansteuerung, als die gelegentlich nötigen Neupositionierungen auf dem Band nach Übertragungspausen, die von der Schnitt-stelle unabhängig sind. Der Nachteil der Spezialschnittstellenkarten ist, daß sie **konfiguriert** werden müssen:

➜ Für jede neue Schnittstellenkarte im PC muß eine freie **E/A-Adresse**, ein freier **DMA-Kanal** und ein freier **Interrupt-Kanal** gefunden und auf der Karte (mit Jumpern) eingestellt werden (siehe 7.1.4).

Ein Streamer mit eigener Schnittstellenkarte ist natürlich auch teurer, als wenn eine vorhandene Schnittstelle ausgenutzt werden kann. Beim Anschluß eines solchen Geräts ist die technische Anleitung unverzichtbar. Und – ebenso unverzichtbar: Ein freier **Steckplatz** in der richtigen Länge muß vorhanden sein.

➜ **Anschluß eines Streamers mit eigener Schnittstellenkarte:**

• Vor dem Kauf freien **Steckplatz** und freien Einbauschacht suchen (falls kein freier Schacht, muß die Steckkarte eine äußere Anschlußbuchse haben),

• **Konfigurieren** der Karte mit Hilfe des **Datenblatts**: Mit Jumpern eine Adresse, einen DMA- und einen Interrupt-Kanal einstellen (müssen bisher frei sein!),

• Einstecken der Karte und des Verbindungskabels;

- das Laufwerk erhält **Daten** über das Verbindungskabel zur Steckkarte, die Steckkarte über die Leiterbahnen des Busses,

- **Stromanschluß** bei internen Laufwerken über ein Kabel vom PC-Netzteil, bei externen Laufwerken über ein eigenes Stromnetzkabel,

- Ansteuerung über eigene **Treibersoftware**.

Vergleichen Sie in jedem Fall die Preise, die Kapazitäten der Bänder und den nötigen Installationsaufwand. Berücksichtigen Sie den Platz in Ihrem PC und die bereits vorhandenen Schnittstellen. Auch die mit dem Streamer ausgelieferten Programme, mit denen Sie ja Ihre Datensicherungen und -rückgewinnungen durchführen müssen, sollten eine gute Benutzerinnenführung aufweisen (und vielleicht auch deutschsprachig sein).

→ Achten Sie darauf, daß alle nötigen Kabel, Weichen, Einbaurahmen, Disketten mit Sicherungs-, Treiber- und Installationsprogrammen und (deutsche) Handbücher zum Lieferumfang gehören. Kaufen Sie auch Bandkassetten.

7.2.2 CD-ROM-Laufwerke

Immer mehr PCs werden mit einem weiteren Speichergerät nachgerüstet oder bereits verkauft: einem **CD-Laufwerk**, dessen Bauweise und Benutzung in der Unterhaltungselektronik schon alltäglich geworden ist. CD heißt Compact Disk, also „kompakte Scheibe". Ihr Prinzip: In die Oberfläche einer reflektierenden Metallscheibe werden winzige Vertiefungen eingeprägt, so daß Höhen und Tiefen für die zwei möglichen Bitwerte stehen. Mit einer durchsichtigen (Polycarbonat-) Schicht wird die Scheibe versiegelt. Während die CD sich dreht, tastet ein **Laserstrahl** sie ab. Vertiefungen reflektieren ihn anders als Erhöhungen, und dadurch können die Bitwerte „aufgefangen" und rekonstruiert werden.

Auch CDs sind in Sektoren unterteilt, aber nur eine einzige Spur verläuft spiralförmig von außen nach innen.

Die Vorteile eines CD-Speichers liegen auf der Hand: **große** Mengen Daten (von einigen Hundert Megabytes bis hin zu Gigabytes!) haben auf einer dieser kleinen Scheiben Platz, sie sind bequem **auswechselbar, robust** und werden absolut **verschleißfrei** im Laufwerk gelesen, denn das Abtasten durch den Laserstrahl berührt die ' Oberfläche überhaupt nicht. Der Nachteil liegt einzig darin, daß eine CD nur durch ein aufwendiges Verfahren mit Inhalt versehen werden kann (eine „Master-CD", sozusagen eine Schablone, wird mit einem Spezialgerät gefertigt, von der dann Kopien in Mengen hergestellt werden können). Im „Abspielgerät", also im PC-Laufwerk, kann sie aber nur noch **gelesen** werden. Ein CD-Laufwerk ist also stets ein

ROM, ein Nur-Lese-Speicher. Die gute alte Magnetplatte kann also durch die heutige CD-Technik nicht abgelöst werden, da sie ja für die ständige Datenspeicherung *im* PC beschreibbar sein muß. Ferner erreichen CD-Laufwerke bei weitem nicht eine solche Geschwindigkeit im Datenzugriff wie Magnetplattenlaufwerke.

Trotzdem werden CD-ROMs immer wichtiger, und zwar für die Software. Moderne Betriebssysteme mit grafischen Benutzungsoberflächen, grafische Anwendungsprogramme mit unzähligen „Clip-Art-Dateien" (Beispielbilder, die nur noch zusammengefügt werden müssen): diese Dinge beziehen die Endanwenderinnen nur zum Benutzen, also zum Lesen, und sie belegen sogar in **komprimiertem** (zusammengepreßtem) Zustand eine immer größere Zahl von Disketten. Sie alle kennen sicherlich die lästigen Installationsphasen großer Anwendungsprogramme, bei denen Sie zehnmal zum Wechseln der Diskette aufgefordert werden, bis das Programm auf der Festplatte fertig installiert ist – wo es dann 10 oder gar 20 MB Platz „frißt". Anders dagegen ein auf CD-ROM ausgeliefertes Programm: Scheibe einlegen, fertig. Für das nächste Programm muß nur die CD gewechselt werden.

Abb. 7.6 zeigt ein CD-ROM-Laufwerk mit den Maßen eines 5 ½-Zoll-Laufwerks.

Abb. 7.6: CD-ROM-Laufwerk und CD

Der Pferdefuß: Hat mein „uralter" PC, erworben vor vielleicht zwei Jahren, noch kein CD-Laufwerk, so muß ich für die Nachrüstung erst einmal die geeignete **Schnittstelle**, also die Ansteuerungseinheit, haben. Ein CD-ROM-Laufwerk ist kein PC-Standard-Gerät, es hat weder eine vorbereitete E/A-Adresse, über die die Zentrale es ansprechen kann, noch gibt es BIOS-Routinen, die die Kommunikation mit diesem Gerät erledigen.

Mittlerweile gibt es einen **Standard** für die Datenorganisation auf einer CD, bezeichnet mit **ISO 9660** (Level 1). Ein solcher Standard, an den alle CD-Hersteller gebunden sind, ist die Voraussetzung dafür, daß mein Laufwerk auch wirklich jede käufliche CD lesen kann. Der DOS-Hersteller Microsoft bietet dazu das Programm **MSCDEX** an (ab Version 6 Bestandteil von MS-DOS), welches CDs gemäß ISO 9660 verwaltet. Ein gerätespezifischer **Laufwerkstreiber** ist aber trotzdem unverzichtbar. Er wird mit dem Laufwerk erworben und mit einer Zeile „DEVICE=Treiberdatei" in die CONFIG.SYS-Datei eingebunden.

Die meisten CD-ROM-Laufwerke werden über eine **SCSI-Schnittstelle** angebunden. Es gibt allerdings auch (externe) Laufwerke, die am **Druckeranschluß** betrieben werden. Der zugehörige Treiber ist für den geregelten Betrieb verantwortlich. Einige CD-ROM-Laufwerke werden mit **IDE-Schnittstelle** angeboten. IDE ist eigentlich eine Festplattenschnittstelle wie in Abschnitt 5.5.8 beschrieben. Ein IDE-CD-ROM-Laufwerk braucht aber eine **eigene Adapterkarte**, da ihre Steuersignale sich von denen einer IDE-*Festplatte* unterscheiden. Für die Kartenkonfigurierung und die Treiberinstallation ist unbedingt das Laufwerksdatenblatt zu Rate zu ziehen.

Der Vorteil einer SCSI-Schnittstelle ist, daß nur *ein* Steckplatz für einen SCSI-Adapter notwendig ist, also auch nur *eine* E/A-Adresse, *je ein* DMA- und Interrupt-Kanal, um bis zu sieben Geräte anschließen zu können. Die weitere Frage, ob auch ein Einbauschacht für dieses zusätzliche Laufwerk vorhanden ist, ist nicht so kritisch, da notfalls auch ein Gerät in einem externen Gehäuse benutzt werden kann. Aber der Steckplatz für die zusätzliche Schnittstelle ist unabdingbar. Hat der PC bereits eine SCSI-Schnittstelle, so bleibt nur die Frage, ob am SCSI-Kabel noch ein Platz frei ist.

Der SCSI-Standard definiert einen eigenen **Bus für Peripheriegeräte** bzw. **Massenspeicher**. Eine SCSI-**Adapter-Karte** stellt die Verbindung zum PC-Systembus her (siehe auch Abschnitt 7.1.4). Ein SCSI-Laufwerk hat einen eingebauten Controller. Per **Jumper** erhält es eine von acht SCSI-Identifikationsnummern (SCSI-Adressen) zugeordnet sowie die Art des **Paritätsbits** (gerade oder ungerade Ergänzung der 1-Bits eines Bytes). Die **SCSI-Ids** dienen als „Haltestellen" am SCSI-Bus. Dabei ist die reale Anschlußreihenfolge der Geräte unwichtig, die Nummern müssen sich nur unterscheiden. Besonderheiten der Installation entnehmen Sie dem Datenblatt.

Leider ist die Idee, die SCSI-Schnittstelle geräte- und herstellerunabhängig festzulegen, in der Praxis nicht ganz durchzuhalten. Daher kann es zu Konflikten führen, wenn der SCSI-Adapter und das Gerät nicht vom selben Hersteller sind.

→ Sollten Sie zu einem bereits eingebauten SCSI-Adapter ein weiteres Gerät kaufen, so erkundigen Sie sich im Fachhandel nach der Kompatibilität der beiden Bauteile. Bringen Sie am besten das Datenblatt Ihres Adapters beim nächsten Gerätekauf mit. Der Treiber des *neuen* Geräts muß mit dem vorhandenen Adapter zusammenarbeiten.

➔ **Einbau eines SCSI-CD-ROM-Laufwerks:**

• Vor dem Kauf: freien **Steckplatz** für die Schnittstelle suchen bzw. freien Anschlußplatz an einem vorhandenen **SCSI-Adapter**. Laufwerk und Adapter müssen zusammenarbeiten können.

• Vor dem Öffnen des PCs Platz schaffen, Schraubenzieher und Notizpapier bereit legen. Regelmäßig erden (metallene Gehäuseteile berühren). Alle gelösten Schrauben sammeln. Lösen und entfernen Sie alle Kabelverbindungen, die stören, aber notieren Sie sich deren Stellungen.

• Der **Adapter** wird **konfiguriert** und eingebaut wie in den Abschnitten 7.1.4 und 7.1.5 beschrieben. Er erhält **Strom und Daten** über Leiterbahnen der Hauptplatine.

• Das **SCSI-Bus-Kabel** wird auf die obere Kontaktleiste der Adapterkarte aufgesteckt.

• Das **CD-ROM-Laufwerk** erhält per Jumper eine **SCSI-Id**, eine Nummer zwischen 0 und 7, die bisher weder vom Adapter noch von einem anderen SCSI-Gerät am selben Bus benutzt wird. Außerdem wird per Jumper die Parität eingestellt. Sie muß für alle angeschlossenen SCSI-Geräte gleich sein.

• Das CD-ROM-Laufwerk erhält **Daten** über das SCSI-Bus-Kabel, bei externen Geräten muß der SCSI-Adapter eine äußere Anschlußbuchse haben. Das Laufwerk erhält **Strom** über ein Kabel vom PC-Netzteil, bei externen Laufwerken über ein eigenes Stromnetzkabel.

• Ein **internes** CD-ROM-Laufwerk muß in einem Schacht eingebaut werden, der an der Gehäusefront eine Öffnung aufweist, da die CDs ja gewechselt werden. Es wird, nachdem die Kabelverbindungen und Jumper fertig gesteckt sind, eingesetzt und verschraubt.

• Das jeweils **hinterste** Gerät an einem SCSI-Bus benötigt einen **Abschlußwiderstand** (Jumper), von allen anderen werden die Abschlußwiderstände entfernt.

• Kabel, die vorher entfernt wurden, damit sie beim Einbau nicht stören, werden wieder an ihre Plätze gesteckt.

- SCSI-Geräte werden über eigene **Treibersoftware** angesteuert. Der Treiber wird über einen „DEVICE=..."-Befehl in der Datei CONFIG.SYS in das Betriebssystem eingebunden. Moderne Geräte werden mit einem Installationsprogramm verkauft, das diese Zeile selbständig in die CONFIG.SYS-Datei einfügt. Konsultieren Sie Ihr Datenblatt.

Störungen im CD-ROM-Betrieb:

Um Störungen zu vermeiden, sollten CDs saubergehalten und staubfrei aufbewahrt werden (in eigenen Hüllen). Ebenso muß die **Abtastlinse** des Laufwerks saubergehalten werden. Gute CD-Laufwerke haben ein staubdichtes Gehäuse und einen automatischen Linsenreinigungsmechanismus.

Besonderheiten:

Die meisten CD-ROM-Laufwerke sind durch Lautsprecher zu ergänzen und dann für **Audio-CDs** (Schallplatten) zu benutzen. Im **Multimedia**-Bereich (siehe Abschnitt 7.5) wird das auch ausgenutzt. Die in den Beschreibungen von CD-Laufwerken angegebenen Begriffe Double**spin** oder Multi**spin** beziehen sich auf die **Drehgeschwindigkeit** des Geräts.

7.2.3 Magneto-optische Platten

Eine (derzeit noch) untergeordnete Rolle auf dem PC-Markt spielen **magnetooptische Speicherplatten**, kurz **MO-Platten** genannt. Sie vereinigen die **Schreibdichte** und **Robustheit** von CDs mit der **Wiederbeschreibbarkeit** von Magnetplatten.

Ganz kurz das Prinzip: Auf einer mit geeignetem magnetischen Material beschichteten Platte werden einzelne Punkte (also die Bits) mit einem starken Laserstrahl kurzzeitig erhitzt und mit Hilfe eines magnetischen Feldes in eine bestimmte (magnetische) Ausrichtung gedreht. Zum Lesen der gespeicherten Information tastet ein schwächerer Laserstrahl die Oberfläche ab und wird je nach deren magnetischer Ausrichtung *unterschiedlich* reflektiert: die Art der Reflexion läßt das gespeicherte Bit erkennen. Die Bits können sehr dicht gespeichert werden, und durch die berührungsfreie Abtastung mit Laserstrahlen gibt es keinen Verschleiß.

Der Nachteil *aller* optischen Speicherplatten ist derzeit noch ihre **Zugriffszeit**: Magnetplatten sind immer noch mehr als **zehnmal** so schnell. Bei geeigneter Weiterentwicklung könnten MO-Platten sich aber einen Marktanteil erobern.

7.3 Vernetzung

Eine immer größere Rolle im Büroeinsatz spielt das **Vernetzen von Computern**, also die Verbindung mehrerer – auch unterschiedlicher – Computer zum Zweck des Datenaustauschs und der gemeinsamen Benutzung von Geräten (Laufwerken, Druckern etc.). Je mehr und je unterschiedlicher die in einem Netz verbundenen Computer sind, desto mehr Sorgfalt muß auf die Verwaltung gelegt werden. Wir wollen hier die Voraussetzungen für die wichtigsten Vernetzungen und den damit verbundenen Aufwand skizzieren.

Prinzipiell gilt für jede geplante Vernetzung:

- Es muß eine gemeinsame „**Sprache**", ein sogenanntes „**Übertragungsprotokoll**", gefunden werden, damit die beteiligten Computer sich „verstehen".

- Es muß eine geeignete **Leitungsverbindung** hergestellt werden. „Geeignet" heißt dabei: alle für die Übertragung nötigen Signale müssen berücksichtigt werden. Bei langen Leitungen muß zudem darauf geachtet werden, daß die Signale unterwegs nicht zu schwach werden.

- In jedem Computer muß eine **Schnittstelle** dafür sorgen, daß seine Signale in die der Übertragungssprache übersetzt werden.

- Geeignete **Software** (wieder einmal ein **Treiber**) muß die Schnittstelle bedienen, und geeignete **Verwaltungssoftware** muß dafür sorgen, daß

  - eine gewünschte **Verbindung** zu einem anderen Computer hergestellt wird,

  - Daten vor **unberechtigtem Zugriff** über die Netzverbindung geschützt sind.

7.3.1 PC an PC

Die nächstliegende und auch einfachste Vernetzung ist die Kopplung von zwei PCs, also zwei Computern, die gleichartig aufgebaut sind und sich prinzipiell „verstehen". Stellen Sie sich vor, in einem Büro stehen zwei PCs, und ein von Mitarbeiterin A erstelltes Dokument soll nun von Mitarbeiterin B weiterbearbeitet werden: statt Dateien umständlich mit Disketten auszutauschen, schicken Sie sie über eine Leitung. Ein anderes – häufiges – Anwendungsbeispiel: eine Repräsentantin eines Unternehmens nimmt ihren Laptop oder Notebook mit zu ihren Kunden, um schnell Daten abrufen und Zahlenbeispiele durchrechnen zu können. Vor und nach jedem Kundenbesuch muß sie die aktuellen Daten von ihrem Arbeitsplatz-PC auf den Laptop und wieder zurück transportieren: Über ein Verbindungskabel geht das am elegantesten.

Eine **Kommunikationsschnittstelle** haben wir bereits kennengelernt: die **serielle** Mehrzweckschnittstelle ist mit ihren Signalen grundsätzlich für eine Übertragung ausgelegt, sie benutzt sozusagen eine „allgemeine technische Sprache" für eine einfache Kommunikation.

Nichts liegt also näher, als zwei PCs über ihre seriellen Schnittstellen aneinanderzukoppeln. Für diesen Zweck gibt es im Fachhandel spezielle Kabel, sogenannte **Nullmodem**kabel, die die Signale einer seriellen PC-Schnittstelle an eine andere liefern und dabei einfach die Sende- und Empfangsleitung überkreuzen. Dadurch kommen die von PC1 gesendeten Daten auf der Empfangsleitung von PC2 an. Die Bezeichnung „Nullmodem" kommt daher, daß die serielle Schnittstelle von ihrer Grundidee her die Kommunikation *zu* einem **Modem** erledigen kann, einer Übertragungseinrichtung, die sozusagen den „Eingang" in ein größeres Netz darstellt (siehe Abschnitt 7.3.3). Die *direkte* Kopplung zweier Computer umgeht das Modem, daher „Null".

Bleiben noch die Softwarevoraussetzungen zu klären. Das BIOS bedient die seriellen Schnittstellen, DOS hat einen (recht simplen) Treiber dafür, die Befehle COPY und CTTY (zur Umsteuerung der Eingabe auf die serielle Schnittstelle, also Bedienung des Computers durch den angekoppelten anderen – siehe DOS-Handbuch) stehen zur Verfügung, aber für eine komfortable Verwaltung des Datenaustauschs genügt das nicht.

Dafür gibt es (erschwingliche) Programme zu kaufen, die einen menügesteuerten Austausch von Dateien anbieten. Während des Austauschs muß das Programm auf *beiden* PCs aktiv sein, die beteiligten Mitarbeiterinnen können also nicht gleichzeitig etwas anderes tun. Die Steuerung kann allein von einem PC aus erfolgen.

Solche Programme (z.B. **Laplink**) arbeiten recht schnell, und zwar mit jeder CPU-Generation, verbrauchen kaum Speicherplatz und genügen den PC-an-PC-Ansprüchen voll und ganz. Sie werden (in der Regel) mit **speziellen Kabeln** ausgeliefert und funktionieren dann auch nur mit diesen. Insbesondere gibt es dabei auch Kabel zur Kopplung über die **parallele Schnittstelle**, wodurch die Übertragung von Daten deutlich schneller abläuft (je ein Byte gleichzeitig statt Einzelbits nacheinander!). Die Bezeichnung „Laplink" rührt daher, daß das Programm entwickelt wurde, um einen **Lap**top-PC an ein Tischgerät zu koppeln (engl. **link**: verbinden).

➜ PC-PC-Kopplung kann geschehen

● mit einem **Nullmodem**, einem speziellen Kabel zur Verbindung der seriellen Schnittstellen zweier Computer und (mäßiger) Unterstützung durch DOS-Befehle (COPY, CTTY),

• mit einem speziellen **Laplink**-Programm und zugehörigen Kabeln, die eine Verbindung über eine serielle *oder* eine parallele Schnittstelle ermöglichen bei gleichzeitiger komfortabler Benutzerunterstützung.

7.3.2 Lokale Netze

Die **lokalen Netze**, also PCs, die auf einem Grundstück mit Kabeln verbunden werden (ohne die „Funkhoheit" der Post zu berühren), führen in Betrieben aller Art derzeitig einen ähnlichen Siegeszug wie vor Jahren der PC selbst. Die Idee ist bestechend: Jeder Arbeitsplatz hat seinen eigenen Computer, also eine komplette Hochleistungsmaschine für sich allein, trotzdem stehen die vom Großrechner der siebziger Jahre vertrauten Möglichkeiten zur Verfügung, nämlich

• Programme nur einmal installieren, aber überall aufrufen können,

• große Datenbestände (Karteien, Archive etc.) nur einmal speichern, aber von überall her einsehen können,

• Dokumente zwischen Arbeitsplätzen austauschen,

• gemeinsame Peripheriegeräte benutzen (z.B. Drucker),

• gelegentlich auch elektronisch „plaudern" (ohne das Büro verlassen zu müssen).

All das bietet ein **LAN** (engl. Local Area Net: lokales Netz) – aber zum Preis eines gewissen Aufwands an Schnittstellen, Verkabelung, Verwaltung. Klären wir die wichtigsten Voraussetzungen.

Übertragungsprotokoll und Leitungsverbindung

Einige **Netztypen** wurden unabhängig von bestimmten Computern entworfen: die bekanntesten und verbreitetsten sind **Ethernet** (engl. „Netz im Äther") und **Token Ring** (engl. Zeichen-Ring). Jede Netzdefinition umfaßt sowohl eine Festlegung für Kabellängen und Signalstärken, also eine rein technische Spezifikation, damit überhaupt eine saubere Signalübertragung möglich ist, als auch das Übertragungsprotokoll, das wir ganz kurz so umschreiben könnten: wie viele Leitungen im Kabel, welches Signal auf welcher Leitung, welche Prüfmechanismen, welche Vorgänge für einen Verbindungsaufbau.

Ethernet baut dabei auf einem Modell auf, das ein bißchen an Telefonieren erinnert: alle Computer sind über Kabel miteinander verbunden, können sich also prinzipiell „hören". Einer von ihnen meldet nun eine Verbindung zu einem bestimmten anderen an. Der antwortet, und es werden Daten hin- oder her übertragen. Solange eine Datenübertragung stattfindet, haben die anderen zu warten: Die Leitung ist „besetzt".

217

Je mehr Computer im Netz verbunden sind, desto öfter gerät eine Anforderung an eine besetzte Leitung. Trotzdem ist Ethernet im PC-Bereich die verbreitetste Netzarchitektur.

Token Ring liegt eine ganz andere Idee zugrunde: ein „Erlaubnisschein", das „Token" (engl. Zeichen), geht von Computer zu Computer durch das ganze Netzkabel. Kommt der Erlaubnisschein bei Computer A vorbei, darf er eine Botschaft daran „heften", daß er mit Computer B einen Dialog führen möchte. Der Schein geht weiter von Gerät zu Gerät. Kommt er bei B an, erkennt dieser, daß er gemeint ist, und antwortet, heftet also seine Daten an den Erlaubnisschein. Da das Token im Kreis herum geht („Ring"), kommt es auch wieder bei A an usw. Jeder, der ein leeres Token (ohne angeheftete Nachricht) erhält, darf senden. Je mehr Computer im Netz sind, desto länger dauert es, bis das Token einmal im Kreis herumgekommen ist.

Zu jedem Netzmodell gehört ein ganz bestimmter **Kabeltyp**, dazu **Verstärker**, die in längere Kabelstrecken eingebaut werden müssen, und **Abschlußwiderstände**, um ein Kabel*ende* zu kennzeichnen. Abb. 7.7 zeigt vier vernetzte PCs: das in der Mitte durchlaufende Kabel muß an seinen Enden mit Abschlußwiderständen versehen werden, um ein störendes Signalecho im Kabel zu verhindern. Ohne geschulte technische Beratung ist ein funktionierendes Netz kaum einzurichten. Trotzdem sollten auch die späteren Netzanwenderinnen die Grundlagen so weit kennen, um bei Kaufentscheidungen mitreden zu können.

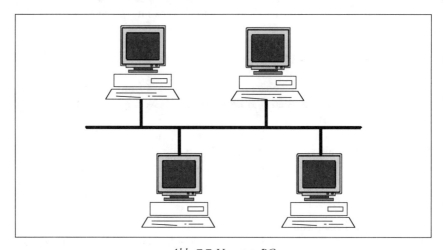

Abb. 7.7: Vernetzte PCs

Schnittstelle und Treiber

Zahlreiche Schnittstellenkarten unterstützen die bekannten Netzmodelle. Selbstverständlich muß jeder zum Netz gehörende Computer eine passende Schnittstelle zum Netz haben. Beim PC wird sie in Form einer **Erweiterungsteckkarte** eingebaut. Da der PC mit dieser Karte an das Netz „angepaßt" wird, lautet die EDV-Jargon-Bezeichnung schlicht „Netzwerk-**Adapter**" (engl. adapt: anpassen). Ein geeigneter **Steckplatz** muß also vorhanden sein. Die Steckkarte muß mit E/A-Adresse und Kanälen konfiguriert werden wie in Kapitel 7.1.3 (und natürlich dem jeweiligen Karten-Installationshandbuch). Zur Steckkarte gehört unbedingt ein **Treiber**, der mit Hilfe des Begleithandbuchs installiert wird.

Die verschiedenen Schnittstellenkarten auf dem Markt unterscheiden sich in erster Linie nach dem unterstützten Netzmodell, zusätzlich aber in Preis, Geschwindigkeit, Benutzerführung bei der Installation, Zuverlässigkeit. Vor Installation eines Netzes sollte unbedingt ein Vergleich angestellt werden, z.B. mit Hilfe von Fachzeitschriften.

Zur einzelnen Schnittstellenkarte gehört die Anschlußbuchse nach außen und – um eine Verbindung in zwei Richtungen herstellen zu können – ein **T-Stecker**, also ein Stecker, der einen PC an ein durchlaufendes Kabel anbindet (vergleiche Abb. 7.7). Kabel und Verstärker müssen passend zum *gesamten* Netz erworben werden.

Verwaltungsprogramme

Auch die Verwaltungsprogramme müssen natürlich zum ausgewählten Netzmodell passen, um die Treiber und damit die Schnittstellen geeignet mit Informationen versorgen zu können. Eine Netz-Verwaltungssoftware muß

- Geräte (also einzelne **Computer**, aber auch **Drucker**, die im ganzen Netz verfügbar sein sollen) neu **aufnehmen** oder auch **abmelden** können,

- **Verbindungen** aufbauen und unterstützen können,

- **Datenübertragungen** einleiten und durchführen,

- den Zugriff mehrerer Einzel-PCs auf **gemeinsame Dateien** kontrollieren (ich darf nicht eine Karteikarte ändern, die gerade jemand anders liest!),

- den Zugriff auf **gemeinsame Geräte** regeln,

- **Störungen** aller Art in den Griff bekommen (Beispiel: ein PC fällt aus, während noch eine Übertragung zu ihm läuft)

- und für ausreichenden **Datenschutz** sorgen (gegen versehentliche oder auch böswillige Eingriffe von einem Computer aus auf einen anderen).

Das ergibt – je nach Größe des Netzes – vom Umfang und von den Aufgaben her ein ganzes Betriebssystem. Ein **Netzwerkbetriebssystem** erweitert damit die Aufgaben des PC-eigenen Betriebssystems. Es muß so entworfen sein, daß die Zusammenarbeit beider Systeme reibungslos funktioniert. Die Benutzerin sollte vom Netzwerk erst dann etwas merken, wenn sie auf einen anderen PC zugreifen will, nicht aber bei ihrer Arbeit gestört werden.

Die großen Netzbetriebssysteme gehen davon aus, daß ein – möglichst leistungsfähiger – PC als sogenannter (**File-**)**Server** eingesetzt wird (engl. file: Datei, server: Bediener). Auf ihm „regiert" die Netzverwaltung, an ihm hängen die gemeinsamen Drucker, seine (großen) Magnetplatten enthalten die gemeinsamen Daten und Programme. Seine Leistung wird ausschließlich in den Dienst des Netzes gestellt, er ist nicht gleichzeitig PC-Arbeitsplatz.

Kleine Netze, etwa weniger als zehn PCs oder auch ein Netz mit nur wenigen Übertragungsanforderungen, benötigen eigentlich gar nicht den Einsatz von solch massiver (und teurer) Hardware. Daher setzt sich in diesem Bereich das **Peer-to-Peer-Netz** durch (engl. etwa: gleiche an gleichen): jeder PC ist gleichberechtigt, die gemeinsamen Daten und Programme sind verteilt oder auf dem (den) leistungsstärksten untergebracht, ebenso die gemeinsamen Peripheriegeräte. Jeder PC kann bei Bedarf als Server eingesetzt werden. Diese Lösung ist erheblich billiger.

Einige wenige Netzbetriebssysteme sind so ausgereift, daß sie sich den Markt der Server-Netze teilen. Das bekannteste ist **Novell Netware**. Netzbetriebssysteme sind dermaßen komplex, daß zur Installation und oftmals auch zur laufenden Betreuung ein eigens geschulter Netzverwalter oder eine -verwalterin wünschenswert ist (Netzwerkadministrator). Das rückt die Vernetzung in eine Größenordnung, die gerade für kleine Betriebe mit nur einigen PCs oft gar nicht erwünscht ist. Peer-to-Peer-Netze benötigen kleinere, überschaubare, eher erlernbare Betriebssysteme, von denen es inzwischen einige auf dem Markt gibt. Ein typisches Beispiel ist **Novell Netware Lite**, das mit seinem Namenszusatz an die modernen Leicht-Getränke mit wenig Kalorien erinnern soll.

➜ Zur **Installation eines Lokalen Netzes** gehört

● die Wahl eines Netzwerkmodells,

● die entsprechenden Steckkarten mit zugehörigem Treiber, Kabel, Verstärker,

● Verwaltungssoftware, also ein Netzbetriebssystem,

● einiges technisches und betriebssystemtechnisches Wissen zur Betreuung des Netzes.

→ In einem größeren (z.B. betriebsweiten) lokalen Netz haben Sie wenig Kontrolle über Aktionen, die von Fremd-PCs aus auf Ihr Gerät übergreifen; im Klartext: die Wahrscheinlichkeit, daß über ein Netz immer wieder **Viren** auf einzelne PCs „überspringen" (sich auf Ihre Platte kopieren), ist groß. Also sollte ein LAN stets mit aktuellen **Antivirenprogrammen** versorgt sein (die dann auch regelmäßig ablaufen sollten).

7.3.3 „Globale" Vernetzung übers Telefonnetz

Bei einer Kopplung an Computer, die beliebig weit entfernt stehen können, ist es nicht mehr möglich, einfach private Kabel zu legen. Das Kabelnetz der Post wird bemüht (was natürlich auch Gebühren kostet). Die einfachste Methode ist es, wieder die Fähigkeiten einer seriellen Schnittstelle zur Kommunikation auszunutzen. Die serielle Schnittstelle kann direkt an ein **Modem** (Abb. 7.8) gekoppelt werden. Ein Modem (von **Mo**dulator-**Dem**odulator, also etwa „Signalwandler und Rückwandler") wiederum kann Signale direkt in das öffentliche **Telefonnetz** einspeisen. Damit sind Schnittstelle, Übertragungsprotokoll und Kabelverbindung geregelt. Nun fehlt nur noch die geeignete Software, die über das Modem einen anderen, auch ans Telefonnetz gekoppelten Computer „anwählt" wie ein Telefon, dann die Datenübertragung oder den Dialog zwischen den Computern steuert und begleitet: eine beliebig ausweitbare, internationale Vernetzung ist hergestellt. Ein solches Netz läuft unter dem Kürzel **WAN** (engl. **W**ide **A**rea **Net**: Netz über ein weites Gebiet). Ein Programm zur Modemsteuerung wird im PC-Bereich **Kommunikations**- oder auch **Terminal**programm genannt, da der PC mit ihm wie ein Terminal (Datenendeinrichtung, also Bildschirm plus Tastatur) an einem beliebigen Großrechner betrieben werden und dann dessen Fähigkeiten nutzen kann. Ein solches (einfaches) Terminalprogramm ist auch Bestandteil von Windows.

Abb. 7.8: Modem

PC-Besitzerinnen nutzen Modemverbindungen tatsächlich vor allem, um den eigenen PC an einen Großrechner anzukoppeln. Das bedeutet, *sie* „rufen an", werden aber nicht selber vom anderen Computer angerufen. Das ist mittels Modemverbindung ganz problemlos zu erledigen. Will ich selbst angerufen werden, so muß mein Modem eine eigene **Telefonnummer** erhalten; das bedeutet natürlich Anmeldung bei der Post. Insbesondere gilt das für den Betrieb eines **Faxmodems**, also eines Geräts, das ein **Telefax** (einen Fernkopierer) ersetzt. Es sendet Dateien als Fax über das Telefonnetz zu angeschlossenen Faxgeräten und empfängt ebenfalls Faxsendungen (wenn der PC und das Modem empfangsbereit sind), die wieder zu Dateien werden. Die Konvertierung „Datei in Fax" und umgekehrt wird von geeigneter **Fax-Software** vorgenommen.

Eine ganz aktuelle Modemnutzung sind **Servicenetze** und **Mailbox**systeme (engl. mailbox: Briefkasten). Sie bieten allen angemeldeten Benutzern eine Fülle von **Informationen**, Programme zum Kopieren auf den eigenen PC (**Shareware-Programme**, also Programme, die gegen eine geringe Registrierungsgebühr frei kopiert werden dürfen; engl. share heißt teilen) und sogenannte **Diskussionsforen**, in denen beliebige Teilnehmer zu aktuellen Themen Beiträge einbringen können. Darüber hinaus kann auch ein PC-Kontakt zu anderen Teilnehmern am Netz hergestellt werden, also ein „Gespräch von PC zu PC".

Die Anmeldung in einem solchen System (bekannt ist z.B. **Compuserve**) verläuft unterschiedlich: in der Regel ist es ein Leichtes, die „Telefonnummer" des Netzes in Erfahrung zu bringen und zunächst als – nicht zahlender – Gast in einige der Foren oder „schwarzen Bretter" hineinzuschnuppern. Dafür erhält der Gast eine allgemeine **Zulassungsnummer** und einen **Zugangsschutzcode (Paßwort)**. Außerdem erfährt der Gast die Anmeldeformalitäten. Sobald eine *endgültige* Teilnehmernummer zugeteilt wurde, sind alle Teile des Servicenetzes zugänglich. Anfallende Gebühren – sowohl für Netzbenutzung als auch die normalen Telefongebühren für die Leitungsbenutzung – werden den Teilnehmern in Rechnung gestellt.

Diese Servicenetze sind amerikanischen Ursprungs, was sich deutlich in der Benutzungssprache und in den Themenschwerpunkten spiegelt. Für die gebührenpflichtigen Dienste des Netzes empfiehlt sich als Zahlungsmittel eine Kreditkarte. Wie üblich bei bargeldlosen Aktionen kann ein „Herumspielen" auch hier natürlich sehr ins Geld gehen.

Beachten Sie stets, daß während der Kommunikation über ein Modem Ihr PC in einem unübersehbar großen Netz mit unübersehbar unterschiedlichen Teilnehmern eingebunden ist – also ist auch hier **Datenschutz** und **Virenschutz** eine wichtige Frage.

➡ Netzverbindungen beliebiger Art sollten nur bestehen, solange sie tatsächlich für Datenübertragungen benötigt werden. Danach sollten Sie die Verbindung beenden.

➡ Kopierte Fremdsoftware (Shareware) sofort auf Viren überprüfen!

7.3.4 Anschluß eines Modems

Generell muß ein in Deutschland betriebenes Modem eine sogenannte **Postzulassung** haben, die abhängig von seinen technischen Eigenschaften erteilt wird. Nicht-postzugelassene Modems sind billiger und teilweise auch besser, aber mehr als diese technische Anmerkung ist hier natürlich nicht erlaubt. Bevor Sie auf dem großen Modemmarkt eine Kaufentscheidung treffen, sprechen Sie am besten mit anderen Modembenutzerinnen.

Technisch gesehen unterscheiden sich Modems in **Übertragungsgeschwindigkeit** und **Betriebsart**. Die Übertragungsgeschwindigkeit wird in **Bit pro Sekunde (bps)** gemessen, beginnt etwa bei 1200 bps und geht hinauf bis zu Größenordnungen von 14 400 bps bei speziellen Geräten. Betriebsarten müssen auf die Sicherheit und Fehlerfreiheit der Übertragungen achten, und da sind bei höheren Geschwindigkeiten andere Anforderungen gestellt. Die Betriebsarten sind (europäisch) normiert von der **CCITT** (Comité Consultatif International Télégraphique et Téléfonique: Internationales Beratungsgremium für Telefon und Telegrafie) und tragen Bezeichnungen wie **V.22, V.22bis** (bis steht für „doppelt": V.22 regelt den Verkehr mit 1200 bps, V.22bis mit 2400 bps), **V.32** (9600 bps), **V.32bis** (14 400 bps). Die Geschwindigkeit ist entweder fest eingestellt, am Modem wählbar oder per Software wählbar. Welche Geschwindigkeit sinnvoll ist, hängt von der Qualität der Leitungen ab und von den Fähigkeiten des Modems „am anderen Ende": Kennt es nur eine bestimmte Geschwindigkeit, so muß ich meine Übertragung darauf einstellen.

Die zwei wichtigsten Einstellungen, die im zugehörigen **Kommunikationsprogramm** zu regeln sind, betreffen den Anschluß und das Wählverfahren des Modems. Zunächst muß das Programm wissen, an *welcher* seriellen Schnittstelle das Modem angekoppelt ist. Benutzen Sie eine Maus, wird das COM2 sein. Die Programme stellen meistens zwei **Wählverfahren** zur Verfügung: **Ton- oder Impulswahl**. Das deutsche Telefonnetz arbeitet *nur* mit **Impulswahl**! Stellen Sie Ihre Software unbedingt darauf ein.

Zur Modembetriebsart gehören einige weitere Aspekte, die in der Regel auch mit der Kommunikationssoftware eingestellt werden können oder müssen. Hier ist es wich-

tig, daß Ihr Modem und das des Kommunikationspartners in gleicher Weise eingestellt sind:

- Das Programm muß die **Geschwindigkeit** Ihres Modems kennen, das Empfän-
  germodem muß diese Geschwindigkeit verarbeiten können.

- Über eine serielle Leitung werden die Bits *nacheinander* geschickt, gerahmt von
  Start- und Stoppbits. Die Anzahl der **Datenbits** (in der Regel acht, da Bytes
  übertragen werden) und der **Stoppbits** (ein oder zwei) muß mit dem Empfänger-
  modem abgestimmt werden.

- Die Art der **Parität**sberechnung (also die Prüfbits, mit denen die Anzahl der
  Einsen in einem Byte und damit das ganze Byte auf Korrektheit geprüft werden)
  und das **Quittierungsverfahren** zwischen den an der Übertragung beteiligten
  Modems müssen übereinstimmen.

Dazu erhalten Sie aber stets Informationen von dem Betreiber desjenigen Computers,
mit dem Sie in Kommunikation treten wollen.

Weitere technische Einzelheiten und Umschaltmöglichkeiten unterscheiden sich je
nach Modemhersteller. Dazu lesen Sie das zugehörige Handbuch. In der Regel
können werkseitige Voreinstellungen benutzt werden. Haben Sie ein wenig Geduld,
auf einige Fehlversuche müssen Sie sich bei der Inbetriebnahme eines Modems
einstellen.

→ Ein **Modem** hat ein Kabel zum Anschluß ans Stromnetz, ein weiteres, das in eine
Telefondose paßt, und einen Anschluß für das Schnittstellenkabel zur seriellen
Schnittstelle.

→ Prüfen Sie bei der Anschaffung eines Modems, ob Ihr PC eine **freie serielle
Schnittstelle** hat, Ihre **Telefondose** eine freie Steckbuchse hat und alle benötigten
Kabel lang genug sind.

→ Wählen Sie nach Möglichkeit ein Modem, das mehrere **Übertragungs-
geschwindigkeiten** kennt, damit Sie in der Wahl Ihrer Kommunikationspartner
nicht unnötig eingeschränkt werden.

→ Stellen Sie Ihr Modem und Ihr Kommunikationsprogramm korrekt ein, was
gewählten seriellen **Anschluß**, **Wählverfahren** (Impulswahl) und **Übertragungs-
regeln** des **Empfängermodems** betrifft. Halten Sie sich dabei an die zugehörigen
Dokumentationen.

→ Wollen Sie über Ihr Modem „angerufen" werden, so müssen Sie eine Telefonnummer beantragen, also dem Modem einen eigenen Telefonanschluß besorgen.

➡ Ein in Deutschland betriebenes Modem muß eine Postzulassung haben.

➡ Ein **Faxmodem** ist in der Lage, Dateien als **Telefax**dokumente (also Fernkopien) zu übertragen und auch zu empfangen. Das wird im wesentlichen von mitgelieferter **Software** erledigt. Für den Empfang braucht das Faxmodem eine Telefonnummer, und der PC muß in Betrieb sein.

Modems und Faxmodems gibt es auch als eigene **Erweiterungssteckkarte** zu kaufen, die dann konfiguriert und eingebaut wird wie in Abschnitt 7.1 (und im zugehörigen Datenblatt) beschrieben. Diese Karte ist nichts weiter als **Modem und serielle Schnittstelle in einem**. Daher muß sie auch als serielle Schnittstelle konfiguriert werden, und zwar als eine höhere als die bereits benutzten. Haben Sie beispielsweise eine Maus an COM1 und einen Drucker an COM2 angeschlossen, so müssen sie die Modem- oder Faxkarte als **COM4 oder COM3** konfigurieren. Beachten Sie die jeweilige Interrupt-Kanal-Zuordnung im Datenblatt der Karte (siehe auch Abschnitt 7.1.3).

7.4 Bildverarbeitung

In grafischen und journalistischen Berufen übernimmt der PC immer häufiger Aufgaben aus der **Bildverarbeitung**. Dazu gehören

● das Übernehmen von Papierbildern in den PC (scannen),

● das Bearbeiten von Bildern am Bildschirm (zeichnen),

● das Ausgeben auf Papier, Folien oder fotografische Träger (auch Setzmaschinen).

Ein Bild ist für den Computer zunächst einmal eine Fülle von Punkten mit unterschiedlicher Farbgebung und in einer bestimmten Anordnung. Jeder Punkt muß als ein oder mehrere Bytes gespeichert werden. Je größer das Bild, je detaillierter die Farbschattierungen, je genauere Wiedergabe erwünscht ist, desto mehr Punktinformation muß gespeichert werden. Mit einem Byte, also 8 Bits, können maximal 256 ($=2^8$) unterschiedliche Codeworte ausgedrückt werden. Wenn „Echtfarben" verlangt werden, also realistische Farben wie bei einer Fotografie, so müssen aber *Tausende* von Schattierungen unterschieden werden. Fazit:

● Zur Bildverarbeitung ist **viel Speicher**, sowohl Arbeits- als auch Dauerspeicher, vonnöten.

● Ferner wird ein **Bildschirm** gebraucht, der möglichst **naturgetreue Farben** in **höchstmöglicher Auflösung** (kleinstmögliche Bildpunkte) wiedergibt. Dazu ist mindestens VGA-Standard erforderlich.

225

- Zur **Ausgabe** von Bildern kann ein geeignetes Gerät an einen der Standardanschlüsse des PCs gekoppelt werden:

Hochleistungslaserdrucker,

Folienplotter (ein **Plotter** ist eine elektronisch gesteuerte Zeichenmaschine; von engl. plot: zeichnen, z.B. Landkarten),

Lichtsatzmaschine.

Zur **Eingabe** von Papierbildern ist ein besonderes Gerät notwendig, mit dem wir uns hier kurz beschäftigen wollen: der **Scanner**. Sein Prinzip ist das **Abtasten** (engl. scan: abtasten) der Bildvorlage in winzigen Stückchen: Zeile für Zeile, Punkt für Punkt. Jeder abgetastete Punkt wird mit seiner Farb- und Helligkeitsinformation in Form von Bytes an den Computer gesandt. Je kleiner die einzelnen Punkte, desto genauer gibt der PC das Bild später wieder.

Von den drei Scannertypen **Trommelscanner, Flachbettscanner, Handscanner** werden nur die beiden letzteren auch im Kleinbetrieb oder gar privat eingesetzt. Ein Flachbettscanner (Abb. 7.9) ist mit einem Fotokopierer vergleichbar: die Bildvorlage wird auf eine Platte gelegt, die von unten beleuchtet und abgetastet wird. Ein Handscanner, die preisgünstigste Alternative, sieht ein bißchen aus wie eine Staubsaugerdüse. Er wird in die Hand genommen und über das Bild geführt. Das muß in der richtigen Geschwindigkeit und möglichst „zitterfrei" geschehen, sonst erreicht den PC ein verzerrtes Bild. Daher sollte ein Handscanner immer an einer Schiene entlang geführt werden, die für gute Modelle passend erhältlich ist.

Abb. 7.9: Flachbettscanner

Die Übernahme und Weiterverarbeitung von Scannerdaten ist eine ganz spezielle Aufgabe, für die die PC-Standardperipherie nicht vorbereitet ist. Daher gehört zu einem Scanner stets eine spezielle **Schnittstellenkarte** (auch **Controller** genannt) sowie ein **Treiber.** Beides ist gemäß Abschnitt 7.1 und Scannerhandbuch zu konfigurieren, einzubauen und der Treiber zu installieren. Ein Scannertreiber liefert als Arbeitsergebnis eine Folge von Bytes für die abgetasteten Punkte. Mit einem speziellen **Scanprogramm**, das wie ein Anwendungsprogramm aufgerufen wird, aktivieren Sie Scanner und Treiber und erhalten die Daten. Mit Hilfe des Scanprogramms hinterlassen Sie dann die Daten in einem **Bilddatenformat**, welches von Ihrem Bildbearbeitungsprogramm verlangt wird. „Bilddatenformat" bedeutet Festlegungen für die Codierung von Bildelementen, Anordnung, Farbe, Helligkeit und ähnlichem. Die verbreitetsten Bildbearbeitungsprogramme haben mehrere solcher Formate auf dem Markt etabliert. Sie sind mit Kürzeln bezeichnet, die auch als Dateiergänzungen verwendet werden: beispielsweise **TIF, BMP, PCX.** Die Formate werden vor allem benutzt, um Zeichnungen, die *am Bildschirm* erstellt werden, zu speichern. Die gescannten Bilddaten werden an ein solches Format angepaßt, um am Bildschirm bearbeitet werden zu können. Zur Beschreibung eines jeden Bildbearbeitungsprogramms gehört die Angabe, welche Datenformate es lesen bzw. erzeugen kann.

Daneben hat sich ein eigener Standard entwickelt, der nur für eingescannte Bilddaten und deren Übergabe an die Bearbeitungsprogramme definiert wurde. Er wird mit **Twain**-Standard bezeichnet. Arbeitet ein Scannertreiber nach dem Twain-Standard, so ist er direkt aus einem Bildbearbeitungsprogramm heraus aufrufbar und liefert dem Programm die fertigen Bilddaten zur sofortigen Bearbeitung. Ein separates Scanprogramm kann entfallen.

Einzelheiten zur Benutzung eines Twain-Treibers entnehmen Sie der Beschreibung des jeweiligen Bildbearbeitungsprogramms.

Eine spezielle Aufgabe in diesem Zusammenhang ist die korrekte Erkennung von **Schriftzeichen**, die ja ein Scanner auch nur als Bild, also als Punktmuster aufnimmt. Aus diesen Punktsammlungen müssen die Zeichen einer Schrift erst einmal rekonstruiert werden. Das geschieht im wesentlichen über Vergleiche mit einmal gespeicherten Schriftzeichen. Erledigt wird diese Aufgabe von den **OCR-Programmen** (engl. Optical Character Recognition: optische Zeichenerkennung). Sie übernehmen die Scannerdaten und liefern codierte Zeichen ab, die mit Textverarbeitung weiterbearbeitet werden können. Mit diesem Verfahren werden z.B. alte wissenschaftliche Bücher zur Überarbeitung in Computercode umgewandelt.

OCR-Programme können darüber hinaus auch auf die Buchstaben einer **Handschrift** „trainiert" werden, also auch gescannte Handschriften in Zeichencodes umwandeln.

➡ Zum Anschluß eines Scanners ist eine spezielle **Schnittstellenkarte** und ein **Treiber** notwendig, die mit dem Gerät erworben werden.

➡ Die Schnittstellenkarte braucht einen genügend großen **Steckplatz.** Der Scanner selbst erhält Strom über ein Netzkabel, Daten über ein Schnittstellenkabel.

➡ Für professionelle Bildbearbeitung sollte ein **Flachbettscanner** gewählt werden, da er bessere Ergebnisse erzielt als ein Handscanner.

➡ Scanner und Treiber werden mit Hilfe eines **Scanprogramms** aktiviert oder, wenn der Treiber nach dem **Twain**-Standard arbeitet, direkt aus einem Bildbearbeitungsprogramm heraus.

➡ Werden **Schriftzeichen** mit dem Scanner eingelesen, so können sie mit **OCR-Programmen** in Zeichencodes umgewandelt werden, die mit Textverarbeitungsprogrammen bearbeitet werden können.

➡ Zur Installation eines Scanners und seines Treibers ist unbedingt das **Handbuch** erforderlich.

7.5   Multimedia

Das Schlagwort **Multimedia-PC** geistert durch Presse und PC-Anzeigen. Es erfordert zunächst einmal eine Erläuterung.

Die Wortschöpfung „Multi-Media" bedeutet eine Verbindung mehrerer (multi = viele) Medien, also „Vermittlungsgeräte". Der Begriff „Medium" ist heute ein Schlagwort für alle Mittel, mit denen Journalismus und Werbung arbeiten: **Vermittlung von Information.** Beim Multimedia-PC geht es darum, diese Vielzweckmaschine in Verbindung mit herkömmlichen Informationsmedien zu nutzen, um noch schneller, noch brillanter, noch gezielter, noch ausgeklügelter, noch überzeugender Bild und Wort an ein ausgesuchtes Publikum zu bringen. Vielleicht merken Sie es schon an der Wortwahl: im wesentlichen geht es um neue Werbetechniken. Mit dem PC, ergänzt um **Zusatzgeräte für Ton und bewegte Bilder**, werden Werbepräsentationen erstellt. Die Zusatzgeräte werden über Standardschnittstellen oder Erweiterungssteckkarten angeschlossen, geeignete Software sorgt für die Ausnutzung und Verbindung der Geräte und für die reibungslose Vorführung, z.B. einer Diaschau.

Beschreiben wir hier kurz die wichtigsten Zusatzgeräte, die im Zusammenhang mit Multimedia im Gespräch sind.

7.5.1 Massenspeicher: CD-WO und Photo-CD

Aufgrund der riesigen Datenmengen, die digitalisierte (also in Bits codierte) Bild-
oder Tondokumente ausmachen, kommt ein Multimedia-PC nicht mehr ohne CD-
ROM-Laufwerk aus. Um die *eigenen* Daten ebenfalls auf eine Compact Disk zu
bringen, gibt es **CD-Brenner** oder **CD-ROM-Recorder**, die (als externe Geräte) über
eine SCSI-Schnittstelle angeschlossen werden können. Hier entstehen aus leeren **CD-
WO-Scheiben** (engl. **Write Once**: einmal beschreiben) und den auf einer Festplatte
gespeicherten Daten fertige CD-ROMs. Sie können bei geeigneten Geräten auch in
mehreren Schritten beschrieben werden. Solche Geräte heißen **multisessionsfähig**:
fähig zu mehreren (Schreib-)Sitzungen. Die einmal beschriebenen Teile (Sektoren)
der CD sind nicht mehr korrigierbar oder überschreibbar, daher „write once", nur
einmal schreiben.

Photo-CDs speichern Fotos. Die Ergebnisse der Entwicklung eines Films werden
dabei nicht zu Bildern fürs Auge, sondern zu digitalen Daten auf der CD. Sie sind
dann *abspielbar* mit speziellen **Photo-CD-Playern** über ein Fernsehgerät oder auch in
CD-ROM-Laufwerken, die ausgewiesen sind für Photo-CD-Betrieb. Dazu ist dann
die entsprechende Software nötig.

Mit diesen Hilfsmitteln sind PC-erzeugte Bilder und Texte mit Fotografien kombi-
nierbar.

7.5.2 Bild und Klang: Video- und Soundkarten

Ein paar Töne gibt auch der einfachste PC wieder: über seinen eingebauten Lautsprecher kann im Prinzip jeder Ton erzeugt werden, indem er mit der richtigen **Frequenz**
angesteuert wird. Nur sind das eher „Spielzeugtöne" als naturgetreue Klänge. Andererseits hat bereits Windows in seiner derzeit jüngsten Version die Programme, um
Klänge wiederzugeben und sogar aufzunehmen (Klangrecorder). Durch *PC-Spiele*
haben sich in den letzten Jahren die **Soundkarten** etabliert, die – je nach Qualität –
naturgetreue Töne erzeugen können. Sie werden im Bereich der **Musik** eingesetzt, um
den PC zur Schaltzentrale elektronisch (oder herkömmlich) erzeugter und technisch
bearbeiteter Musik zu machen. Soundkarten bieten Anschlüsse für Mikrophon,
Kopfhörer oder Lautsprecher sowie für elektronisch gesteuerte Musikinstrumente. Es
gibt sie für jeden Anspruch und Geldbeutel. Für Einzelheiten müssen wir auf die
Fachliteratur verweisen.

Zur Arbeit mit einer Soundkarte ist sie zu konfigurieren und einzubauen, und
natürlich ist die notwendige **Software** zu installieren: der Treiber für die Karte sowie
die Klangbearbeitungssoftware. Mit letzterer können dann z.B. per Menü natürliche

(aufgenommene) Klänge mit synthetischen, computererzeugten gemischt und wieder ausgegeben werden.

Um der Datenmengen Herr(in) zu werden, haben Soundkarten bisweilen einen eigenen Anschluß für CD-ROM-Laufwerke. Da sie aus dem Spielebereich kommen, haben sie in der Regel auch einen Joystick-Anschluß. Ist bereits der Standard-Gameport eines PCs in Betrieb, so muß bei einer zusätzlich eingebauten Soundkarte deren Joystick-Anschluß (per Jumper – siehe Datenblatt) deaktiviert werden, damit es keine Konflikte gibt.

Videokarten erlauben die Übersetzung von Video-(Fernseh-)Bildern in PC-Signale und umgekehrt. Das bedeutet zum einen, daß Videobänder in den PC übernommen und dort bildweise bearbeitet werden können, zum anderen, daß computererzeugte Bilder auf Videobändern zur Bewegung gebracht werden (Animation). Ein guter, farbgetreuer PC-Bildschirm und genügend viel Speicher zur Bewältigung der digitalen Bilddaten sind Voraussetzung. Selbstverständlich gehört auch zur Videokarte ein Treiber und die entsprechende Anwendungssoftware zur Bearbeitung der sogenannten **Videosequenzen**.

Bewegte Bilder, die in der *analogen* Aufzeichnung auf Videobändern recht kompakt gespeichert werden, ergeben, ohne Verluste in *digitale* Daten umgesetzt, Unmengen von Bytes. Um den Unterschied noch einmal kurz zu erklären:

- **Analoge** Aufzeichnung ist vergleichbar mit einer gezeichneten „Fieberkurve": höherer Punkt entspricht höherem Klang, dickerer Punkt lauterem Klang.

- **Digitale** Aufzeichnung codiert jede Eigenschaft jedes hörbaren Tons in Form einzelner Bytes, „beschreibt" also jeden Punkt der „Kurve" einzeln.

Während für eine gemalte Fieberkurve einer Krankheitswoche ein Blatt Papier ausreicht, benötigt die mit Worten und Zahlen aufgeschriebene Krankheitsgeschichte mehrere Blätter.

Um Steckplätze zu sparen, gibt es auch Kombinationskarten für Klang und Bild.

→ **Sound- oder Videokarten** oder Kombikarten aus diesem Bereich werden eingebaut wie andere Zusatzsteckkarten auch. Erforderliche **Treiber** und Anwendungssoftware müssen installiert werden. Diese Erweiterungskarten haben Ein- und Ausgänge für Klang- bzw. Bildsignale.

→ Soundkarten für praktischen Einsatz mit elektronischen Musikinstrumenten sollten sich an den **MIDI**-Standard (engl. Music Instruments Digital Interface: digitale Schnittstelle für Musikinstrumente) halten, die normierte Synthesizer-Schnittstelle (ein Synthesizer ist ein elektronischer Klangerzeuger).

➜ Ein **Multimedia-PC** sollte mindestens eine 386-CPU, genügend Arbeitsspeicher, einen hochauflösenden Bildschirm und viel Dauerspeicher haben. Für die Zusatzsteckkarten müssen ausreichend viele (lange) Steckplätze frei sein. CD-Laufwerk und Klangwiedergabegeräte müssen nachgerüstet werden.

7.6 Spezielles für Notebooks

Die PCs für unterwegs werden äußerlich immer kleiner, sollen aber gleichzeitig in ihrer Leistung den stationären geräumigen Geräten nicht nachstehen. Ein nicht geringer Teil des Innenraums eines Notebook-PCs geht für die Stromversorgung, das Akkupaket, verloren. Wenig Platz bleibt da für Erweiterungssteckkarten und Laufwerke.

Eine zukunftsträchtige Idee stellt die **Erweiterungskarte im Scheckkartenformat** dar: in speziell dafür entwickelte Steckplätze mit standardisierten Anschlüssen können *von außen* etwa **9 mal 6 cm große** und nicht einmal $^1/_2$ cm dicke Karten eingesteckt und bequem ausgewechselt werden. Solche Karten gibt es für

● Speichererweiterungen,

● große ROMs, die System- oder Anwendungssoftware enthalten,

● Modems und Faxkarten,

● extrem kleinformatige Festplatten,

● sogenannte **Flash-RAMs**, eine Weiterentwicklung der EPROM-Idee: elektrisch löschbare, mit geringem Strombedarf betriebene „Mini-Massenspeicher" (mittlerweile schon über **10 MB**), die statt kleiner Festplatten eingesetzt werden.

Elektrisch beschreibbare EPROMS werden folgerichtig auch als **EEPROM** bezeichnet (Electrical Erasable and Programmable Read Only Memory: elektrisch löschbarer und programmierbarer Nur-Lese-Speicher). Der Flash-RAM stellt eine bestimmte Spielart dieser Technik dar.

So gibt es heute komfortable Notebooks mit geringen Ausmaßen und ebensolchem Strombedarf, deren gesamte Software im ROM vorliegt, so daß für die Daten ein Flash-RAM durchaus ausreicht. Für neue Softwareversionen wird einfach die ROM-Karte ausgewechselt. In einen freien Steckplatz wird bei Bedarf eine Modemkarte geschoben und mit der nächsten Telefondose verbunden: fertig ist das mobile Büro (oder zumindest sein elektronischer Kern).

Natürlich müssen Maße, Steckplätze und Anschlüsse solcher Mini-Steckkarten (auch **PC-Card** oder – nach ihren ersten Einsatzgebieten – **Memory card**, Speicherkarte, genannt) **normiert** werden, damit Karten beliebiger Hersteller benutzt werden können. Durchgesetzt hat sich der **PCMCIA-Standard** (**PC** Memory Card International Association: internationaler Zusammenschluß von Herstellern für PC-Speicherkarten), der bereits in der dritten Version vorliegt. Notebooks mit PCMCIA-Steckplätzen sind an der Tagesordnung.

Dennoch bleibt ein Erweiterungsproblem für Notebook-Benutzerinnen: Für längere Arbeiten will ich meinen Normalbildschirm, für bestimmte Daten brauche ich mein CD-ROM-Laufwerk, auch Disketten will ich benutzen können (in sehr kleinen Notebooks hat kein Diskettenlaufwerk Platz!), nach Möglichkeit will ich nicht zwei Hauptplatinen bezahlen und auch nicht dauernd meine Daten zwischen zwei Computern austauschen. Die Lösung heißt **Docking**: Eine spezielle stationäre „Erweiterung", eine Art „halber PC" mit Bus, aber ohne Hauptplatine, nimmt in einer Schiene das Notebook auf und stellt über spezielle Anschlußkontakte eine Busverbindung her. Das Erweiterungsgerät besitzt nun so viele Schnittstellen wie ein Tisch-PC. Sobald das Notebook eingerastet, „angedockt" ist, stehen ihm alle diese Schnittstellen zur Verfügung. Leider gibt es noch keinen Docking-Standard. Docking-Station und Notebook müssen passend von ein und demselben Hersteller erworben werden. Immerhin ist die Idee ein guter Kompromiß zwischen Nur-Notebook und Zwei-PC-Betrieb und sollte von PC-Anwärterinnen, die ihr Gerät unterwegs benutzen wollen, vor der Anschaffung eines Computers bedacht werden.

8 Kauf, Pflege, Wartung

Dieses abschließende Kapitel bietet Ihnen einige **Übersichten** an, die Sie beim Kauf, bei der Pflege und bei der Fehlerdiagnose Ihres PCs leiten sollen. Auch hier werde ich mich auf das Wesentliche, allen PCs gemeinsame beschränken und möchte Ihnen daher noch einmal dringend ans Herz legen, bei Kauf oder sonstiger Übernahme eines PCs oder Zusatzgeräts nie die Handbücher bzw. Datenblätter zu vergessen.

8.1 PC-Generationen und Ausstattungen

Bevor Sie einen PC erwerben, sollten Sie *in dieser Reihenfolge* überlegen:

1. Bei welchen Aufgaben soll er mir helfen?

2. Welche Software ist dabei notwendig? Vergleichen Sie verschiedene Programm-angebote!

3. Welchen Hardwarebedarf hat die ausgewählte Software?

Gehen Sie vom **Minimalbedarf** der gewünschten Software aus (z.B. 386SX, 1MB RAM, 5 MB Platte, VGA, Drucker) und addieren Sie einen gewissen **Spielraum** für spätere Erweiterungen (entweder für Nachfolgeversionen Ihres Programms oder für weitere Aufgaben). Die Festplatte darf heutzutage auf gar keinen Fall zu knapp gewählt werden, da die Platzanforderungen der Programme explosionsartig steigen. Ebenfalls sollten einige (lange) Steckplätze frei sein. An Arbeitsspeicher wählen Sie ruhig das Doppelte des Programmbedarfs. Eine Faustregel ist auch: ab 386(DX) nie unter 4MB RAM. Beim Bildschirm lassen Sie sich nicht von verführerischen Farben leiten, sondern von einem scharfen, flimmerfreien, augenschonenden Bild. Ob Sie einen peppigen Design-PC brauchen oder mit einem mausgrauen zufrieden sind, kann ich nicht beurteilen: Die „inneren Werte" sollten aber in Ihrer Entscheidung einen höheren Rang einnehmen. Vor dem Druckerkauf schauen Sie sich die Ausdrucke der in Frage kommenden Geräte an und prüfen Sie die Lautstärke. Beim Preisvergleich berücksichtigen Sie stets die Kosten der Verbrauchsteile.

Gebrauchtkauf

Für mäßig anspruchsvolle Textverarbeitung (Briefe) oder eine einfache Buchführung (ohne Windows) genügt vielleicht ein **XT** (**8086-CPU**) oder auch ein **AT mit 80286-CPU**. Kaufen Sie nach Möglichkeit keine Geräte, die nicht vom Fachhändler überprüft und mit einer Garantie versehen sind. Einem PC, insbesondere dem Bildschirm sieht man seinen „Verschleiß", der oftmals nur durch vielfachen Transport entstanden ist, nicht an!

Wichtig:

- Ein XT hat nie mehr als **640 KB** RAM, sollte aber auch nicht weniger haben.

- Ein XT hat nur **kurze Steckplätze** (8-Bit-Sockel).

- Diskettenlaufwerke im XT bearbeiten nur **Double-Density**-Disketten!

- Nehmen Sie kein Gerät ohne **Festplatte**! Heutige Programme sind nicht allein mit Disketten betreibbar.

- Der Bildschirm und die Grafikkarte sollten mindestens vom **Hercules**-Typ sein.

- Ein **286-PC** sollte überdies 1 MB RAM haben sowie freie (lange) Steckplätze.

- Das Gerät muß mindestens je eine **serielle** und eine **parallele** Schnittstelle haben.

- Schauen Sie sich Bildschirm und Tastatur vor dem Kauf genau an! Lassen Sie sich alle **Dokumentationen, Verträge und Originaldisketten** geben. Machen Sie einen **Virentest**.

Neukauf

Ein Neukauf bei einem **Fachhändler** ist immer zu empfehlen, da er Ihnen keine unsinnige Kombination von Bauteilen zusammenstellen wird, Sie ihn alles fragen können und auch bei Problemen einen Ansprechpartner haben. Sollten Sie trotzdem lieber auf eines der vielen Billig-Komplettangebote zurückgreifen wollen, so lesen Sie die folgende Übersicht.

1. Für mäßig anspruchsvolle Programme, insbesondere ohne Windows:

- **386SX**, mindestens **25 MHz**,

- mindestens **1 MB RAM** (besser 2!), auf jeden Fall ausbaubar auf mindestens 4 MB,

- mindestens **60-MB**-Festplatte, besser 120 MB,

- möglichst beide Typen von Diskettenlaufwerken,

- mindestens **VGA**-Grafik, **14-Zoll**-Bildschirm; Farbe ist selten wirklich notwendig; wichtiger ist die **Bildwiederholfrequenz** von mindestens **70 Hz**.

Prüfen Sie das Bild! Vergessen Sie die **Handbücher** nicht.

2. Für Windows-Anwendungen mindestens:

- **386DX**, mindestens **25 MHz**, besser 33 oder 40,

- mindestens **4 MB RAM**, ausbaubar auf (mindestens) 16,

- mindestens **120-MB**-Festplatte, beide Typen von Diskettenlaufwerken,

- **(S)VGA**-Grafik, **14**- oder **15-Zoll**-Schirm (zu Farbe siehe oben!), Auflösung **800x600 Punkte**, Bildwiederholfrequenz mindestens **70 Hz**,

- für Windows nie die **Maus** (alternativ **Trackball**) vergessen, und die **Handbücher** ohnehin nicht.

3. Für einen geplanten Multimedia-Ausbau:

- Empfehlenswert ist **486**, EISA- oder Local-Bus-Platine,

- der **RAM** sollte auf **32 MB ausbaubar** sein,

- **240-MB**-Festplatte,

- **CD-ROM**-Laufwerk,

- mindestens **15-Zoll-Bildschirm** mit hoher Auflösung und Bildwiederholung,

- **Tower-Gehäuse**, um Platz für weiteren Ausbau zu haben.

4. Lesen Sie Prospekte und Anzeigen sorgfältig. Die folgenden Angaben sollten nicht fehlen (oder Sie sollten nachfragen):

PC-Teilgerät	Beispiel-Angabe(n)	Wichtiger Hinweis
CPU	386, 486, 486SX, 486DX2	CPU und Takt werden zusammen
Takt	25 MHz, 40 MHz	angegeben, z.B. 486DX50
RAM	1 MB, 4 MB	Bez. „RAM" fehlt eventuell
Festplatte	120 MB, 240 MB	statt „Festplatte" auch HD
		(oder nichts!)
	Faustregel:	
	Die „kleine" MB-Zahl ist RAM, die „große" Festplatte.	
	Fehlt die große MB-Zahl, so ist *keine Festplatte im Preis enthalten!*	
Disketten-Lw.	3 ½", 3 ½ Zoll oder auch 1,44 MB	
	5 ¼", 5 ¼ Zoll oder auch 1,2 MB	
Grafikkarte	VGA, SVGA	
Bildschirm	VGA 14" MPRII	erfragen Sie Bildwiederholfrequenz!
	Faustregel:	
	Fehlt die Bildschirmangabe, so ist er *nicht im Preis enthalten!*	
Tastatur	MF II oder Multifunktion	
Maus		Microsoft-kompatibel!
Schnittstellen	2 serielle, 1 parallele	mindestens!
Steckplätze	2 freie 16-Bit-Steckplätze,	
	oftmals auch Local-Bus-Steckplätze	
Software	DOS in der aktuellen Version **sollte** inbegriffen sein (derzeit: Version 6)	
	Windows ist oft inbegriffen (Version derzeit: 3.1)	

Falls die **Software** Ihres neuen PCs auf der Festplatte **vorinstalliert** ist und Sie keine Originaldisketten erhalten, so nehmen Sie sich unbedingt die Zeit, zuerst alle Programmdateien auf Disketten zu **sichern**. Oftmals existieren auf der Festplatte Installationsverzeichnisse, die genau den Originaldisketten entsprechen (erkennbar an Dateiendungen mit „$" oder „_"). Nach dem Sichern dieser Verzeichnisse können Sie sie getrost löschen.

Hier eine Liste der häufigsten gleichbedeutenden Begriffe:

Bezeichnung	mit gleicher Bedeutung
CPU	Prozessor, Zentraleinheit
NPU	(mathematischer) Co-Prozessor, numerischer Prozessor
RAM	Arbeitsspeicher, Hauptspeicher
Hauptplatine	Motherboard, Mainboard
Bildschirm	Monitor
Tastatur	Keyboard
Laufwerk	Drive
Diskette	Floppy, FD, FDD (Floppy Disk Drive)
Festplatte	Hard disk, HD, HDD (Hard Disk Drive)
Steckkarten	Erweiterungskarten, Schnittstellenkarten
Schnittstelle	Adapter, Controller, Anschluß, Port
serielle S.s.	COM (1 bis 4)
parallele S.s.	LPT (1 bis 4), Printerport, Druckerport
Spieleadapter	Gameport

8.2   Pflege und Wartung des PCs

Pflegehinweise:

- **Nie Flüssigkeit** hineintropfen lassen (Kurzschlußgefahr!). Falls es doch passiert ist: betroffene Teile vorsichtig trockentupfen, vor der nächsten Benutzung lange austrocknen lassen.

- Das PC-Innere **verstaubt**. Meiden Sie zusätzliche Verschmutzung durch Rauchen. Öffnen Sie das Gehäuse gelegentlich und stauben alle Teile mit einem weichen **Pinsel** ab.

- Keinen starken **Temperaturschwankungen** aussetzen!

- Diskettenlaufwerke mit **Reinigungsdisketten** säubern (nur bei Störungen).

- **Tastatur** z.B. mit Fensterreiniger säubern, das Innere ausschütteln oder mit Druckluftspray durchblasen.

- Mauskugel und -kontakte mit alkoholgetränktem Wattestäbchen reinigen.

Minimalausstattung zum Öffnen des PCs:

- **Bootdiskette** für Laufwerk A: (siehe Kapitel 5) – eine komplette **Datensicherung** ist darüber hinaus sehr empfehlenswert!
- Ausdruck oder Notiz der **BIOS-Konfigurationsdaten** (siehe auch Kapitel 4),
- Schlitz- und Kreuzschlitzschraubenzieher,
- Pinzette oder kleine Flachzange,
- Notizpapier und Stift, **Handbücher,**
- Schachteln.

Die häufigsten Fehler im Betrieb:

- lockere, gelegentlich auch defekte Kabel,
- verkantete oder verkehrt aufgesetzte Stecker (nur bei einigen möglich),
- falsch gesteckte Jumper, falsche Schalterstellungen (Änderungen stets notieren, mit Handbüchern vergleichen),
- falsch angemeldete Laufwerke (BIOS-Setup mit Handbuch vergleichen),
- verlorengegangene Konfigurationsdaten (im BIOS-Setup eintragen),
- verschmutzte Diskettenlaufwerke, verschmutzte Maus.

Wenn ein unbekannter Fehler eintritt:

Zuerst klären: Bei welchen Aktionen tritt er auf?

Unter welchen Voraussetzungen?

Wie zeigt er sich genau (auch Kontrollampen, Pieptöne etc.)?

Ist der Fehler reproduzierbar oder tritt er nur zufällig auf?

Wann passierte es das erste Mal?

Die Fehlerursache immer von außen nach innen suchen:

Kabel → Peripheriegerät oder Laufwerk → Schnittstelle → Zentrale.

Alle Teilgeräte einzeln prüfen, eventuell einzeln ausschalten; bei inneren Geräten heißt das: Strom- und Datenverbindung unterbrechen. Eine Abkopplung stets *ohne Netzstrom* vornehmen, dann kurz anschalten, testen. Läuft der Rest-PC, wenn Sie ein Teilgerät abgekoppelt haben, so liegt der Fehler bei diesem. Versuchen Sie dann zuerst, es sorgfältig wieder anzukoppeln, denn vielleicht bestand der Fehler in einer falschen Kabel- oder Steckverbindung.

Faustregel: Eine Fehlerursache liegt meistens an einer ganz anderen Stelle als die Symptome vermuten ließen!

Pieptöne oder Sondermeldungen beim **POST** (Power On Self Test: Selbsttest nach dem Anschalten) helfen bei einigen Fehlerdiagnosen: Notieren Sie sie, bevor Sie Ihren Fachhändler konsultieren. Beschreiben Sie überhaupt den festgestellten Fehler so exakt wie möglich.

Vergleichen Sie die Vorgänge beim Neustart: ein Druck auf die **Resettaste** bewirkt im *Normalfall*

- der Bildschirm wird dunkel,

- das VGA- oder EGA-BIOS (wenn vorhanden) meldet sich,

- das System-BIOS meldet sich,

- der Arbeitsspeicher wird gezählt,

- die Kontrollampen an den Laufwerken A:, B:, C:, D: (wenn vorhanden) leuchten auf (in dieser Reihenfolge),

- ein Piepton zeigt den Beginn des Systembootens, Lampe an A:, dann an C: zeigt den Bootversuch, dann meldet sich das Betriebssystem.

8.3   Was ich selbst tun kann

Erledigen Sie stets nur diejenigen Eingriffe selbst, die Sie verstanden haben, bei denen Sie wissen, was Sie tun.

Teilgerät	Aktion	siehe Kapitel
Bildschirm	Regler, Schalter, Kabel prüfen; **nie öffnen!**	2, 6
Grafikkarte	Steckkontakte prüfen,	
	Jumperstellungen mit Handbuch vergleichen,	6
	auswechseln, z.b. durch eine schnellere	6
RAM	erweitern, auswechseln (Chips nur gemäß Handbuch!)	3
Festplatte	auswechseln (nur nach Gesamtsicherung, mit Bootdiskette!),	5
	zweite Platte am Controller einbauen	5
Dauerspeicher	allgemein: SCSI-Schnittstelle einbauen	7
Diskettenlaufwerke	auswechseln, zweites Laufwerk einbauen,	5
	reinigen	5
Tastatur	reinigen, auswechseln gegen stabilere	6
Hauptplatine	RAM, NPU (Coprozessor) aufrüsten,	3
	Erweiterungssteckkarten einbauen,	7
	Jumper umstecken, z.B. bei Wechsel zum Farbmonitor	6
	oder für externe Batterie,	3
	Steckkontakte und Kabelverbindungen prüfen	3
Steckkarten	Kabel, Schrauben, Sitz im Sockel prüfen, Jumper kontrollieren	2,3
Maus	Kabel prüfen, reinigen	2,6
Drucker	Farbeinheit und Druckeinheit auswechseln	
	(zum Modell passend!),	6
	Kabel und Schalter prüfen	2,6

Anhang

Fachwörterlexikon

Anwendungsprogramm

Ein Programm bzw. eine Software, die eine bestimmte Funktion erfüllt, z.B. ein Textverarbeitungsprogramm oder ein Datenbankprogramm.

Arbeitsspeicher

auch RAM(Random Access Memory = Speicher für wahlfreien Zugriff). Der eigentliche Arbeitsplatz des Computers. Hier werden auch vorübergehend Daten gespeichert, die jedoch verlorengehen, wenn Sie den Computer abschalten oder der Strom ausfällt.

ASCII

Abkürzung für „American Standard Code for Information Interchange", also etwa „Amerikanischer Standardcode zum Informationsaustausch". Standardisierung zur Darstellung von Zahlen, Buchstaben und bestimmten Symbolen (siehe dazu die ASCII-Tabelle auf Seite 248ff.).

Backup

(sprich: „Bäck ap") Eine Sicherungskopie eines Datenträgers oder eines Verzeichnisses.

Batchdatei

(sprich: „Bätsch") Eine ASCII-Datei, in der eine Reihe von DOS-Befehlen gespeichert ist; man erkennt sie an der Dateiendung *.BAT; wird auch Stapeldatei genannt.

Betriebssystem

→ DOS

Bildschirm

(englisch: display) Datensichtgerät, Monitor, Datenausgabegerät.

Binärcode

Im Inneren des Rechners wird die Maschinensprache gesprochen, die nur aus 0 und 1 besteht - eine Sprache mit nur zwei „Wörtern", also eine binäre Sprache (siehe auch Bit).

Bit

Bit ist die kleinste Speichereinheit im Computer, vergleichbar mit einem Schalter. Ein Bit kann den Wert 0 oder 1 haben, bei 0 ist der Schalter auf „Aus", bei 1 auf „An". Acht Bit ergeben ein Byte (= ein Zeichen).

Board

→ Platine

Booten

(sprich: „buuten") Neuer Start des Rechners mit dem Laden des Betriebssystems.

Byte

(sprich: „Bait") Ein Zeichen, bestehend aus 8 Bit (siehe auch Bit).

Chip

Grundbaustein für alle Rechnertechnologien; elektronisches Bauelement mit sehr vielen Schaltungen zur Erkennung, Umsetzung und Weiterleitung elektrischer Signale.

CPU

(englisch) Abkürzung für Central Processing Unit.

→ Zentraleinheit

Cursor

(sprich: „Köhrser") Eine blinkende Lichtmarke am Bildschirm, der anzeigt, an welcher Stelle die nächste Tastatureingabe erscheint.

Datei

(englisch: file, sprich „fail") Eine Sammlung zusammengehöriger Befehle oder Daten, die auf einem Datenträger gespeichert ist.

Dateiname

Jede Datei erhält zur Kennzeichnung einen Namen, der bis zu 8 Zeichen lang sein darf („Vorname"), danach folgt die Dateiendung („Nachname", auch Dateierweiterung oder Extension genannt, 3 Zeichen lang); beide Teile sind durch einen Punkt voneinander getrennt, z.B. Buch.txt.

Daten

Alle Arten von Informationen, Zeichen, die vom Computer gespeichert, erzeugt, verarbeitet werden können.

Desktop

(englisch, etwa: auf dem Tisch) Bezeichnet einen Rechner, der auf dem Schreibtisch Platz findet. Im Gegensatz dazu Laptop (aus dem Englischen, etwa: auf dem Schoß); damit ist ein sehr handlicher Rechner gemeint, der überallhin mitgenommen werden kann, den man dann quasi auf dem Schoß benutzt.

Diskette

Magnetischer Datenträger, gewöhnlich im Format $5^1/_4$-Zoll oder $3^1/_2$-Zoll.

DOS

(englisch, Disk Operating System) Betriebssystem; eine Sammlung von Programmen, die das Zusammenspiel der einzelnen Komponenten eines Computers und den Betrieb von Anwendungsprogrammen erst möglich macht. Ohne Betriebssystem ist ein Computer bestenfalls als Staubfänger geeignet.

DTP

(Abkürzung für: Desktop Publishing, heißt etwa: Veröffentlichung vom Schreibtisch aus) Bezeichnet die Möglichkeit, mit Hilfe eines Computers und eines entsprechenden Programms Texte und Bilder professionell zu einzelnen gestalteten Seiten z.B. einer Zeitschrift oder eines Buches zusammenzustellen und so auszudrucken.

EDV

Abkürzung für Elektronische Daten-Verarbeitung.

Enter-Taste

auch Return-Taste oder Eingabetaste; mit ihr werden DOS-Befehle oder Befehle in Anwendungsprogrammen zur Ausführung gebracht.

Festplatte

Magnetisches Speichermedium (im Englischen Hard Disk genannt) mit sehr hoher Speicherkapazität, das gewöhnlich fest in den Rechner eingebaut oder an ihn angeschlossen ist.

Formatierung

Bevor ein Datenträger zur Speicherung von Daten genutzt werden kann, muß er vom Betriebssystem formatiert sein, also für die Aufnahme von Daten vorbereitet werden. Bei DOS wird der Befehl FORMAT verwendet.

Gerätetreiber

sind Programme, die den Betrieb von Hardware-Komponenten ermöglichen.

Handbuch

Die „Gebrauchsanweisung" für Ihren Computer oder für ein Anwendungsprogramm, die jeweils beim Kauf des Rechners, Druckers oder des Programms mitgeliefert wird; wird bei Anwendungsprogrammen auch häufig Dokumentation genannt.

Hardware

Alle Einzelteile Ihres Computers und alle Geräte, die in der Peripherie (siehe dort) dazugehören; alle Teile, die man anfassen kann.

Joker-Zeichen

Platzhalterzeichen, z.B. * oder ?, die z.b. in Dateinamen eingesetzt werden können.

KByte

Kilobyte, auch KB oder nur K geschrieben. Genaugenommen nicht tausend, sondern 1024 Bytes. 1024 KByte ergeben 1 MByte (Megabyte).

Kommunikationsprogramm

oder Datenübertragungsprogramm. Computer können Daten auch über ihre per Kabel verbundenen seriellen Schnittstellen austauschen. Damit das funktioniert, werden ein Datenübertragungsprogramm und eine besondere Kabelsorte benötigt. (siehe auch Netz)

Kompatibel

„Zusammenpassend". Wenn Sie Rechner, Monitor, Drucker und Disketten von verschiedenen Herstellern kaufen, so müssen sie doch zusammen arbeiten können, also kompatibel sein. Dafür existieren wenige verschiedene Standards, nach denen sich die Hersteller richten. Der am weitesten verbreitete ist der IBM-Standard - man spricht dann von IBM-kompatibel.

Laptop

→ Desktop

Laufwerk

eine Vorrichtung, die das Lesen und Schreiben auf einem magnetischen Datenträger (Disketten, Festplatte) gestattet.

Maschinensprache

(englisch: machine language)

→ Binärcode

Maus

Ein kleines rechteckiges Gerät mit einer oder mehreren Tasten, das per Kabel mit Ihrem Rechner verbunden ist. Es wird als Eingabegerät zusätzlich zur Tastatur verwendet.

MByte

(oder Megabyte) Eine Speichereinheit, die 1024 Kilobyte umfaßt. Wird auch als MB geschrieben.

Menü

In Anwendungsprogrammen werden die Listen von Funktionen oder Befehlen, aus denen Sie den momentan benötigten Befehl auswählen können, Menü genannt (wie eine Speisenliste im Restaurant, aus der Sie wählen).

Mikroprozessor

→ Zentraleinheit

Modem

Kunstwort für **Mo**dulator/**Dem**odulator. Ein Gerät für die Datenübertragung über die Telefonleitung.

Monitor

Andere Bezeichnung für Bildschirm.

Motherboard

Anderes Wort für Hauptplatine.

→ Platine

Netz

Ein Zusammenschluß von mehreren Rechnern über Kabel, so daß diese Rechner alle auf die gleichen Daten (z.B. eine Adressenkartei) zugreifen und untereinander kommunizieren (Texte von einem Bildschirm auf den nächsten schicken) können. Außerdem können sie alle die gleichen Geräte, z.B. einen gemeinsamen Drucker, benutzen.

Online

(sprich: „onlain", bedeutet „am Draht" = betriebsbereit) ist ein Computer oder ein Peripheriegerät (z.B. ein Drucker), wenn er eingeschaltet und bereit ist, Informationen zu verarbeiten; Gegenteil: offline.

PC

Abkürzung für Personal Computer, ein unabhängiger Rechner, der alle wichtigen Funktionen eines Computers (Bildschirm, Tastatur, Zentraleinheit, Speicher) besitzt und auf einem Schreibtisch Platz hat.

Peripherie

Begriff für jede Art von Hardware, die an den Computer angeschlossen werden kann: z.B. Bildschirm, Drucker, Maus etc.

Pfad

Eine Art Wegbeschreibung für das Betriebssystem bei der Suche (zum Laden, Löschen etc.) nach Dateien. Es werden hierbei das Programm und die Verzeichnisse und Unterverzeichnisse angegeben, in denen die Datei zu finden ist. Beispiel:

```
c:\word\texte\brief
```

Platine

(englisch: circuit board) Leiterplatte mit gedruckten Schaltungen und elektronischen Bauteilen. Auf der einen Seite der Platine befinden sich die Bauelemente, auf der anderen Seite die Verbindungsdrähte.

Programm

Zusammengehörende Folge von Befehlen und Anweisungen, die in einer Programmiersprache in den Computer eingegeben wurden und eine bestimmte Aufgabe, z.B. die alphabetische Sortierung von Wörtern, erfüllen sollen.

Prompt

quasi die Bereitschaftsmeldung des Betriebssystems, die den Beginn der Kommandozeile markiert, z.B.C:\>

RAM

→ Arbeitsspeicher

Return-Taste

→ Enter-Taste

ROM

(Read-Only Memory = Nur-Lese-Speicher). Ein eingebautes Speichermedium, dessen Inhalt fest einprogrammiert wurde und nicht veränderbar ist.

Schnittstelle

(englisch: interface, sprich „Interfäß") Übergangsstelle („Steckdose") vom Computer zu Peripheriegeräten oder anderen Computern; meist an der Gehäuserückwand über Buchsen oder Stecker.

Die beiden gebräuchlichsten Arten sind die parallele (z.B. für Drucker) und die serielle (z.B. für die Maus) Schnittstelle. Sie unterscheiden sich durch die Art der Datenübertragung: bei der parallelen werden die Bits byteweise (also 8 Bits auf einmal) auf nebeneinander liegenden Datenleitungen weitergegeben, bei der seriellen werden sie bitweise, also Bit für Bit nacheinander (und entsprechend langsam) weitergegeben.

Software

Die Computerprogramme: Betriebssystem, Anwendungsprogramme und vieles mehr. Im Gegensatz zur Hardware (siehe dort) die Teile im Computer, die man nicht anfassen kann.

Textverarbeitung

heißt, daß Texte nicht mehr mit einer gewöhnlichen Schreibmaschine, sondern mit einem Computer geschrieben werden und dadurch schnell und leicht änderbar sind. Dies ermöglicht eine spezielle Software, ein sogenanntes Textverarbeitungsprogramm.

Unterverzeichnis/Verzeichnis

(englisch: subdirectory oder directory) Abteilung auf dem Datenträger, in der zusammengehörende Programme bzw. Dateien abgelegt werden. Sie sorgen auf dem Datenträger für Ordnung und Übersicht. Unterverzeichnisse sind die Verzeichnisse in den Verzeichnissen; die Rangfolge lautet also Hauptverzeichnis - Verzeichnis - Unterverzeichnis.

Utility

(sprich: „Jutility": „Nützliches") Zusatz-Dienstprogramme, z.B. Befehle zum Kopieren, Löschen, Umbenennen von Dateien; **bekannte Produkte sind z.B. PC Tools oder Norton Utilities.**

Virus

Ein kleines Programmstück, das den Rechner „krank" macht. Es nistet sich in andere Programme ein, die dann nicht mehr korrekt arbeiten und im schlimmsten Fall zerstört werden können. Falls Sie das Programm kopieren und auf anderen Rechnern verwenden, wird das Virus auf diese übertragen.

Zentraleinheit

Wichtigster Teil eines Computers, mit dem die Vorgänge in seinem Innern veranlaßt und kontrolliert werden. Die Zentraleinheit ist zu diesem Zweck unterteilt in einen Mikroprozessor, ein Ein-/Ausgabewerk und einen Arbeitsspeicher. Der Mikroprozessor wiederum besteht aus einem Steuer- und einem Rechenwerk. Das Steuerwerk kontrolliert alles, was im Computer passiert; das Rechenwerk „rechnet", zählt also die Nullen und Einsen zusammen (Siehe Binärcode).

ASCII-Tabelle

Dez.	Hex.	Char	Dez.	Hex.	Char	Dez.	Hex.	Char
0	0		27	1B	←	54	36	6
1	1	☺	28	1C	⌐	55	37	7
2	2	☻	29	1D	↔	56	38	8
3	3	♥	30	1E	▲	57	39	9
4	4	♦	31	1F	▼	58	3A	:
5	5	♣	32	20		59	3B	;
6	6	♠	33	21	!	60	3C	<
7	7	•	34	22	"	61	3D	=
8	8	◘	35	23	#	62	3E	>
9	9	○	36	24	$	63	3F	?
10	A	◙	37	25	%	64	40	@
11	B	♂	38	26	&	65	41	A
12	C	♀	39	27	'	66	42	B
13	D	♪	40	28	(	67	43	C
14	E	♫	41	29	)	68	44	D
15	F	¤	42	2A	*	69	45	E
16	10	►	43	2B	+	70	46	F
17	11	◄	44	2C	,	71	47	G
18	12	↕	45	2D	-	72	48	H
19	13	‼	46	2E	.	73	49	I
20	14	¶	47	2F	/	74	4A	J
21	15	§	48	30	0	75	4B	K
22	16	■	49	31	1	76	4C	L
23	17	↨	50	32	2	77	4D	M
24	18	↑	51	33	3	78	4E	N
25	19	↓	52	34	4	79	4F	O
26	1A	→	53	35	5	80	50	P

Dez.	Hex.	Char	Dez.	Hex.	Char	Dez.	Hex.	Char
81	51	Q	118	76	v	155	9B	¢
82	52	R	119	77	w	156	9C	£
83	53	S	120	78	x	157	9D	¥
84	54	T	121	79	y	158	9E	P_t
85	55	U	122	7A	z	159	9F	ƒ
86	56	V	123	7B	{	160	A0	á
87	57	W	124	7C	l	161	A1	í
88	58	X	125	7D	}	162	A2	ó
89	59	Y	126	7E	~	163	A3	ú
90	5A	Z	127	7F	Δ	164	A4	ñ
91	5B	[	128	80	Ç	165	A5	Ñ
92	5C	\	129	81	ü	166	A6	ª
93	5D	]	130	82	é	167	A7	º
94	5E	^	131	83	â	168	A8	¿
95	5F	_	132	84	ä	169	A9	⌐
96	60	'	133	85	à	170	AA	¬
97	61	a	134	86	å	171	AB	½
98	62	b	135	87	ç	172	AC	¼
99	63	c	136	88	ê	173	AD	¡
100	64	d	137	89	ë	174	AE	«
101	65	e	138	8A	è	175	AF	»
102	66	f	139	8B	ï	176	B0	▒
103	67	g	140	8C	î	177	B1	▓
104	68	h	141	8D	ì	178	B2	▓
105	69	i	142	8E	Ä	179	B3	│
106	6A	j	143	8F	Å	180	B4	┤
107	6B	k	144	90	É	181	B5	╡
108	6C	l	145	91	æ	182	B6	╢
109	6D	m	146	92	Æ	183	B7	╖
110	6E	n	147	93	ô	184	B8	╕
111	6F	o	148	94	ö	185	B9	╣
112	70	p	149	95	ò	186	BA	║
113	71	q	150	96	û	187	BB	╗
114	72	r	151	97	ù	188	BC	╝
115	73	s	152	98	ÿ	189	BD	╜
116	74	t	153	99	Ö	190	BE	╛
117	75	u	154	9A	Ü	191	BF	┐

Dez.	Hex.	Char	Dez.	Hex.	Char	Dez.	Hex.	Char
192	C0	L	214	D6	⊓	236	EC	∞
193	C1	⊥	215	D7	╫	237	ED	∅
194	C2	⊤	216	D8	╪	238	EE	∈
195	C3	├	217	D9	┘	239	EF	∩
196	C4	─	218	DA	┌	240	F0	≡
197	C5	+	219	DB	■	241	F1	±
198	C6	╞	220	DC	▄	242	F2	≥
199	C7	╟	221	DD	▌	243	F3	≤
200	C8	╚	222	DE	▐	244	F4	⌠
201	C9	╔	223	DF	▀	245	F5	⌡
202	CA	╩	224	E0	α	246	F6	÷
203	CB	╦	225	E1	β	247	F7	≈
204	CC	╠	226	E2	Γ	248	F8	°
205	CD	═	227	E3	π	249	F9	•
206	CE	╬	228	E4	Σ	250	FA	·
207	CF	╧	229	E5	σ	251	FB	√
208	D0	╨	230	E6	µ	252	FC	ⁿ
209	D1	╤	231	E7	τ	253	FD	²
210	D2	╥	232	E8	Φ	254	FE	■
211	D3	╙	233	E9	ϑ	255	FF	
212	D4	╘	234	EA	Ω			
213	D5	╒	235	EB	δ			

Sie erzeugen die Sonderzeichen, die jeweils in der rechten Spalte abgebildet sind, indem Sie die Alt-Taste gedrückt halten, während Sie auf dem Nummernblock die entsprechende Dezimalzahl (linke Spalte) tippen. Es ist allerdings möglich, daß Ihr Drucker nicht in der Lage ist, **alle** gewünschten Sonderzeichen auszudrucken.

Hotline – der heiße Draht zu den Herstellern

Sollten alle Hilfemaßnahmen und auch eilige Nachfragen bei Freunden keine Lösung Ihres Problems erbracht haben, rufen Sie den Computerhändler oder die Benutzer-beratung (die sogenannte Hotline) des Hardware- oder Software-Herstellers an; diese Telefonnummer sollte in dem Handbuch zu finden sein. Eine Liste der wichtigsten Adressen, Telefonnummern und/oder Hotline-Nummern finden Sie hier, ebenso die wichtigsten Distributoren, also Händler für Hardware. Bei allen Adressen ist nur eine kleine – subjektive – Auswahl der angebotenen Produkte angegeben.

Access Computer Vertriebs GmbH
Distributor für Hardware und Software
Martin-Kollar-Str.12
81829 München
Tel.: 089-42006112

Aldus Software GmbH
PageMaker u.a.
Hans-Henny-Jahnn-Weg 9
22085 Hamburg
Tel.: 040-22719270

Autodesk GmbH
AutoSketch, AutoCAD, 3D Studio u.a.
Hansastr. 28
80686 München
Tel.: 089-54769-0

Borland GmbH
Turbo Pascal, C++, Paradox, dBase, Object Vision u.a.
Gautinger Str. 10
82319 Starnberg
Tel.: 08151 263302

BSP Softwaredistribution GmbH
Distributor für Hardware und Software
Postfach 110324
Brunnstraße 25
93053 Regensburg
Tel.: 0941-9929-0

Canon Deutschland GmbH
Drucker u.a.
Kellersbergstr. 2 - 4
41472 Neuss
Tel.: 02131-1250

Central Point Software Deutschland GmbH
PC Tools, PC Backup u.a.
Hofer Str. 1/II
81737 München
Tel.: 089-6700710

Commodore Büromaschinen GmbH
Computer, Drucker u.a.
Lyoner Str. 38
60528 Frankfurt
Tel.: 069-66380

Compaq Computer GmbH
Computer u.a.
Elektrastr. 6
81925 München
Tel.: 089-99330

CompuServe GmbH
Online-Informationsdienst für PCs
Jahnstr. 2
82008 Unterhaching
Tel.: O130-4643

Computer 2000 AG Deutschland
Distributor für Hardware und Software
Baierbrunner Str. 31
81379 München
Tel.: 089-78040229

DataEase GmbH
DataEase u.a.
Schatzbogen 56
81829 München
Tel.: 089-420499-49

Dr. Neuhaus Datensysteme AG
Distributor für Hardware und Software, Modems, BTX-Hardware, Faxgeräte etc.
Flughafenstr.10
64347 Griesheim
Tel.: 06155-60080

DTP-Partner GmbH
u.a. Hardware, Software
Kieler Str. 131
22769 Hamburg
Tel.: 040-855081

EDTZ Hard-und Software GmbH
u.a. Hardware, Software, bes. für den DTP-Bereich
Friedrich-Ebert-Straße 16-18
85521 Ottobrunn
Tel.: 089-60870222

Epson Deutschland GmbH
Drucker u.a.
Zülpicher Str. 6
40549 Düsseldorf
Tel.: O211-5603442

ESCOM GmbH
Hard- und Software-Händler mit Filialen in ganz Deutschland
Zentrale: Tiergartenstr. 9
64646 Heppenheim
Tel.: 06252-7090

Heureka Verlags GmbH
GeoWorks u.a.
Bodenseestr. 19
81241 München
Tel.: O89-8340255

Hewlett-Packard GmbH
Drucker, PC u.a.
Hewlett-Packard-Straße
61352 Bad Homburg
Tel.: 06172-16-0

IBM Deutschland GmbH
Alle Arten von Software, Computer, Drucker u.a.
Pascalstr. 100
70569 Stuttgart
Tel.: 0711-7850

KHK Software AG
PC Kaufmann, Euro Line u.a.
Berner Str. 23
60437 Frankfurt
Tel.: O69-500070

Kyocera Electronics Europe GmbH
Drucker u.a.
Mollsfeld 12
40670 Meerbusch
Tel.: 02159-9180

LOGITECH GmbH
Scanner, Mäuse, Eingabegeräte u.a.
Landsberger Str. 398
80687 München
Tel.: O89-588071

LOTUS Development GmbH
LOTUS 123, AmiPro u.a.
Baierbrunner Str. 35
81379 München
Tel.: O89-785090 od. 783024

Micro Focus GmbH
COBOL u.a.
Am Moosfeld 11
81829 München
Tel.: 089-42094-0

Micrografx
Designer, Charisma u.a.
Josephspitalstr. 6
80331 München
Tel.: 089-2603830

Microsoft GmbH
Viele Software-Produkte, u.a. Word, MS-DOS, Windows, Works, Foxpro,
auch Mäuse etc.
Edisonstr. 1
85716 Unterschleißheim
Tel.: O89-3176-(Durchwahl)
Durchwahlen:
Works   - 1140
Word   - 1130
Windows -1110
MS-DOS -1151

NEC Deutschland GmbH
Drucker, PC, Laufwerke u.a.
Klausenburger Str. 4
81677 München
Tel.: O89-90500933

North American Software GmbH
askSam
Uhdestr.40
81477 München
Tel.: 089-790970

Novell Digital Research Systems Group GmbH
DR DOS, Netzwerkbetriebssyste u.a.
Engelschalkinger Str. 14
81925 München
Tel.: O89-92799440

Olivetti Systems & Networks GmbH
Drucker, PC u.a.
Lyoner Str. 34
60528 Frankfurt
Tel.: 069-6692-1

REIN Elektronik GmbH
Distributor für Hardware und Software
Lötscher Weg 66
41334 Nettetal
Tel.: 02153-733215

SPC - Software Publishing GmbH Deutschland
Harvard Graphics u.a.
Oskar-Messter-Str. 24
85737 Ismaning
Tel.: 089-9965500

SPI - Deutschland - GmbH
Software Products International
Open Access, WindowBase u.a.
Stefan-George-Ring 22 + 24
81929 München
Tel.: 089-9935110

Star Division - Softwareentwicklung und -vertriebs-GmbH
Starwriter, Startext u.a.
Sachsenfeld 4
20097 Hamburg
Tel.: 040-23646500

Symantec Deutschland GmbH
F & A, Time Line, Norton-Software, Zortech C++ u.a.
Grafenberger Allee 56
40237 Düsseldorf
Tel.: 0211-9917110

Traveling Software Ltd.
Laplink u.a.
Lords Court, Windsor
GB-Berkshire SL43DB
Tel.: 0044-753-818282

Unicon Vertriebs GmbH
Ragtime u.a.
Bruno-Bürgel-Weg 19-35
12439 Berlin
Tel.: 02-6350441

Ventura Software Inc.
Ventura Publisher
An der Gümpgesbrücke 15
41564 Kaarst
Tel.: 02131-960930

VOBIS Microcomputer AG
Hardware aller Art, Highscreen-Produkte
Carlo-Schmid-Str. 12
52146 Würselen
techn. Service: Tel.: O2405-444344
Zentrale: Tel.: O2405-4440

WordPerfect Software GmbH
WordPerfect u.a.
Frankfurter Str. 21 - 25
65760 Eschborn
Tel.: 06196 - 904460 DOS
            904461 Windows

Wordstar International GmbH
Wordstar u.a.
Meglingerstr. 20
81477 München
Tel.: 089-785800-0

Xerox Imaging Systems/
Xerox Engineering Systems GmbH Versatec
Ventura Publisher
Werftstraße 37
40549 Düsseldorf
Tel.: 0211-501383

Schulung und Weiterbildung im EDV-Bereich

Wenn Sie nicht nur aufgrund von Büchern die Arbeit am Computer erlernen wollen oder wenn Sie einfach mehr wissen möchten, gibt es jede Menge Schulungsunternehmen, die sich auf Computerkurse spezialisiert haben. Das Angebot beginnt bei der Vermittlung der Grundlagen oder der Beherrschung von jeglicher Art von Anwendungsprogrammen, führt weiter über die Erlernung einer Programmiersprache und kann bis zu komplexen Spezialkursen zur Berufsweiterbildung gehen. Bis auf Ausnahmen handelt es sich immer um Gruppenunterricht.

Niveau, Dauer, Inhalte und auch Preise sind ausgesprochen unterschiedlich. Es lohnt sich, genauere Vergleiche anzustellen. Natürlich ist es auch ganz wichtig, vorab möglichst präzise zu klären, was Sie von einem Kursus erwarten, was Sie nach Beendigung wissen und beherrschen wollen, wieviel Zeit und Geld Sie ausgeben wollen oder können und welche sonstigen Anforderungen Sie darüber hinaus an die Art der Schulung stellen.

Speziell für Frauen werden mittlerweile in jeder größeren Stadt Computerkurse angeboten, fast immer auch mit weiblichen Dozenten. In so einer Umgebung fühlen sich vor allem Anfängerinnen am wohlsten. In diesen Kursen wird auch speziell auf die weibliche Art, mit Technik umzugehen und sie sich zu erschließen, eingegangen. Anbieter dieser Kurse sind vor allem die Volkshochschulen und andere öffentliche Bildungseinrichtungen. Auskunft darüber erhalten Sie oft bei der Volkshochschule, bei der Stadtverwaltung, in der örtlichen Stadt- oder Gemeindebücherei oder beim Arbeitsamt. Diese Kurse sind erschwinglich und finden zu Zeiten statt, die sowohl für Berufstätige als auch für Mütter mit Kindern gut wahrzunehmen sind – häufig wird Kinderbetreuung mit angeboten.

Frauen-Computerschulen haben sich auf diese Art von Kursen („von Frauen für Frauen") spezialisiert. Es sind privat-rechtliche Organisationen. Sie gibt es in großen Städten, bei der momentanen Entwicklung ist allerdings damit zu rechnen, daß sie auch bald in mittelgroßen Städten gegründet werden. Das Lernklima ist entspannt und angenehm, die Vermittlung der Inhalte aber absolut professionell. Oft werden in diesen Kursen auch Randthemen (z.B. Entspannung bei der Computerarbeit) mit besprochen. Die Preise sind ausgesprochen moderat, die Kurszeiten sind ebenfalls sehr gut mit Beruf und Kindern zu vereinbaren. Einige dieser Kurse werden vom Arbeitsamt gefördert. Auskunft erhalten Sie über die örtliche Frauengleichstellungsstelle, das

Frauenreferat der Stadt, Frauenzentren, Frauenbuchhandlungen, das Arbeitsamt und Anzeigen in der Presse.

Darüber hinaus gibt es jede Menge von anderen privat-rechtlichen Instituten. Einige sind spezialisiert auf die Schulung ganz bestimmter komplexer Programme, andere haben ein breites, allgemeines Kursangebot, wieder andere bieten berufsbildende Maßnahmen (Ausbildung zur Datenkauffrau, Softwareentwicklerin etc.) an. Diese Kurse sind häufig Blockseminare, in denen konzentriert über einen bestimmten Zeitraum täglich ganztägiger Unterricht stattfindet. Je nach Kursart zahlt das Arbeitsamt oder der Arbeitgeber u.U. die nicht unerheblichen Gebühren. Auskunft zu solchen Instituten erhalten Sie am besten über das Arbeitsamt. Auch die Computerfachpresse enthält Informationen, meist in Form von Anzeigen, zu den größten Schulungsunternehmen (SPC, CDI).

Viele Schulungsunternehmen, auch die Frauen-Computerschulen, nicht jedoch die Volkshochschule, bieten auch sogenannte Inhouse-Schulungen an. Dabei kommt der Dozent oder die Dozentin zu Ihnen ins Büro und unterrichtet dort eine ganze Abteilung bzw. eine größere Gruppe.

Nachstehend finden Sie eine Auswahl der wichtigsten Informationsstellen für Frauen und jener Schulungsunternehmen, die sich auf Frauenschulung spezialisiert haben oder diese Kurse mit anbieten. Da das Angebot solcher Kurse jedoch ständig wächst, erkundigen Sie sich am besten direkt an Ihrem Wohnort.

Informatik für Frauen von Frauen e.V.
Bodenbacher Str. 81
01277 Dresden

Informatik für Frauen von Frauen e. V.
Dipl.-Ing. E.Eiselt
Jüngststr.22
01277 Dresden
Tel.: 0351-35104

Frauentechnikzentrum Leipzig e.V.
Torgauer Str. 114
04347 Leipzig
Tel.: 0341-2374229

Frauentechnikzentrum Wirkstoff e.V.
Rheinsbergerstr. 74 - 77
10115 Berlin

Durchblick GmbH
Steinmetzstr. 40
10783 Berlin
Tel.: 030-2164163

Frauen-Computer-Zentrum Berlin
Cuvrystr.1
10997 Berlin
Tel.:030-6184095

KOBRA
Berliner Frauenbund e.V.
Knesebeckstr. 33/34
10997 Berlin
Tel.: 030-8825783

Frauentechnikzentrum Hohenschönhaus
Zum Hechtgraben 1
13051 Berlin
Tel.:030-9224128

Frauentechnikzentrum Potsdam e.V.
Am Neuen Garten
14469 Potsdam

Frauenförderverein f. Weiterbildung
Bahnhofstr. 18
15913 Straupitz

Frauenbildungs-/Beratungszentrum
Brandteichstr. 19
17489 Greifswald

Verein z. Förderung d. Weiterbildung
Am Rosengarten, Hermannstr. 1
18055 Rostock
Tel.: 0381-455810

Verein zur Förderung der Weiterbildung von Frauen e.V.
Am Moorweg 11
Postfach 41633
18190 Groß-Lüsewitz

Alternative Fraueninitiative e.V.
Dorfstr. 4
19069 Hundorf

Frau und Arbeit e.V.
Grindelallee 43
20146 Hamburg
Tel.: 040-4444960 und 445137

Deutscher Frauenring e.V.
Normannenweg 12
20537 Hamburg
Tel.: 040-2514399

Frauen Technik Zentrum
Weiterbildung für Frauen von Frauen
Deutscher Frauenring e.V.
Landesverband Hamburger Frauenring e.V.
Normannenweg 2
20537 Hamburg
Tel.: 040-2514399

Technikbildung für Frauen von Frauen
Mozartweg 2
22848 Norderstedt

Frauenakademie Lübeck e.V.
Brodtener Kirchsteig 7
23570 Lübeck-Travemünde

Frauen werden mobil
Weiterbildungsberatung von Frauen für Frauen
Berufsfortbildungswerk des DGB
Schleswiger Chaussee 35
25813 Husum
Tel.: 04841-7060

Frauen-Erwerbs- u. Ausbildungsverein
Carl-Ronning-Str. 2
28195 Bremen
Tel.: 0421-12261

Zurück in den Beruf
Kontakt- und Beratungsstelle für Frauen
Arbeitsförderungszentrum GmbH
Am Wall 165 - 167
28195 Bremen
Tel.: 0421-321910

Institut Frau und Gesellschaft GmbH
Walter-Giesekinghstr. 14
30159 Hannover
Tel.: 0511-854090

Frauenbildungsstätte Edertal Auraff e.V.
Königsbergerstr. 6
34549 Edertal
Tel.: 05621-3218

Weiterbildungsberatung für Frauen
Volkshochschule Braunschweig e.V.
Leopoldstr. 6
38100 Braunschweig
Tel.: 0531-40688

Verein Frau und Bildung e.V.
Kochstr. 19
38855 Wernigerode

Frauenbildungs-und Ferienhaus Osteresch
Zum Osteresch 1
48496 Hopsten
Tel.: 05457-1513

Verein zur Weiterbildung von Frauen e.V.
Venloer Str. 405-407
50672 Köln
Tel.: 0221-737000

Zentrum für Weiterbildung
Unterlindau 18
60323 Frankfurt/M.
Tel.:069-721157

Softwarehaus von Frauen für Frauen und Mädchen e.V.
Hohenstaufenstr. 8
60327 Frankfurt
Tel.: 069-7411401

Neue Wege-Neue Pläne
Beratung und Information zum beruflichen Wiedereinstieg
Verein zur beruflichen Förderung von Frauen e.V.
Varrentrappstr. 90
60486 Frankfurt/ Main
Tel.: 069-7602099 oder 706285

Verein zur berufl. Förderung von Frauen
Varrentrappstr. 47
60486 Frankfurt
Tel.: 069-706285

Frauen-Computer-Schule Offenbach
Senefelder Str. 180
63069 Offenbach
Tel.: 069-844430

Zentrum für Weiterbildung e.V.
Schleiermacher Str. 8
64283 Darmstadt
Tel.: 06151-21618

Technologie -Beratungsstelle
Kaiserstr. 8
66111 Saarbrücken
Tel.: 0681-936330

Beratungsstelle für Berufsrückkehrerinnen
Landesarbeitsgemeinschaft Soziale Brennpunkte e.V.
Mainzer Str. 131
66121 Saarbrücken
Tel.: 0681-66374

Weiterbildungsberatungsstelle für Frauen
Berufliche Förderung von Frauen e.V.
Schlosserstr.28
70180 Stuttgart
Tel.: 0711-6403903

Mikro-Partner
Rotebühlstr. 169/1
70197 Stuttgart
Tel.: 0711-655343

Technikbildung für Frauen von Frauen
Metzgerstr. 15
72764 Reutlingen
Tel.: 07071-38491

Frauenberatungsstelle „Zurück in den Beruf"
Friedrich-Ebert-Str. 16
76829 Landau
Tel.: 06341-4051

Frau und Technik - DFR e.V.
Friedrichring 33
79098 Freiburg i.B.
Tel.: 0761-288592

Institut für Informatik und Gesellschaft (IIG)
Friedrichstr. 50
79098 Freiburg i.Br.
Tel.: 0761-2034941

SUPER NOFA
Schwanthalerstr. 10
80336 München
Tel.: 089-554254

Frauen-Computer-Schule
Volkartstr. 23
80634 München
Tel.: 089-1675589

FemComp
Ohlstadter Str. 49
81373 München
Tel.: 089-7694713

Beratungsstelle für Berufsrückkehrerinnen
Stadt Regensburg
Haidplatz 8
93047 Regensburg
Tel.: 0941-507-3432

Cursus - Computer v. Frauen f. Frauen
Schießstattweg 60
94032 Passau
Tel.: 0851-55548

Beratungsstelle für Frauen – Zurück in den Beruf
Industrie- und Handelskammer Würzburg/ Schweinfurt
Mainaustaße 35
97082 Würzburg
Tel.: 0931-4194-262/263

Frauentechnikzentrum Erfurt e.V.
Magdeburger Allee 131
99086 Erfurt
Tel.: 0361-6433326

Berufsschule für Weiterbildung
Kantonsschulstr. 3
CH-8025 Zürich
Tel.: 0041-1-2614166

Außerdem bieten wie erwähnt fast alle Volkshochschulen derartige Kurse an.

Nachfolgend noch die Adressen einiger bundesweit Schulungen anbietenden Unternehmen:

Frauen-Computer-Schule
Dorothee Dyk, M.A.
Danziger Str. 1
42929 Wermelskirchen
Tel.: 02196-91305
Fax: 02196-92633

CDI - Control Data Institut
Schulungsunternehmen mit Filialen in allen großen Städten
Zentrale: Frankfurt
Gutleutstr. 42 - 44
60329 Frankfurt
Tel.: 069 - 25606-0

SPC - Computer Training
Schulungsunternehmen mit Filialen in allen großen Städten
Zentrale zur Auskunft:
Frankfurter Str. 21 - 25
65760 Eschborn/Frankfurt
Tel.: 06196-42953

Literaturempfehlungen

Wenn Sie sich lesenderweise tiefer in den Dschungel der Computerwelt hineinwagen wollen, so gibt es eine schier unüberschaubare Flut von Büchern und Zeitschriften dazu.

In öffentlichen Bibliotheken und Büchereien finden Sie sicherlich eine reichhaltige Auswahl; Bücher zu ganz aktuellen Themen und neuen Programm-Versionen sind dort jedoch häufig erst mit Zeitverzögernug vorrätig.

Möchten Sie Näheres zu der Funktionsweise einzelner Anwendungsprogramme wissen, so kann Ihnen das Handbuch des Programmherstellers, das Sie zusammen mit der Software kaufen, oftmals weiterhelfen.

Computerbücher können Sie in jeder größeren Buchhandlung, einigen Kaufhäusern, wenn diese eine Buchabteilung haben, und in einigen Computerläden kaufen. Die beste Beratung finden Sie sicherlich in einer guten Buchhandlung, denn Computerhändler beraten lieber beim Kauf eines 3000 DM teuren Rechners als bei der Auswahl des passenden, aber vielleicht nur 50 DM teuren Buches.

Viele Verlage bringen Bücher für Anfänger heraus, die eine allgemeine Einführung oder die Erklärung eines Anwendungsprogrammes darstellen. Welches Buch und welche Art der Beschreibung Ihnen am meisten zusagt, sollten Sie beim Stöbern in der Buchhandlung selbst herausfinden.

Für Anfängerinnen empfehlen wir besonders die weiteren Bände in der Reihe:

Das Frauen-Computerbuch, IWT Verlag

Mit dieser Reihe führen die Autorinnen Computer-Anfängerinnen behutsam, verständlich und kompetent in die EDV ein. Mit vielen Beispielen und Abbildungen wird die scheinbar geheimnisvolle Welt der Computer erklärt. Es erscheinen Bücher zu den Grundlagen und zu weit verbreiteten Anwendungsprogrammen aus den Bereichen Textverarbeitung, Betriebssysteme, Datenbank, Tabellenkalkulation. Alle sind mit einem umfassenden, informativen Anhang ausgestattet.

Eine gute Möglichkeit, sich schnell und umfassend über die aktuellen Entwicklungen auf dem Computermarkt zu informieren und Tips und Empfehlungen zu erhalten, ist die Lektüre von Fachzeitschriften. Diese gibt es in Hülle und Fülle. Um sich dort ein wenig zu orientieren, empfehlen wir hier eine – unvollständige und subjektive – Auswahl, die sich besonders gut für Einsteigerinnen eignet. All diese Zeitschriften erhalten Sie in gut sortierten Kiosken oder direkt im Computerhandel.

Zeitschriften für Einsteigerinnen:

- **Highscreen Highlights**, DMV Verlag, ca. DM 5.-

  Ein wirkliches Einsteigerinnenheft. Produktmeldungen, Soft- und Hardwareberichte, in denen nicht davon ausgegangen wird, daß die Leserin eh schon alles weiß.

- PC **Praxis**, Data Becker, ca. DM 7.-

Dieses Zeitschriften gelten als **die** Fachzeitschriften im PC-Bereich. Geeignet für fortgeschrittene Anwenderinnen:

- c't, Heinz Heise Verlag, ca. DM 8.50
- **CHIP**, Vogel Verlag, ca. DM 7.50
- **DOS International**, DMV Verlag, ca. DM 7.50

Alles rund um die Benutzeroberfläche Windows:

- **WIN**, Vogel Verlag, ca. DM 7.50
- **Windows konkret**, DMV Verlag, ca. DM 7.50

Liebe Leserinnen,

Computerbücher für Frauen – das ist bisher etwas vollkommen Neues. Wir haben uns bemüht, die Bücher genau auf die Bedürfnisse von Frauen abzustimmen, die sich mit einem Computer befassen wollen oder müssen. Ob uns das wirklich gelungen ist, das möchten wir gerne von Ihnen hören. Außerdem interessiert uns, wer Sie sind, was das also für Frauen sind, die unsere Bücher lesen. Dadurch können wir mit den nächsten Frauen-Computerbüchern noch stärker auf Ihre Wünsche eingehen.

Daher möchten wir Sie bitten, unseren Fragebogen zu kopieren, auszufüllen und an uns zurückzuschicken. Als Dankeschön an Sie schicken wir jeder 50. Leserin einen Blumenstrauß. Wenn Sie an der Verlosung teilnehmen möchten, tragen Sie bitte auch Ihren Namen und Ihr Adresse ein.

Herzlichen Dank für Ihre Mithilfe!

Name: _____

Adresse: _____

Telefonnummer: _____

Alter: _____

Ausbildung: _____

momentan ausgeübte Tätigkeit: _____

bisherige Computererfahrung:

_____

_____

Ich habe folgendes Frauen-Computerbuch gelesen:

_____

Ich bin darauf aufmerksam geworden durch

○ eine Buchhandlung   ○ eine Freundin

○ eine Zeitschrift   ○ Werbung in: _____

○ eine anderen Hinweis: _____

Ich habe es

○ gekauft   ○ geschenkt bekommen

○ geliehen   ○ am Arbeitsplatz erhalten

Generell hat es mir

○ sehr gut gefallen   ○ gut gefallen

○ nicht gefallen   ○ überhaupt nicht gefallen

Im einzelnen haben mir gefallen/nicht gefallen

	sehr gut	gut	nicht	gar nicht
Idee eines Computer-buches für Frauen	○	○	○	○
Gestaltung/Titelbild	○	○	○	○
Art, wie speziell auf Frauen eingegangen wird	○	○	○	○
Art der Erklärungen/Schreibstil	○	○	○	○
Informationsgehalt	○	○	○	○

Folgendes hat mir besonders gut/gar nicht gefallen:

_____

_____

_____

_____

Folgende Fragen habe ich noch an die Autorin bzw. den Verlag:

_____

_____

_____

Folgende Anregungen, auch bezogen auf weitere Themen, möchte ich für die zukünftigen Frauen-Computerbücher geben:

_____

_____

_____

IWT Verlag GmbH, Bahnhofstr. 36, 85591 Vaterstetten

Stichwortverzeichnis

Pia Maslo

Word für Windows

Wie erstelle und drucke ich ein Schriftstück mit Word für Windows? Wie gebe ich ihm ein ansprechenderes Aussehen? Wie schicke ich am schnellsten denselben Brieftext an 20 Adressen? Dieses Buch erklärt's Ihnen - und noch viel mehr - gut nachvollziehbar und ohne Umschweife.
1992. 256 Seiten. Geb. DM 32.-
ISBN 3-88322-420-0

Brigitte Hutt

Grundlagen

Der Einstieg in die Welt der Computer schlechthin - leicht verständlich und durch viele Beispiele lebendig. Dieses an sich eher trockene Thema wird hier ausgesprochen interessant. Aus dem Inhalt: Funktionsweise der Computer, die wichtigsten Anwendungsprogramme, Erklärung der Fachbegriffe, Tips und vieles mehr.
1992. 224 Seiten. Geb. DM 32.-
ISBN 3-88322-418-9

Karen Heidl

Word 5.0/5.5

Ein locker und verständlich geschriebener Einstieg in dieses leistungsfähige Textverarbeitungsprogramm: von den Grundlagen (Text erstellen, speichern, formatieren, drucken etc.) über die Benutzung von Arbeitshilfen, wie z.B. Textbausteinen, bis zur Erstellung von Serienbriefen.
1992. 232 Seiten. Geb. DM 32.-
ISBN 3-88322-419-7

Martina Bühler

MS-DOS

Gerade Anfängerinnen machen am liebsten einen Bogen um DOS. Zu Unrecht! Was DOS nämlich in Ihrem Rechner macht, ist nicht nur sehr spannend, sondern vor allem notwendig und nützlich. Einfach und nachvollziehbar erklärt dieses Buch auf sehr humorvolle Weise Ihre Arbeit mit DOS.
1992. 248 Seiten. Geb. DM 32.-
ISBN 3-88322-416-2

Friederike Wandmacher

MS Windows

Wie Windows funktioniert, wird hier ausführlich erklärt. Auch absolute Anfängerinnen finden sich mit diesem Buch schnell in der Windowswelt zurecht: durch die Einführungspassagen zu jedem Themenbereich, viele Beispiele und ein Fachwort-Lexikon.
1992. 264 Seiten. Geb. DM 32.-
ISBN 3-88322-415-4

Für viele Frauen bedeutet der Umgang mit dem Computer den ersten Schritt in ein technisches Umfeld, das keine Bezugspunkte zu bereits Bekanntem zu haben scheint. Dadurch haben sie häufig eine unbegründete Angst vor dem Computer. Männer, die zumeist stärker technikorientiert erzogen wurden, können schneller Verbindungen zu bekannten Dingen herstellen. **[E] [A]**

Wie leicht Computer-Grundlagen und die verschiedenen Standard-Software-Programme zu verstehen und anzuwenden sind, wenn erstmal die Hürde der falschen Ehrfurcht genommen ist, zeigen die Autorinnen dieser Buchreihe.

Sie erklären Schritt für Schritt die Arbeit mit dem Computer und die Grundlagen eines Programms. Dabei bauen sie auf bereits Erlerntem auf, zeigen in vielen Beispielen nichttechnische Parallelen zum besseren Verständnis und verzichten auf "Computerkauderwelsch". Auf diese Weise vermitteln diese Bücher ein umfassendes Grundverständnis und darüber hinaus ein neues technisches Selbstbewußtsein. Jeder Band enthält einen sehr umfangreichen Anhang mit einem Fachwörterlexikon, Tips zur Computerwartung und zum ergonomischen Umgang mit dem Computer, außerdem alle Adressen von Software- und Hardware-Herstellern sowie von Unternehmen, die Schulungen speziell für Frauen anbieten.

Brigitte Hutt

Hardware *Neu!*

Eine gut strukturierte und sehr verständliche Einführung in das Thema Computer-Hardware - mit gerade soviel Theorie wie nötig, dafür aber jeder Menge praktischer Tips und Anleitungen. Viele Grafiken und Fotos erklären die Funktionsweise aller Bauteile und ihr Zusammenspiel. Auch die Themen Fehlererkennung und Erweiterung des PCs kommen ausführlich zur Sprache.
Ca. 220 Seiten. Geb. DM 32.-
ISBN 3-88322-466-9
Erscheint im IV. Quartal 1993

N.N.

Apple-Macintosh-Grundlagen *Neu!*

Ähnlich dem Computer-Grundlagenbuch zu DOS-Rechnern ist dieser Band speziell auf MAC-Einsteigerinnen zugeschnitten: Wie sieht das Innenleben eines MACs aus? - Wie arbeitet ein MAC? - Wie funktioniert "System 7", das Betriebssystem des MACs. Auch in diesem Band ist ein ausführlicher Anhang mit Schulungsadressen, einem Fachwörterlexikon, einem Kapitel zu Computer und Gesundheit u.a. enthalten.
Ca. 220 Seiten. Geb. DM 32.-
ISBN 3-88322-438-3
Erscheint im I. Quartal 1994

Pia Maslo

Ami Pro

Diese verständlich geschriebene Einführung macht die Leserin mit dem Computer und der Textverarbeitung vertraut. Konkrete Arbeitsprojekte vermitteln anschließend die Grundlagen des Programms: Wie erstelle, formatiere und drucke ich einen Brief mit Ami Pro? Wie löse ich Layout-Aufgaben? Wie funktioniert ein Serienbrief? Im Anhang wie in allen Bänden der Reihe Tips zur Computeranwendung und -pflege, Hinweise zum Thema Computer und Gesundheit und jede Menge Adressen zu EDV-Schulungen für Frauen.
1993. 240 Seiten. Geb. DM 32.-
ISBN 3-88322-441-3

[E] Für Einsteiger   **[A]** Für Anwender und Fortgeschrittene   **[P]** Für Fortgeschrittene und Profis